The Ethiopic Text of 1 Enoch

Ancient Texts and Translations

Series Editor
K. C. Hanson

Robert William Rogers
Cuneiform Parallels to the Old Testament

D. Winton Thomas, editor
Documents from Old Testament Times

Henry Frederick Lutz
Early Babylonian Letters from Larsa

Albert T. Clay
Babylonian Epics, Hymns, Omens, and Other Texts

Daniel David Luckenbill
The Annals of Sennacherib

A. E. Cowley
Aramaic Papyri of the Fifth Century B.C.

G. R. Driver
Aramaic Documents of the Fifth Century B.C., rev. ed.

Adolf Neubauer
The Book of Tobit

August Dillman
The Ethiopic Text of 1 Enoch

R. H. Charles
The Apocrypha and Pseudepigrapha of the Old Testament

R. H. Charles
The Book of Enoch

R. H. Charles
The Book of Jubilees

R. H. Charles
The Testaments of the Twelve Patriarchs

R. H. Charles
The Apocalypse of Baruch

H. B. Swete
The Gospel of Peter

Richard Adelbert Lipsius and Max Bonnet
Apocryphal Acts of the Apostles (3 vols.)

The Ethiopic Text of 1 Enoch

August Dillmann

Wipf & Stock Publishers
Eugene, Oregon

THE ETHIOPIC TEXT OF 1 ENOCH
Ancient Texts and Translations

ISBN: 1-59752-376-3

The Library of Congress has cataloged an earlier edition of this book as follows:

Dillmann, August
Liber Henoch aethiopice, ad quinque codicum fidem editus, cum variis lectionibus / cura Augusti Dillmann.

Lipsiae, sumptibus F.C.G. Vogelii, 1851.
iv, 91 p.; 24 x 18 cm.
I. Title. II. Dillmann, August (1823–1894).

BS1830.E6 E8 1851

Manufactured in the U.S.A.

Contents

Series Foreword

The discoveries of documents from the ancient Near Eastern and Mediterranean worlds have altered our modern understanding of those worlds in both breadth and depth. Especially since the mid-nineteenth century, chance discoveries as well as archaeological excavations have brought to light thousands of clay tablets, stone inscriptions and stelae, leather scrolls, codices, papyri, seals, and ostraca.

The genres of these written documents are quite diverse: receipts, tax lists, inventories, letters, prophecies, blessings and curses, dowry documents, deeds, laws, instructions, collections of proverbs, philosophical treatises, state propaganda, myths and legends, hymns and prayers, liturgies and rituals, and many more. Some of them came to light in long-famous cities—such as Ur, Babylon, Nineveh, and Jerusalem—while others came from locations that were previously little-known or unknown— such as Ebla, Ugarit, Elephantine, Qumran, and Nag Hammadi.

But what good are these remnants from the distant past? Why should anyone bother with what are often fragmentary, ob-scure, or long-forgotten scraps of ancient cultures? Each person will answer those questions for herself or himself, depending upon interests and commitments. But the documents have influ-enced scholarly research in several areas.

It must first be said that the documents are of interest and importance in their own right, whatever their connections—or lack of them—to modern ethnic, religious, or ideological con-cerns. Many of them provide windows on how real people lived in the ancient world—what they grew and ate; how they related to their families, business associates, and states; how they were taxed; how and whom they worshiped; how they organized their communities; their hopes and fears; and how they understood and portrayed their own group's story.

They are of intense interest at the linguistic level. They pro-vide us with previously unknown or undeciphered languages and dialects, broaden our range of vocabularies and meanings, assist us in mapping the relationships and developments of languages, and provide examples of loan-words and linguistic influences between languages. A monumental project such as *The Assyrian Dictionary,* produced by the Oriental Institute at the University of Chicago, would have been unthinkable without the broad range of Akkadian resources today.[1] And our study of Coptic and early gospels would be impoverished without the Nag Hammadi codices.[2]

The variety of genres also attracts our interest in terms of the history of literature. Such stories as Athra-hasis, Enumma Elish, and Gilgamesh have become important to the study of world literature. While modern readers may be most intrigued by something with obvious political or religious content, we often learn a great deal from a tax receipt or a dowry document. Her-mann Gunkel influenced biblical studies not only because of his keen insights into the biblical books, but because he studied the biblical genres in the light of ancient Near Eastern texts. As he examined the genres in the Psalms, for example, he compared them to the poetic passages throughout the rest of the Bible, the Apocrypha, the Pseudepigrapha, Akkadian sources, and Egyp-tian sources.[3] While the Akkadian and Egyptian resources were much more limited in the 1920s and 1930s when he was working on the Psalms, his methodology and insights have had an on-going significance.

History is also a significant interest. Many of these texts mention kingdoms, ethnic and tribal groups, rulers, diplomats, generals, locations, or events that assist in establishing chronol-ogies, give us different perspectives on previously known events, or fill in gaps in our knowledge. Historians can never have too many sources. The Amarna letters, for example, provide us with the names of local rulers in Canaan during the fourteenth century BCE, their relationship with the pharaoh, as well as the military issues of the period.[4]

Social analysis is another area of fertile research. A deed can reveal economic structures, production, land tenure, kinship rela-tions, scribal conventions, calendars, and social hierarchies. Both the Elephantine papyri from Egypt (fifth century BCE) and the Babatha archive from the Judean desert (second century CE) include personal legal documents and letters relating to dowries, inheritance, and property transfers that provide glimpses of com-plex kinship relations, networking, and legal

---

[1] I. J. Gelb et al., editors, *The Assyrian Dictionary of the Oriental Institute of the University of Chicago* (Chicago: Univ. of Chicago Press, 1956–).

[2] James M. Robinson, editor, *The Nag Hammadi Library in English,* 3d ed. (San Francisco: HarperSanFrancisco, 1990).

[3] Hermann Gunkel, *Einleitung in die Psalmen: Die Gattungen der religiösen Lyrik Israels,* completed by Joachim Begrich, HAT (Göttingen: Vandenhoeck & Ruprecht, 1933). ET = *Introduction to the Psalms: The Genres of the Religious Lyric of Israel,* trans. James D. Nogalski, Mercer Library of Biblical Studies (Macon, Ga.: Mercer Univ. Press, 1998).

[4] William L. Moran, *The Amarna Letters* (Baltimore: Johns Hopkins Univ. Press, 1992).

witnesses.[5] And the Elephantine documents also include letters to the high priest in Jerusalem from the priests of Elephantine regarding the rebuild-ing of the Elephantine temple.

Religion in the ancient world was usually embedded in either political or kinship structures. That is, it was normally a function of either the political group or kin-group to which one belonged. We are fortunate to have numerous texts of epic literature, liturgies, and rituals. These include such things as creation stories, purification rituals, and the interpretation of sheep livers for omens. The Dead Sea Scrolls, for example, provide us with biblical books, texts of biblical interpretation, community regula-tions, and liturgical texts from the second temple period.[6]

Another key element has been the study of law. A variety of legal principles, laws, and collections of regulations provide windows on social structures, economics, governance, property rights, and punishments. The stele of Hammurabi of Babylon (c. 1700 BCE) is certainly the most famous. But we have many more, for example: Ur-Nammu (c. 2100 BCE), Lipit-Ishtar (c. 1850 BCE), and the Middle Assyrian Laws (c. 1150 BCE).

The intention of Ancient Texts and Translations (ATT) is to make available a variety of ancient documents and document collections to a broad range of readers. The series will include reprints of long out-of-print volumes, revisions of earlier editions, and completely new volumes. The understanding of an-cient societies depends upon our close reading of the documents, however fragmentary, that have survived.

—K. C. Hanson
Series Editor

---

[5] Bezalel Porten et al., editors, *The Elephantine Papyri in English: Three Millennia of Cross-Cultural Continuity and Change,* Documenta et Monumenta Orientis Antiqui 22 (Leiden: Brill, 1996); Yigael Yadin et al., *The Finds from the Bar Kokhba Period in the Cave of Letters,* 3 vols., Judean Desert Studies (Jerusalem: Israel Exploration Society, 1963–2002) [NB: vols. 2 and 3 are titled *Documents* instead of *Finds*].

[6] Florentino Garcia Martinez, *The Dead Sea Scrolls Translated: The Qumran Texts in English,* 2d ed., trans. Wilfred G. E. Watson (Grand Rapids: Eerdmans, 1996).

Select Bibliography

I. Editions and Translations

Black, Matthew, and James C. VanderKam, editors. *The Book of Enoch, or 1 Enoch: A New English Edition with Commentary and Notes.* Studia in Veteris Testamenti Pseudepigrapha 7. Leiden: Brill, 1985.

Dillmann, August. *Das Buch Henoch: Übersetzt und erklärt.* Leipzig: Vogel, 1853.

Milik, J. T., editor. *The Books of Enoch: Aramaic Fragments of Qumrân Cave 4.* Oxford: Clarendon, 1976.

Muro, Ernest A. Jr. "The Greek Fragments of Enoch from Qumran Cave 7 (7Q4, 7Q8, & 7Q12 = 7QEn gr = Enoch 103:3-4,7-8)." *Revue de Qumran* 18 (1997) 307–12.

Nickelsburg, George W. E., and James C. VanderKam. *1 Enoch: A New Translation.* Minneapolis: Fortress, 2004.

II. Research

Alexander, Philip S. "Enoch and the Beginnings of Jewish Interest in Natural Science." In *Wisdom Texts from Qumran and the Development of Sapiential Thought,* edited by C. Hempel et al., 223–43. Bibliotheca Ephemeridum theologicarum Lovaniensium 159. Leuven: Peeters, 2001.

Argall, Randal A. *1 Enoch and Sirach: A Comparative and Conceptual Analysis of the Themes of Revelation, Creation, and Judgment.* Early Judaism and Its Literature 8. Atlanta: Scholars, 1995.

Bampfylde, Gillian. "The Similitudes of Enoch: Historical Allusions." *Journal for the Study of Judaism* 15 (1984) 9–31.

Barker, Margaret. *The Lost Prophet: The Book of Enoch and Its Influence on Christianity.* London: SPCK, 1988.

———. *The Older Testament: The Survival of Themes from the Ancient Royal Cult in Sectarian Judaism and Early Christianity.* London: SPCK, 1987.

Beckwith, Roger T. "The Earliest Enoch Literature and Its Calendar: Marks of Their Origin, Date and Motivation." *Revue de Qumran* 10 (1981) 365–403.

Black, Matthew. "The Composition, Character and Date of the 'Second Vision of Enoch.'" In *Text, Wort, Glaube: Studien zur Überlieferung, Interpretation u.*

Autorisierung bibl. Texte . Kurt Aland gewidmet, edited by Martin Brecht, 19–30. Arbeiten zur Kirchengeschichte 50. Berlin: de Gruyter, 1980.

———. "The Messianism of the Parables of Enoch: Their Date and Contributions to Christological Origins." In *The Messiah: Developments in Earliest Judaism and Christianity*, edited by James H. Charlesworth, 145–68. Minneapolis: Fortress, 1992.

Collins, John J. "The Heavenly Representative: The 'Son of Man' in the Similitudes of Enoch." In *Ideal Figures in Ancient Judaism: Profiles and Paradigms,* edited by John J. Collins and George W. E. Nickelsburg, 111–33. Septuagint and Cognate Studies 12. Chico, Calif.: Scholars, 1980.

———. "The Apocalyptic Technique: Setting and Function in the Book of Watchers." *Catholic Biblical Quarterly* 44 (1982) 91–111.

Coughenour, Robert A. "The Wisdom Stance of Enoch's Redactor." *Journal for the Study of Judaism* 13 (1982) 46–55.

Davidson, Maxwell J. *Angels at Qumran: A Comparative Study of 1 Enoch 1–36, 72–108 and Sectarian Writings from Qumran.* Journal for the Study of the Pseudepigrapha Supplement Series 11. Sheffield: JSOT Press, 1992.

Davis, Philip G. "The Mythic Enoch: New Light on Early Christology." *Studies in Religion/Sciences religieuses* 13 (1984) 335–43.

Dimant, Devorah. "The Biography of Enoch and the Books of Enoch." *Vetus Testamentum* 33 (1983) 14–29.

Fröhlich, Ida. "The Symbolical Language of the Animal Apocalypse of Enoch (1 Enoch 85–90)." *Revue de Qumran* 14 (1990) 629–36.

García Martínez, Florentino, and Eibert J. C. Tigchelaar. "The Books of Enoch (1 Enoch) and the Aramaic Fragments from Qumran." *Revue de Qumran* 14 (1989) 131–46.

———. "1 Enoch and the Figure of Enoch: A Bibliography of Studies 1970–1988." *Revue de Qumran* 14 (1989) 149–74.

Hannah, Darrell D. "The Throne of His Glory: The Divine Throne and Heavenly Mediators in Revelation and the Similitudes of Enoch." *Zeitschrift für die neutestamentliche Wissenschaft* 94 (2003) 68–96.

Himmelfarb, Martha. "From Prophecy to Apocalypse: The Book of the Watchers and Tours of Heaven." In *Jewish Spirituality,* edited by Arthur Green, vol. 1, 145–65. World Spirituality13. New York: Crossroad, 1986.

———. "Apocalyptic Ascent and the Heavenly Temple." *SBL Seminar Papers* 26 (1987) 210–17.

Horsley, Richard A. "Social Relations and Social Conflict in the Epistle of Enoch." In *For a Later Generation: The Transformation of Tradition in Israel, Early Judaism, and Early Christianity,* edited by Randal A. Argall et al., 100–115. Harrisburg, Pa.: Trinity, 2000.

Isaac, Ephraim. "New Light upon the Book of Enoch from Newly-found Ethiopic MSS." *Journal of the American Oriental Society* 103 (1983) 399–411.

———. "The Oldest Ethiopic Manuscript (K-9) of the Book of Enoch and Recent Studies of the Aramaic Fragments of Qumran Cave 4." In *"Working with No Data": Semitic and Egyptian Studies Presented to Thomas O. Lambdin,* edited by David M. Golomb, 195–207. Winona Lake, Ind.: Eisenbrauns, 1987.

Jackson, David R. *Enochic Judaism: Three Defining Paradigm Exemplars.* Library of Second Temple Studies 49. London: T. & T. Clark, 2004.

Knibb, Michael A. "Christian Adoption and Transmission of Jewish Pseudepigrapha: The Case of 1 Enoch." *Journal for the Study of Judaism* 32 (2001) 396–415.

———. "Interpreting the Book of Enoch: Reflections on a Recently Published Commentary." *Journal for the Study of Judaism* 33 (2002) 437–50.

Kvanvig, Helge S. *Roots of Apocalyptic: The Mesopotamian Background of the Enoch Figure and of the Son of Man.* Wissenschaftliche Monographien zum Alten und Neuen Testaments 61. Neukirchen-Vluyn: Neukirchener, 1988.

Nickelsburg, George W. E. "Enoch, Levi, and Peter: Recipients of Revelation in Upper Galilee." *Journal of Biblical Literature* 100 (1981) 575–600.

———. "The Epistle of Enoch and the Qumran Literature." *Journal of Jewish Studies* 33 (1982) 333–48.

———. "1 Enoch and Qumran Origins: The State of the Question and Some Prospects for Answers." *SBL Seminar Papers* 25 (1986) 341–60.

———. "Salvation without and with a Messiah: Developing Beliefs in Writings Ascribed to Enoch." In *Judaisms and Their Messiahs at the Turn of the Christian Era,* edited by Jacob Neusner et al., 49–68. Cambridge: Cambridge Univ. Press, 1987.

———. "Tobit and Enoch: Distant Cousins with a Recognizable Resemblance." *SBL Seminar Papers* 27 (1988) 54–68.

———. "Two Enochic Manuscripts: Unstudied Evidence for Egyptian Christianity." In *Of Scribes and Scrolls: Studies on the Hebrew Bible, Intertestamental Judaism, and Christian Origins Presented to John Strugnell on the Occasion of His Sixtieth Birthday,* edited by Harold W. Attridge et al., 251–60. Resources in Religion 5. Lanham, Md.: University Press of America, 1990.

———. “The Apocalyptic Construction of Reality in 1 Enoch.” In *Mysteries and Revelations: Apocalyptic Studies since the Uppsala Colloquium,* edited by John J. Collins and James H. Charlesworth, 51–64. Journal for the Study of the Pseudepigrapha Supplement Series 9. Sheffield: JSOT Press, 1991.

———. “Enochic Wisdom: An Alternative to the Mosaic Torah?” In *Hesed ve-emet: Studies in Honor of Ernest S. Frerichs,* edited by Jodi Magness and Seymour Gitin, 123–32. Brown Judaic Studies 320. Atlanta: Scholars, 1998.

———. “Revisiting the Rich and the Poor in 1 Enoch 92–105 and the Gospel according to Luke.” *SBL Seminar Papers* 37 (1998) 579–605.

———. “The Books of Enoch at Qumran: What We Know and What We Need to Think About.” In *Antikes Judentum und frühes Christentum: Festschrift für Hartmut Stegemann zum 65. Geburtstag,* edited by Bernd Kollmann et al., 99–113. Beihefte zur Zeitschrift für die neutestamentliche Wissenschaft 97. Berlin: de Gruyter, 1999.

———. “‘Enoch’ as Scientist, Sage, and Prophet: Content, Function, and Authorship in 1 Enoch.” *SBL Seminar Papers* 38 (1999) 203–30.

———. “The Nature and Function of Revelation in 1 Enoch, Jubilees, and Some Qumranic Documents.” In *Pseudepigraphic Perspectives,* edited by Esther Glicker Chazon and Michael Stone 91–119. Studies on the Texts of the Desert of Judah 31. Leiden: Brill, 1999.

———. *1 Enoch.* Vol. 1. Hermeneia. Minneapolis: Fortress, 2001.

Olson, Daniel C. “Recovering the Original Sequence of 1 Enoch 91–93.” *Journal for the Study of the Pseudepigrapha* 11 (1993) 69–94.

———. “Enoch and the Son of Man in the Epilogue of the Parables.” *Journal for the Study of the Pseudepigrapha* 18 (1998) 27–38.

Reid, Stephen Breck. “1 Enoch: The Rising Elite of the Apocalyptic Movement.” *SBL Seminar Papers* 22 (1983) 147–56.

———. “The Structure of the Ten Week Apocalypse and the Book of Dream Visions.” *Journal for the Study of Judaism* 16 (1985) 189–201.

———. *Enoch and Daniel: A Form-Critical and Sociological Study of Historical Apocalypses.* Bibal Monograph Series 2. Berkeley: Bibal, 1989.

Stock-Hesketh, Jonathan. “Circles and Mirrors: Understanding 1 Enoch 21–32.” *Journal for the Study of the Pseudepigrapha* 21 (2000) 27–58.

Suter, David Winston. *Tradition and Composition in the Parables of Enoch.* SBL Dissertation Series 47. Missoula, Mont.: Scholars, 1979.

———. “The Measure of Redemption: The Similitudes of Enoch, Nonviolence, and National Integrity.” *SBL Seminar Papers* 22 (1983) 167–76.

Tiller, Patrick A. *A Commentary on the Animal Apocalypse of 1 Enoch.* Early Judaism and Its Literature 4. Atlanta: Scholars, 1993.

VanderKam, James C. "Some Major Issues in the Contemporary Study of 1 Enoch: Reflections on J. T. Milik's *The Books of Enoch.*" *Maarav* 3 (1982) 85–97.

———. "The 364–Day Calendar in the Enochic Literature." *SBL Seminar Papers* 22 (1983) 157–65.

———. *Enoch and the Growth of an Apocalyptic Tradition.* CBQ Monograph Series 16. Washington, D.C.: Catholic Biblical Association of America, 1984.

———. "Studies in the Apocalypse of Weeks (1 Enoch 93:1-10, 91:11-17)." *Catholic Biblical Quarterly* 46 (1984) 511–23.

———. "Righteous One, Messiah, Chosen One, and Son of Man in 1 Enoch 37–71." In *The Messiah: Developments in Earliest Judaism and Christianity*, edited by James H. Charlesworth, 169–91. Minneapolis: Fortress, 1992.

———. "Biblical Interpretation in 1 Enoch and Jubilees." In *Pseudepigrapha and Early Biblical Interpretation,* edited by James H. Charlesworth and Craig A. Evans, 96–125. Journal for the Study of the Pseudepigrapha Supplement Series 14. Sheffield: JSOT Press, 1993.

———. "1 Enoch, Enochic Motifs, and Enoch in Early Christian Literature." In *Jewish Apocalyptic Heritage in Early Christianity,* edited by James C. VanderKam and William Adler, 33–101. Compendia rerum Iudaicarum ad Novum Testamentum. Sec. 3: Jewish Traditions in Early Christian Literature 4. Minneapolis: Fortress, 1996.

———. "The Interpretation of Genesis in 1 Enoch." In *The Bible at Qumran: Text, Shape, and Interpretation,* edited by Peter W. Flint, 129–48. Studies in the Dead Sea Scrolls and Related Literature. Grand Rapids: Eerdmans, 2001.

Venter, P M. "Daniel and Enoch: Two Different Reactions." *Hervormde Teologiese Studies* 53 (Mar-June 1997) 68–91.

Praefatio.

Plurimae antiquarum sacrae scripturae versionum orientalium postquam typis impressae, nec non biblia Novi Testamenti Aethiopica pluries edita sunt, Vetus quoque eiusdem sermonis Testamentum ut ederetur, omnes sacrae scripturae amatores omnesque literarum orientalium studiosi semel atque iterum optaverunt. Quod desiderium ut explerem, equidem iam pridem mihi proposui, et eam, quae operi edendo necessaria esset, materiam e codicibus manuscriptis collegi; opportune autem proposito meo obviam se obtulit voluntas Vogelii, bibliopolae Lipsiensis, de literis orientalibus iuvandis et divulgandis optime meriti, qui quum eosdem, quibus olim I. Ludolfus, literarum Aethiopicarum pater clarissimus, libros suos excudendos curavit, typos possideret, suis sumtibus hoc meum opus edere haud dubitavit. Iam vero rem aggressuro id potissimum mihi curae erat, ut editio mea quam plurimis et plurimis in rebus praeberet usum, quare haud satis esse mihi videbatur, eos tantum, qui in Hebraeorum canone continentur, libros eorumque nudum textum, quem equidem collatis codicibus censerem optimum, edere, sed totum ecclesiae Habessinicae Vetus Testamentum, — itaque praeter canonicos Hebraeorum, etiam eos, quos apocryphos Protestantes, Catholici deuterocanonicos vocant, libros et nonnullos pseudepigraphos — in hoc volumen recipiendum, nec non lectiones potissimas variantes, locorum et vocabulorum difficiliorum illustrationem, de singulorum librorum versionibus earumque indole dissertationes, aliaque, quae in editione Bibliorum critica desiderantur, addenda esse existimavi. At quum id quoque mihi respiciendum esset, ut et societates Europaeorum ad propagandam fidem Christianam institutae, et Habessiniae indigenae ipsi, qui versionem suam Bibliorum antiquitate sacratam legere vel possidere vellent, meum laborem in suum usum vertere possent, partem criticam a textu ipso separare malui, consensitque bibliopola, ut singulas partes separatim venderet. Itaque hanc operis rationem institui, ut in tres divideretur tomos, quorum primo Pentateuchus et libri Canonis Hebraeorum historici, secundo libri eiusdem Canonis poëtici et prophetici, tertio caeteri, quos Aethiopes in suo Canone habent, libri apocryphi seu deuterocanonici et pseudepigraphi quidam continerentur, singulos autem tomos binae partes constituerent, quarum altera textum, altera apparatum criticum exhiberet.

Huic igitur Veteris Testamenti editioni criticae, iam inchoatae et Deo iuvante intra quadriennium vel quinquennium ad finem perducendae, specimen praemittere volui *librum Henochi, tomi tertii fasciculum primum.* Ad augendam enim nostram theologiae Iudaicae scientiam maximi hunc librum esse momenti, omnes quidem persuasum habent, sed vix libri interpretatio et perscrutatio ultra prima initia, a R. Laurentio, et A. G. Hoffmanno professore Jenensi facta, provecta est, quia editio textus nulla erat accurata et fida. Quare multis gratum me facturum esse opinabar, si mora nulla interposita extra suum ordinem hunc librum typis imprimendum curavissem.

De ipsa autem eius editione pauca mihi restant dicenda. In constituendo textu ad fidem codicum manuscriptorum prorsus me applicavi, nec nisi quam rarissime ab eorum auctoritate mihi recedendum esse videbatur: has autem emendationes omnes in parte critica annotavi. Neque hunc libri textum ita esse corruptum, ut plures, qui leviter illum attigerunt, suspicati sunt, equidem in Germanica libri interpretatione, quam paucos post menses editurus sum, probare conabor. In orthographia deinde non eam, quae a I. Ludolfo constituta est scribendorum vocabulorum rationem secutus sum, sed quam in codicibus ipsis a me perlustratis, etiam in vetustioribus inveni: omnes enim, qui codices manuscriptos legere student, huic scriptionis generi assueti sint necesse est, nec est, quod nos scriptionem, apud Aethiopes iam dudum institutam, ad regulas grammaticae et etymologiae revocando corrigamus. Promiscue igitur in nostra editione usurpantur ሀ et ሐ et ኀ, ሠ et ሰ, ጸ et ፀ, አ et ዐ, item vocalium ordo primus et quartus cum in literis gutturalibus, tum in literis Contingentis et Subjunctivi praeformativis ante verba primae gutturalis. — Lectiones huius libri varias fere omnes, etiam levissimas, collegi, ut hominibus doctis sub oculos ponerem, quales sint plurimae codicum diversorum variantes; quo exemplo edito in caeteris libris maiores tantummodo et graviores notabo. Vocabulorum denique ignotorum illustrationem in fine posterioris partis tomi tertii adiiciam.

Postremo hoc meum opus, cujus particulam primam iam emissurus sum, lectorum indulgentiae, eorumque, qui sua auctoritate suisque opibus ad sustentandum et divulgandum illud aliquid valeant, benevolentiae ac gratiae studiose commendatum esse velim, pioque animo Deum obsecro, faciat, ut labor meus in amplificandam literarum sacrarum scientiam et alendum earum studium redundet.

Scripsi Tubingae Calendis Septembribus MDCCCLI.

መጽሐፈ ፡ ሄኖክ ፡፡

ምዕራፍ ፡ ፩ ፡፡

ክፍል ፡ ፩ ፡፡ ቃለ ፡ በረከት ፡ ዘሄኖክ ፡ ዘከመ ፡ ባረከ ፡ ኅሩያነ ፡
ወጻድቃነ ፡ እለ ፡ ሀለዉ ፡ ይኩኑ ፡ በዕለተ ፡ ምንዳቤ ፡ ለአሰስሎ ፡ ኵ
ሉ ፡ እኩያን ፡ ወረሲዓን ፡፡ ወአውሥአ ፡ ወይቤ ፡ ሄኖክ ፡ ብእሲ ፡ ጻ ፪
ድቅ ፡ ዘእምኀበ ፡ እግዚአብሔር ፡ እንዘ ፡ አዕይንቲሁ ፡ ክሡታት ፡
ወይሬኢ ፡ ራእየ ፡ ቅዱስ ፡ ዘበሰማያት ፡ ዘአርአዩኒ ፡ መላእክ
ት ፡ ወሰማዕኩ ፡ እምኀቤሆሙ ፡ ኵሎ ፡ ወአእመርኩ ፡ አነ ፡ ዘእሬ
ኢ ፡ ወአኮ ፡ ለዝ ፡ ትውልድ ፡ አላ ፡ ለዘይመጽእ ፡ ትውልድ ፡ ርኁቃ
ን ፡፡ በእንተ ፡ ኅሩያን ፡ እቤ ፡ ወአውሣእኩ ፡ በእንቲአሆሙ ፡ ም ፫
ስለ ፡ ዘይወፅእ ፡ ቅዱስ ፡ ወዐቢይ ፡ እማኅደሩ ፡ ወአምላከ ፡ ዓለ
ም ፡፡ ወእምህየ ፡ ይከይድ ፡ ዲበ ፡ ሲና ፡ ደብረ ፡ ወያስተርኢ ፡ በት ፬
ዕይንቱ ፡ ወያስተርኢ ፡ በጽንዐ ፡ ኀይሉ ፡ እምሰማይ ፡፡ ወይፈርህ ፡ ፭
ኵሉ ፡ ወያድለቀልቁ ፡ ትጉሃን ፡ ወይነሥኦሙ ፡ ፍርሀት ፡ ወረዓድ ፡
ዐቢይ ፡ እስከ ፡ አጽናፈ ፡ ምድር ፡፡ ወይደነግፁ ፡ አድባር ፡ ነዋኃን ፡ ወ ፮
ይቴሐቱ ፡ አውግር ፡ ነዋኃት ፡ ወይትመሰዉ ፡ ከመ ፡ መዓረ ፡ ግራ ፡ እ
ምላህብ ፡፡ ወትሠጠም ፡ ምድር ፡ ወኵሉ ፡ ዘውስተ ፡ ምድር ፡ ፯
ይትሐጐል ፡ ወይከውን ፡ ፍትሕ ፡ ላዕለ ፡ ኵሉ ፡ ወላዕለ ፡ ጻድ
ቃን ፡ ኵሎሙ ፡፡ ለጻድቃንሰ ፡ ሰላመ ፡ ይገብር ፡ ሎሙ ፡ ወየዐቅቦ ፰
ሙ ፡ ለኅሩያን ፡ ወይከውን ፡ ሣህል ፡ ላዕሌሆሙ ፡ ወይከውኑ ፡ ኵ
ሎሙ ፡ ዘአምላክ ፡ ወይሤርሑ ፡ ወይትባረኩ ፡ ወይበርህ ፡ ሎሙ ፡
ብርሃነ ፡ አምላክ ፡፡ ወናሁ ፡ መጽአ ፡ በትእልፊት ፡ ቅዱሳን ፡ ከ ፱
መ ፡ ይገበር ፡ ፍትሐ ፡ ላዕሌሆሙ ፡ ወያሐጐሎሙ ፡ ለረሲዓን ፡ ወይ
ትዋቀስ ፡ ኵሎ ፡ ዘሥጋ ፡ በእንተ ፡ ኵሉ ፡ ዘገብሩ ፡ ወረሰዩ ፡ ላዕ
ሌሁ ፡ ኃጥኣን ፡ ወረሲዓን ፡፡

ክፍል፡፪። ጠየቁ፡ኵሎ፡ዘውስተ፡ሰማይ፡ግብረ፡እፎ፡
ኢይመይጡ፡ፍናዊሆሙ፡ብርሃናት፡ዘውስተ፡ሰማይ፡ከመ፡
ኵሉ፡ይሠርቅ፡ወየዐርብ፡ሥሩዕ፡ኵሉ፡በበዘመኑ፡ወኢይት
፪ ሀደው፡እምትእዛዞሙ። ርእይዋ፡ለምድር፡ወለብዉ፡በእን
ተ፡ምግባር፡ዘይትገበር፡ላዕሌሃ፡እምቀዳሚ፡እስከ፡ተፈጸ
ሜቱ፡ከመ፡ኢይትመየጥ፡ኵሉ፡ግብረ፡ለአምላክ፡እንዘ፡
፫ ያስተርኢ። ርእይዎ፡ለሐጋይ፡ወለክረምት፡ከመ፡ኵላ፡ም
ድር፡መልአት፡ማየ፡ወደመና፡ወጠል፡ወዝናም፡የዐርፍ፡ላዕ
ሌሃ።

ክፍል፡፫። ጠየቁ፡ወርእኩ፡ከመ፡ኵሉ፡ዕፀው፡እፎ፡
ያስተርእዩ፡ከመ፡ይቡስ፡ወኵሉ፡አቈጽሊሆሙ፡ንጉፋት፡ዘ
እንበለ፡፲ወ፬ዕፀው፡ዘኢይትነገፉ፡እለ፡ይጸንሑ፡እምብሉ
ይ፡እስከ፡ይመጽእ፡ሐዲስ፡እም፪ወእም፫ክረምት።

ክፍል፡፬። ወደገመ፡ጠየቁ፡መዋዕለ፡ሐጋይ፡ከመ፡ኮኒ፡ፀ
ሐይ፡ላዕሌሃ፡በቅድሜሃ፡ወአንትሙሰ፡ተኀሥሡ፡ምጽላ
ለ፡ወጽላሎተ፡በእንተ፡ዋዕየ፡ፀሐይ፡ወምድርኒ፡ትውዒ፡
እሙቀተ፡ሐረር፡ወአንትሙሰ፡ኢትክሉ፡ከይደታ፡ለምድር፡
ወኢኰኵሐ፡በእንተ፡ዋዕያ።

ክፍል፡፭። ጠየቁ፡እፎ፡ዕፀው፡በሐመልማለ፡አቈጽል፡ይ
ትከደኑ፡ወይፈርዩ፡ወለብዉ፡በእንተ፡ኵሉ፡ወአእምሩ፡በ
ከመ፡ገብረ፡ለክሙ፡እሉንተ፡ኵሎሙ፡ዘሕያው፡ለዓለም።
፪ ወምግባሩ፡ቅድሜሁ፡ለለዓመት፡ዘይከውን፡ወኵሉ፡ምግባ
ሩ፡ይትቀነዩ፡ሎቱ፡ወኢይትመየጡ፡አላ፡በከመ፡ሠርዐ፡አም
፫ ላክ፡ከማሁ፡ይትገበር፡ኵሉ። ወርእዩ፡እፎ፡አብህርት፡ወ
፬ አፍላግ፡ኅቡረ፡ይፌጽሙ፡ግብሮሙ። ወአንትሙሰ፡ኢተዐገሥ
ክሙ፡ወኢገበርክሙ፡ትእዛዘ፡እግዚእ፡አላ፡ተዐደውክሙ፡
ወሐመይክሙ፡ዓቢያተ፡ወድሩካተ፡ቃላተ፡በአፈ፡ርኵስት፡
ዘዚአክሙ፡ላዕለ፡ዕበየ፡ዚአሁ፤ይቡሳነ፡ልብ፡ኢትከው
፭ ነክሙ፡ሰላም። ወበእንተዝ፡አንትሙ፡መዋዕሊክሙ፡ትረግ
ሙ፡ወዓመታተ፡ሕይወትክሙ፡ተሐጕሉ፡ወይበዝኅ፡መርገ
፮ ም፡ዘለዓለም፡ወኢይከውነክሙ፡ሣህል። በውእቱ፡መዋ
ዕል፡ትሁቡ፡ሰላመ፡ዚአክሙ፡በርግመት፡ዘለዓለም፡ለኵ
ሉ፡ጻድቃን፡ወኪያክሙ፡ይረግሙ፡ኃጥኣን፡ዘለፈ፡ወለክሙ፡

ኃቡረ፡ምስለ፡ኃጥኣን። ወለኃሬያንሰ፡ይከውን፡ብርሃን፡ወ ፯
ፍሥሓ፡ወሰላም፡ወእሙንቱ፡ይወርስዋ፡ለምድር፡ወለክሙ
ሰ፡ረሲዓን፡ይከውነክሙ፡ርገመት። ወአመሂ፡ይትወሀቦሙ፡ ፰
ለኃሬያን፡ጥበብ፡ወኵሎሙ፡እሉንቱ፡የሐይዉ፡ወኢይደግ
ሙ፡አበሳ፡ኢበረሲዕ፡ወኢበትዕቢት፡አላ፡ይገንዩ፡ዘቦሙ፡
ጥበብ፡ኢይደግሙ፡አብሶ። ወኢይትኴነኑ፡ኵሉ፡መዋዕለ፡ ፱
ሕይወቶሙ፡ወኢይመውቱ፡በመቅሠፍት፡ወኢበመዓት፡አላ፡
ኍልቍ፡መዋዕለ፡ሕይወቶሙ፡ይፌጽሙ፡ወይልህቅ፡ሕይወ
ቶሙ፡በሰላም፡ወዓመታተ፡ፍሥሓሆሙ፡ይበዝኃ፡በሐሤ
ት፡ወበሰላም፡ዘለዓለም፡ውስተ፡ኵሉ፡መዋዕለ፡ሕይወ
ቶሙ።

ምዕራፍ፡፪።

ክፍል፡፮። ወኮነ፡እምዘ፡በዝኁ፡ውሉደ፡ሰብእ፡በእ
ማንቱ፡መዋዕል፡ተወልዳ፡ሎሙ፡አዋልድ፡ሠናያት፡ወላሂያ
ት። ወርእያ፡ኪያሆን፡መላእክት፡ውሉደ፡ሰማያት፡ወፈተ ፪
ውዎን፡ወይቤሉ፡በበይናቲሆሙ፡ነዑ፡ንኅረይ፡ለነ፡አንስተ፡እ
ምውሉደ፡ሰብእ፡ወንለድ፡ለነ፡ውሉደ። ወይቤሎሙ፡ስም ፫
ያዛ፡ዘውእቱ፡መልአኮሙ፡እፈርህ፡የጊ፡ኢትፈቅዱ፡ይትገበ
ር፡ዝንቱ፡ግብር፡ወእከውን፡አነ፡ባሕቲትየ፡ፈዳዩ፡ለዛቲ፡
ኃጢአት፡ዐባይ። ወአውሥኡ፡ሎቱ፡ኵሎሙ፡ወይቤሉ፡መሐ ፬
ላ፡ንምሐል፡ኵልነ፡ወንትዋገዝ፡በበይናቲነ፡ከመ፡ኢንሚጣ፡
ለዛቲ፡ምክር፡ወንግበራ፡ለዛቲ፡ምክር፡ግብረ። አሜሃ፡መ ፭
ሐሉ፡ኵሎሙ፡ኅቡረ፡ወአውገዙ፡ኵሎሙ፡በበይናቲሆሙ፡
ቦቱ፡ወኮኑ፡ኵሎሙ፡፪፻። ወወረዱ፡ውስተ፡አርዲስ፡ዝው ፮
እቱ፡ድማሑ፡ለደብረ፡አርሞን፡ወጸውዕዎ፡ለደብረ፡አርሞን፡
እስመ፡መሐሉ፡ቦቱ፡ወአውገዙ፡በበይናቲሆሙ። ወዝንቱ፡ ፯
አስማቲሆሙ፡ለመላእክቲሆሙ፡ስምያዛ፡ዘውእቱ፡መልአኮ
ሙ፡ኡራኪበራሜኤል፡አኪቤኤል፡ጣሚኤል፡ራሙኤል፡ዳንኤ
ል፡ኤዜቄኤል፡ሰራቁያል፡አሳኤል፡አርምርስ፡በጥረአል፡አናን
ኢ፡ዘቄቤ፡ሰምሳዌኤል፡ሰርተኤል፡ጡርኤል፡ዮምያኤል፡አራ
ዝያል። እሉ፡እሙንቱ፡ሀበይቶሙ፡ለ፪፻ መላእክት፡ወባዕዳ ፰
ን፡ኵሉ፡ምስሌሆሙ።

ክፍል ፡ ፯ ፡፡ ወነሥኡ ፡ ሎሙ ፡ አንስትየ ፡ ወኀረየ ፡ ኵሉ ፡ ለ
ለርእሱ ፡ አሐተ ፡ አሐተ ፡ ወወጠኑ ፡ ይባኡ ፡ ኀቤሆን ፡ ወተደመሩ ፡
ምስሌሆን ፡ ወመሐርዎን ፡ ሥራያተ ፡ ወስብዓታተ ፡ ወመቲረ ፡ ሥ
፪ ርው ፡ ወዕፀው ፡ አመርዎን ፡፡ ወእማንቱሰ ፡ ፀንሳ ፡ ወወለዳ ፡ ረዓይ
፫ ተ ፡ ዐቢይተ ፡ ወቆሞሙ ፡ በበ ፫፻ በእመት ፡፡ እሉ ፡ በልዑ ፡ ኵሎ ፡
፬ ፃማ ፡ ሰብእ ፡ እስከ ፡ ስእንዎሙ ፡ ሴሰዮተ ፡ ሰብእ ፡፡ ወተመይ
፭ ጡ ፡ ረዓይት ፡ ላዕሌሆሙ ፡ ይብልዕዎሙ ፡ ለሰብእ ፡፡ ወወጠኑ ፡ የ
አብሱ ፡ በአዕዋፍ ፡ ወዲበ ፡ አራዊት ፡ ወበዘይትሐወስ ፡ ወበዓሣ
ት ፡ ወሥጋሆሙ ፡ በበይናቲሆሙ ፡ ይትባልዑ ፡ ወደመ ፡ ይስትዩ ፡ እ
፮ ምኔሃ ፡፡ አሜሃ ፡ ምድር ፡ ሰከየቶሙ ፡ ለዐማፅያን ፡፡

ክፍል ፡ ፰ ፡፡ ወአዛዝኤል ፡ መሐሮሙ ፡ ለሰብእ ፡ ገቢረ ፡ አስይ
ፋት ፡ ወመጥባሕት ፡ ወወልታ ፡ ወድርዓ ፡ እንግድዓ ፡ ወአርአዮሙ ፡
ዘእምድኅሬሆሙ ፡ ወምግባሪሆሙ ፡ አውቃፋተ ፡ ወሠርጕ ፡ ወ
ተኵሕሎተ ፡ ወአሠንዮ ፡ ቀረንብት ፡ ወእብን ፡ እምኵሉ ፡ እብ
ን ፡ ክቡረ ፡ ወኅሩየ ፡ ወኵሎ ፡ ጥምዓታተ ፡ ኅብር ፡ ወተውላጠ ፡
፪ ዓለም ፡፡ ወኮነ ፡ ርስዐት ፡ ዐቢይ ፡ ወብዙኅ ፡ ዘምዎ ፤ ወስሕቱ ፡
፫ ወማሰና ፡ ኵሉ ፡ ፍናዊሆሙ ፡፡ አሜዛራኽ ፡ መሀረ ፡ ኵሎ ፡ መሳ
ብዕያነ ፡ ወመታርያነ ፡ ሥርዋት ፤ አርማሮስ ፡ ፈትሐ ፡ ስብዐታተ ፤
ወበረቅዓል ፡ ረዓይያነ ፡ ከዋክብት ፤ ወኮከብኤል ፡ ትእምርታተ ፤
ወጥምኤል ፡ መሀረ ፡ ሬእየ ፡ ኮከብ ፤ ወአስራድኤል ፡ መሀረ ፡ ረፀ
፬ ተ ፡ ወርኅ ፡፡ ወበኅጕለተ ፡ ሰብእ ፡ ጸርሑ ፡ ወበጽሐ ፡ ቃሎሙ ፡ ሰ
ማየ ፡፡

ክፍል ፡ ፱ ፡፡ ወአሜሃ ፡ ሐወጹ ፡ ሚካኤል ፡ ወገብርኤል ፡ ወሱ
ርያን ፡ ወኡርያን ፡ እምሰማይ ፡ ወርእዩ ፡ ብዙኀ ፡ ደመ ፡ ዘይትከ
ዐው ፡ በዲበ ፡ ምድር ፡ ወኵሎ ፡ ዐመፃ ፡ ዘይትገበር ፡ በዲበ ፡ ም
፪ ድር ፡፡ ወይቤሉ ፡ በበይናቲሆሙ ፡ ቃለ ፡ ጽራኅቲሆሙ ፡ ዕራቃ ፡ ጸ
፫ ርኀት ፡ ምድር ፡ እስከ ፡ አንቀጸ ፡ ሰማይ ፡፡ ወይእዜኒ ፡ ለክሙ ፡ ኦ
ቅዱሳነ ፡ ሰማይ ፡ ይሰኪዩ ፡ ነፍሳተ ፡ ሰብእ ፡ እንዘ ፡ ይብሉ ፡ አብ
፬ ኡ ፡ ለነ ፡ ፍትሐ ፡ ኀበ ፡ ልዑል ፡፡ ወይቤሉ ፡ ለእግዚኦሙ ፡ ለንጉሥ ፡
እስመ ፡ እግዚኦሙ ፡ ለአጋእዝት ፡ ወአምላኮሙ ፡ ለአማልክት ፡
ወንጉሦሙ ፡ ለነገሥት ፡ ወመንበረ ፡ ስብሐቲከ ፡ ውስተ ፡ ኵሉ ፡
ትውልደ ፡ ዓለም ፡ ወስምከ ፡ ቅዱስ ፡ ወስቡሕ ፡ ውስተ ፡ ኵሉ ፡
፭ ትውልደ ፡ ዓለም ፡ ወቡሩክ ፡ ወስቡሕ ፡ አንተ ፡፡ ገበርከ ፡ ኵሎ ፡

ወሥልጣኒ ፡ ኵሉ ፡ ምስሌከ ፡ ወኵሉ ፡ ክሡት ፡ ቅድሜከ ፡ ወ
ገሁድ ፤ ወአንተ ፡ ትሬኢ ፡ ኵሉ ፡ ወአልቦ ፡ ዘይትከሀል ፡ ይትኃባ
እ ፡ እምኔከ ። ርኢኬ ፡ ዘገብረ ፡ አዛዝኤል ፡ ዘከመ ፡ መሀረ ፡ ፮
ኵሎ ፡ ዐመፃ ፡ በዲበ ፡ ምድር ፡ ወአግሀደ ፡ ኅቡኣተ ፡ ዓለም ፡ እለ ፡
ይትገበሩ ፡ በሰማያት ። ወአመረ ፡ ስብዐታተ ፡ ስምያዛ ፡ ዘአን ፯
ተ ፡ ወሀብኮ ፡ ሥልጣነ ፡ ይኵንን ፡ እለ ፡ ምስሌሁ ፡ ኅቡረ ። ወሖ ፰
ሩ ፡ ኀበ ፡ አዋልደ ፡ ሰብእ ፡ ኅቡረ ፡ ወሰከቡ ፡ ምስሌሆን ፡ ምስለ ፡
እልኩ ፡ አንስት ፡ ወረኵሱ ፡ ወአግሀዱ ፡ ሎን ፡ እሉንተ ፡ ኃጣው
አ ። ወአንስትሰ ፡ ወለዳ ፡ ረዓይተ ፡ ወበዝ ፡ መልአት ፡ ኵላ ፡ ም ፱
ድር ፡ ደመ ፡ ወዐመፃ ። ወይእዜኒ ፡ ናሁ ፡ ይጸርሑ ፡ ነፍሳት ፡ እለ ፡ ፲
ሞቱ ፡ ወይሰኪዩ ፡ እስከ ፡ አንቀጸ ፡ ሰማይ ፡ ወዐርገ ፡ ገዓሮሙ ፡ ወ
ኢይክሉ ፡ ወፂአ ፡ እምቅድመ ፡ ገጸ ፡ ዐመፃ ፡ ዘይትገበር ፡ በዲበ ፡
ምድር ። ወአንተ ፡ ተአምር ፡ ኵሎ ፡ ዘእንበለ ፡ ይኩን ፤ ወአንተ ፡ ፲፩
ተአምር ፡ ዘንተ ፡ ወዘዚአሆሙ ፡ ወአልቦ ፡ ዘትነግረነ ፡ ወምንት ፡
መፍትው ፡ ንረስዮሙ ፡ በእንተ ፡ ዝንቱ ።

ክፍል ፡ ፲ ። ወአሜሃ ፡ ልዑል ፡ ዐቢይ ፡ ወቅዱስ ፡ ተናገረ ፡ ወፈ
ነወ ፡ ለአርስያላልዩር ፡ ኀበ ፡ ወልደ ፡ ላሜክ ፡ ወይቤሎ ። በሎ ፡ በ ፪
ስም ፡ ዚአየ ፡ ኅባእ ፡ ርእሰከ ፡ ወአግህድ ፡ ሎቱ ፡ ፍጻሜ ፡ ዘይመ
ጽእ ፡ እስመ ፡ ትትሐጐል ፡ ምድር ፡ ኵላ ፡ ወማየ ፡ አይኅ ፡ ይመጽ
እ ፡ ሀሎ ፡ ዲበ ፡ ኵላ ፡ ምድር ፡ ወይትኀጐል ፡ ዘሀሎ ፡ ውስቴታ ።
ወይእዜኒ ፡ መሀሮ ፡ ከመ ፡ ይንፍጽ ፡ ወይንበር ፡ ዘርኡ ፡ ለኵሉ ፡ ፫
ምድር ። ወይቤሎ ፡ ካዕበ ፡ እግዚእ ፡ ለሩፋኤል ፡ እስሮ ፡ ለአዛ ፬
ዝኤል ፡ በእዴሁ ፡ ወእገሪሁ ፡ ወደዮ ፡ ውስተ ፡ ጽልመት ፡ ወአብ
ቅዋ ፡ ለገዳም ፡ እንተ ፡ ሀለወት ፡ በዱዳኤል ፡ ወደዮ ፡ ህየ ። ወደ ፭
ይ ፡ ላዕሌሁ ፡ አዕባነ ፡ ጠዋያተ ፡ ወበሊኃተ ፡ ወክድኖ ፡ ጽልመተ ፡
ወህየ ፡ ይኅድር ፡ ለዓለም ፡ ወክድኖ ፡ ለገጹ ፡ ከመ ፡ ኢይርአይ ፡
ብርሃነ ። ወበዕለተ ፡ ዐባይ ፡ እንተ ፡ ኵነኔ ፡ ከመ ፡ ይትፈነው ፡ ው ፮
ስተ ፡ ዋዕይ ። ወአሕይዋ ፡ ለምድር ፡ እንተ ፡ አማሰኑ ፡ መላእክ ፯
ት ፡ ወሕይወታ ፡ ለምድር ፡ አይድዕ ፡ ከመ ፡ አሐይዋ ፡ ለምድር ፡
ወኢይትኃጐሉ ፡ ኵሎሙ ፡ ውሉደ ፡ ሰብእ ፡ በምሥጢረ ፡ ኵሉ ፡
ዘቀተሉ ፡ ትጉሃን ፡ ወመሀሩ ፡ ለውሉዶሙ ። ወማሰነት ፡ ኵላ ፡ ፰
ምድር ፡ በትምህርተ ፡ ግብረ ፡ ለአዛዝኤል ፡ ወላዕሌሁ ፡ ጸሐፍ ፡
ኵሎ ፡ ኃጢአተ ። ወለገብርኤል ፡ ይቤሎ ፡ እግዚአብሔር ፡ ሖር ፡ ፱

ዲቤሆሙ፡ ለመንዝራን፡ ወለምኑናን፡ ወዲበ፡ ውሉደ፡ ዘማ፡ ወ
አኅጕሎሙ፡ ለውሉደ፡ ዘማ፡ ወለውሉደ፡ ትጉሃን፡ እምሰብእ፡
ወአውፅኦሙ፡ ወፈንዎሙ፡ በበይናቲሆሙ፡ እሙንቱ፡ ወለሊሆ
፲ ሙ፡ በቀትል፡ ይትኃጐሉ፡ እስመ፡ ኑኀ፡ መዋዕል፡ አልቦሙ። ወ
ኵሎሙ፡ ይስእሉከ፡ ወኢይከውን፡ ለአበዊሆሙ፡ በእንቲአሆ
ሙ፡ እስመ፡ ይሴፈዉ፡ ሕይወተ፡ ዘለዓለም፡ ወከመ፡ ይሕየዉ፡
፲፩ ፩፩ እምኔሆሙ፡ ፭፻ ክራማተ። ወለሚካኤል፡ ይቤሎ፡ እግዚአ
ብሔር፡ አይድዕ፡ ለስምያዛ፡ ወለካልኣን፡ እለ፡ ምስሌሁ፡ እለ፡
ኃብሩ፡ ምስለ፡ አንስት፡ ከመ፡ ይማስኑ፡ ምስሌሆን፡ በኵሉ፡
፲፪ ርኵሰ፡ ዚአሆን። ሶበ፡ ይትራገዙ፡ ኵሉ፡ ውሉዶሙ፡ ወሶበ፡
ይሬእዩ፡ ሐጕሎሙ፡ ለፍቁራኒሆሙ፡ እስሮሙ፡ ለ፸ ትውልድ፡ በ
መትሕተ፡ አውግረ፡ ምድር፡ እስከ፡ ዕለተ፡ ኵነኔሆሙ፡ ወተፍ
፲፫ ጻሜቶሙ፡ እስከ፡ ይትፌጸም፡ ኵነኔ፡ ዘለዓለመ፡ ዓለም። ወ
በውእቱ፡ መዋዕል፡ ይወስድዎሙ፡ ውስተ፡ መትሕተ፡ እሳት፡ በ
፲፬ ፃዕር፡ ወበቤተ፡ ሞቅሕ፡ ይትዓፀዉ፡ ለዓለመ፡ ዓለም። ወሶቤሃ፡
ይውዒ፡ ወይማስን፡ እምይእዜ፡ ምስሌሆሙ፡ ኅቡረ፡ ይትአሰ
፲፭ ሩ፡ እስከ፡ ተፍጻሜተ፡ ትውልደ፡ ትውልድ። ወአኅጕሎሙ፡ ለ
ኵሎሙ፡ ነፍሳተ፡ ተውኔት፡ ወለውሉዶሙ፡ ለትጉሃን፡ እስመ፡
፲፮ ገፍዕዎሙ፡ ለሰብእ። አኅጕል፡ ኵሉ፡ ግፍዐ፡ እምገጸ፡ ምድ
ር፡ ወኵሉ፡ ምግባር፡ እኩይ፡ ይኅልቅ፡ ወያስተርኢ፡ ተክለ፡ ጽ
ድቅ፡ ወርትዕ፡ ወይከውን፡ ለበረከት፡ ግብር፤ ጽድቅ፡ ወርትዕ፡
፲፯ ለዓለም፡ በፍሥሓ፡ ይትከሉ። ወይእዜኒ፡ ኵሎሙ፡ ጻድቃን፡
ይገንዩ፡ ወይከውኑ፡ ሕያዋነ፡ እስከ፡ ይወልዱ፡ ፲፻ ወኵሉ፡ መዋ
ዕለ፡ ውርዙቶሙ፡ ወሰንበተ፡ ዚአሆሙ፡ ይፌጽሙ፡ በሰላም።
፲፰ ወበእማንቱ፡ መዋዕል፡ ትትገበር፡ ኵላ፡ ምድር፡ በጽድቅ፡ ወ
፲፱ ኵለንታሃ፡ ትተከል፡ ዕፀወ፡ ወትመልዕ፡ በረከተ። ወኵሉ፡ ዕ
ፀወ፡ ኅሤት፡ ይተክሉ፡ ዲቤሃ፡ ወይተክሉ፡ ዲቤሃ፡ እውያነ፡ ወ
ወይን፡ ዘይተከል፡ ዲቤሃ፡ ይገብር፡ ፍሬ፡ ለጽጋብ፤ ወኵሉ፡ ዘ
ርእ፡ ዘይዘራእ፡ ዲቤሃ፡ አሐቲ፡ መስፈርት፡ ትገብር፡ እልፈ፡ ወአ
፳ ሐቲ፡ መስፈርተ፡ ኤልያስ፡ ትገብር፡ ፲ ምክያደተ፡ ዘይት። ወአ
ንተ፡ አንጽሓ፡ ለምድር፡ እምኵሉ፡ ግፍዕ፤ ወእምኵሉ፡ ሀመ
ፃ፤ ወእምኵሉ፡ ኃጢአት፤ ወእምኵሉ፡ ረሲዕ፤ ወእምኵሉ፡
ርኵስ፡ ዘይትገበር፡ ቢዲበ፡ ምድር፤ አኅልቆሙ፡ እምዲበ፡ ም

ድር። ወይኄኑ፡ ኲሉ፡ ውሉደ፡ ሰብእ፡ ጻድቃን፡ ወይኩኑ፡ ኲ ፲፩
ሉ፡ አሕዛብ፡ ያምልኩ፡ ወይባርኩ፡ ኪያየ፡ ወኲሎሙ፡ ሊተ፡
ይሰግዱ። ወትነጽሕ፡ ምድር፡ እምኲሉ፡ ሙስና፡ ወእምኲ ፲፪
ሉ፡ ኃጢአት፤ ወእምኲሉ፡ መቅሠፍት፤ ወእምኲሉ፡ ፃዕር፤
ወኢይደግም፡ ከመ፡ እፌኑ፡ ዲቤሃ፡ አይኅ፡ ለትውልደ፡ ትውል
ድ፡ ወእስከ፡ ለዓለም።

ክፍል፡ ፲፩። ወበእማንቱ፡ መዋዕል፡ እፈትሕ፡ መዛግብተ፡
በረከት፡ እለ፡ በሰማይ፡ ከመ፡ አውርዶሙ፡ ዲበ፡ ምድር፡ ዲ
በ፡ ግብሮሙ፡ ወዲበ፡ ፃማሆሙ፡ ለውሉደ፡ ሰብእ። ሰላም፡ ፪
ወርትዕ፡ ሱቱፋን፡ ይከውኑ፡ በኲሉ፡ መዋዕለ፡ ዓለም፡ ወበኲ
ሉ፡ ትውልደ፡ ዓለም።

ምዕራፍ፡ ፫።

ክፍል፡ ፲፪። ወእምቅድመ፡ ኲሉ፡ ነገር፡ ተከብተ፡ ሄኖክ፡
ወአልቦ፡ ዘየአምር፡ እምውሉደ፡ ሰብእ፡ በኀበ፡ ተከብተ፡ ወ
ኀበ፡ ሀሉ፡ ወምንተ፡ ኮነ። ወኲሉ፡ ግብሩ፡ ምስለ፡ ቅዱሳን፡ ፪
ወምስለ፡ ትጉሃን፡ በመዋዕለ፡ ዚአሁ። ወአነ፡ ሄኖክ፡ ኮንኩ፡ ፫
እባርኮ፡ ለእግዚእ፡ ዐቢይ፡ ወለንጉሠ፡ ዓለም፡ ወናሁ፡ ትጉሃ
ን፡ ይጼውዑኒ፡ ሊተ፡ ለሄኖክ፡ ጸሓፊ፡ ወይቤሉኒ። ሄኖክ፡ ጸሓ ፬
ፊ፡ ጽድቅ፡ ሑር፡ አይድዕ፡ ለትጉሃነ፡ ሰማይ፡ እለ፡ ኃደጉ፡ ሰማ
የ፡ ልዑለ፡ ወመቅዋመ፡ ቅዱሰ፡ ዘለዓለም፡ ወምስለ፡ አንስት፡
ማሰኑ፡ ወገብሩ፡ ዘከመ፡ ይገብሩ፡ ውሉደ፡ ሰብእ፡ ወነሥኡ፡
ሎሙ፡ አንስተ፡ ወማሰኑ፡ ዐቢየ፡ ሙስና፡ በዲበ፡ ምድር። ወኢ ፭
ይከውን፡ ሎሙ፡ በዲበ፡ ምድር፡ ሰላም፡ ወኅድገተ፡ ኃጢአ
ት፡ እስመ፡ ኢይትፌሥሑ፡ በውሉዶሙ። ቀትለ፡ ፍቁራኒሆሙ፡ ፮
ይሬእዩ፡ ወዲበ፡ ሐጕለ፡ ውሉዶሙ፡ ይገዕሩ፡ ወይስእሉ፡ ለዓለ
ም፡ ወኢይከውን፡ ሎሙ፡ ምሕረት፡ ወኢሰላም።

ክፍል፡ ፲፫። ወሄኖክ፡ ኀሊፈ፡ ይቤሎ፡ ለአዛዝኤል፡ ኢይከ
ውነከ፡ ሰላም፡ ዐቢይ፡ ኲነኔ፡ ወፅአ፡ ላዕሌከ፡ ይእሥርከ። ወ ፪
ሠናት፡ ወስእለት፡ ወምሕረት፡ ኢይከውነከ፡ በእንተ፡ ዘመሀ
ርከ፡ ግፍዐ፡ ወበእንተ፡ ኲሉ፡ ምግባረ፡ ጽርፈት፤ ወግፍዕ፤ ወ
ኃጢአት፤ ዘአርአይከ፡ ለውሉደ፡ ሰብእ። አሜሃ፡ ሐዊርየ፡ ነገ ፫
ርክዎሙ፡ ለኲሎሙ፡ ኅቡረ፤ ወእሙንቱ፡ ፈርሁ፡ ኲሎሙ፡ ፍር

፬ ሃት ፡ ወረዒዶ ፡ ነሥኦሙ ፡፡ ወተስእሉኒ ፡ ተዝካረ ፡ ስእለት ፡
ከመ ፡ እጽሐፍ ፡ ሎሙ ፡ ከመ ፡ ይኩኖሙ ፡ ኅድገተ ፡ ወከመ ፡ አ
ነ ፡ አዕርግ ፡ ተዝካረ ፡ ስእለቶሙ ፡ ኀበ ፡ እግዚአብሔር ፡ ሰማየ ፡፡
፭ እስመ ፡ ኢይክሉ ፡ እሙንቱ ፡ እምይእዜ ፡ ተናግሮ ፡ ወኢያንሥኡ ፡
አዕይንቲሆሙ ፡ ውስተ ፡ ሰማይ ፡ እምኀፍረተ ፡ አበሳሆሙ ፡ ዘተ
፮ ኰነኑ ፡፡ ወአሜሃ ፡ ጸሐፍኩ ፡ ተዝካረ ፡ ስእለቶሙ ፡ ወአስተብ
ቍዖቶሙ ፡ በእንተ ፡ መንፈሶሙ ፡ ወለለ ፡ ፩ ምግባሮሙ ፡ ወበእን
፯ ተ ፡ ዘይስእሉ ፡ ከመ ፡ ይኩኖሙ ፡ ስርየተ ፡ ወኑኃተ ፡፡ ወሐዊርየ ፡ ነ
በርኩ ፡ ዲበ ፡ ማያተ ፡ ዳን ፡ በዳን ፡ እንተ ፡ ይእቲ ፡ እምየማነ ፡ ዓ
ረበ ፡ አርሞን ፡ ወእነብብ ፡ ተዝካረ ፡ ስእለቶሙ ፡ እስከ ፡ ደቀስ
፰ ኩ ፡፡ ወናሁ ፡ ሕልም ፡ መጽአኒ ፡ ወራእያት ፡ ዲቤየ ፡ ወድቁ ፡ ወር
ኢኩ ፡ ራእየ ፡ መቅሠፍት ፡ እንግር ፡ ለውሉደ ፡ ሰማይ ፡ ወእዛለ
፱ ፎሙ ፡፡ ወነቂሕየ ፡ መጻእኩ ፡ ኀቤሆሙ ፡ ወኵሎሙ ፡ ጉቡዓን ፡ ይ
ነብሩ ፡ እንዘ ፡ ይላሕዉ ፡ በኡብልስያኤል ፡ ዘሀለወት ፡ ማእከለ ፡
፲ ሊባኖስ ፡ ወሴኔሴር ፡ እንዘ ፡ ግልቡባን ፡ ገጾሙ ፡፡ ወተናገርኩ ፡ በ
ቅድሜሆሙ ፡ ኵሎ ፡ ራእያተ ፡ ዘርኢኩ ፡ በንዋምየ ፡ ወወጠን
ኩ ፡ እትናገር ፡ ውእተ ፡ ቃላተ ፡ ጽድቅ ፡ ወእዝልፍ ፡ ለትጉሃን ፡
ሰማይ ፡፡

ክፍል ፡ ፲፬ ፡፡ ዝመጽሐፍ ፡ ቃለ ፡ ጽድቅ ፡ ወዘለፋ ፡ ትጉሃን ፡ እ
ለ ፡ እምዓለም ፡ በከመ ፡ አዘዘ ፡ ቅዱስ ፡ ወዐቢይ ፡ በይእቲ ፡ ራእይ ፡፡
፪ አነ ፡ ርኢኩ ፡ በንዋምየ ፡ ዘአነ ፡ ይእዜ ፡ እነግር ፡ በልሳን ፡ ዘሥጋ ፡
ወበመንፈስየ ፡ ዘወሀበ ፡ ዐቢይ ፡ አፈ ፡ ለሰብእ ፡ ይትናገሩ ፡ ቦቱ ፡
፫ ወይለብዉ ፡ በልብ ፡፡ ከመ ፡ ፈጠረ ፡ ወወሀበ ፡ ለሰብእ ፡ ይለብ
ዉ ፡ ቃለ ፡ አእምሮ ፡ ወሊተኒ ፡ ፈጠረ ፡ ወወሀበኒ ፡ እዛለፎሙ ፡ ለ
፬ ትጉሃን ፡ ውሉደ ፡ ሰማይ ፡፡ አነ ፡ ስእለተክሙ ፡ ጸሐፍኩ ፡ ወበ
ራእይየ ፡ ከመዝ ፡ ያስተርኢ ፡ እስመ ፡ ስእለትክሙ ፡ ኢትከውን
ክሙ ፡ ውስተ ፡ ኵሉ ፡ መዋዕለ ፡ ዓለም ፡ ወኵነኔ ፡ ፈጽሞት ፡ ላ
፭ ዕሌክሙ ፡ ወኢይከውነክሙ ፡፡ ወእምይእዜ ፡ ኢተዓርጉ ፡ ውስ
ተ ፡ ሰማይ ፡ እስከ ፡ ኵሉ ፡ ዓለም ፡ ወውስተ ፡ ምድር ፡ ተነግረ ፡
፮ ይእሥርክሙ ፡ በኵሉ ፡ መዋዕለ ፡ ዓለም ፡፡ ወእምቅድመ ፡ ዝን
ቱ ፡ ርኢክሙ ፡ ኀጕለ ፡ ውሉድክሙ ፡ ፍቁራን ፤ ወአልብክሙ ፡ ጥ
፯ ሬያኒሆሙ ፡ አላ ፡ ይወድቁ ፡ ቅድሜክሙ ፡ በሰይፍ ፡፡ ወስእለት
ክሙ ፡ በእንቲአሆሙ ፡ ኢይከውን ፡ ወበእንቲአክሙኒ ፡ ወአንት

ሙሂ ፡ እንዘ ፡ ትበክዩ ፡ ወታስተበቍዑ ፡ ወኢትትናገሩ ፡ ወኢም
ንተኒ ፡ ቃለ ፡ እምውስተ ፡ መጽሐፍ ፡ ዘጸሐፍኩ ፡፡ ወሊተ ፡ ከ ፰
መዝ ፡ ርእየ ፡ አስተርአየኒ ፤ ናሁ ፡ ደመናት ፡ በርእይ ፡ ይጼውዑ
ኒ ፤ ወጊሜ ፡ ይጼውዐኒ ፤ ወረፀተ ፡ ከዋክብት ፡ ወመባርቅት ፡ ያጔ
ጕሁኒ ፡ ወያጸዕቁኒ ፡ ወነፋሳት ፡ በርእይ ፡ ያሰረረኒ ፡ ወያጔጕሁ
ኒ ፡፡ ወነሠኡኒ ፡ ላዕለ ፡ ውስተ ፡ ሰማይ ፡ ወቦእኩ ፡ እስከ ፡ እቀር ፱
ብ ፡ ኀበ ፡ ጥቅም ፡ ዘኅንጽት ፡ በእብነ ፡ በረድ ፡ ወልሳነ ፡ እሳት ፡
የዓውዳ ፡ ወወጠነ ፡ ያፈርሀኒ ፡፡ ወቦእኩ ፡ ውስተ ፡ ልሳነ ፡ እሳት ፡ ፲
ወቀረብኩ ፡ ኀበ ፡ ቤት ፡ ዐቢይ ፡ ዘሕኑጽ ፡ በአዕባነ ፡ በረድ ፤ ወ
አረፍተ ፡ ውእቱ ፡ ቤት ፡ ከመ ፡ ጸፍጸፈ ፡ ሰሌዳ ፡ በአዕባን ፡ ዘእ
ምበረድ ፡ ወምድሩ ፡ በረድ ፡፡ ጠፈሩ ፡ ከመ ፡ ረፀተ ፡ ከዋክብ ፲፩
ት ፡ ወመባርቅት ፤ ወማእከሎሙ ፡ ኪሩቤል ፡ ዘእሳት ፡ ወሰማዮ
ሙ ፡ ማይ ፡፡ ወእሳት ፡ ዘይነድድ ፡ በዓውደ ፡ አረፍቱ ፡ ወኆኃቱ ፡ ፲፪
ይውዒ ፡ ቢእሳት ፡፡ ወቦእኩ ፡ ውስተ ፡ ውእቱ ፡ ቤት ፡ ወምውቅ ፡ ፲፫
ከመ ፡ እሳት ፡ ወቍረር ፡ ከመ ፡ በረድ ፡ ወኢምንትኒ ፡ ፍግዓ ፡ ወ
ሕይወት ፡ አልቦ ፡ ውስቴቱ ፤ ፍርሃት ፡ ከደነኒ ፡ ወረዓድ ፡ አኀዘኒ ፡፡
ወእንዘ ፡ እትሀወክ ፡ ወእርዕድ ፡ ወደቁ ፡ በገጽየ ፡ ወእሬኢ ፡ በር ፲፬
እይ ፡፡ ወናሁ ፡ ካልእ ፡ ቤት ፡ ዘየዐቢ ፡ እምዝኩ ፡ ወኵሉ ፡ ኆኃ ፲፭
ቱ ፡ ርኁት ፡ በቅድሜየ ፡ ወኅኑጽ ፡ በልሳነ ፡ እሳት ፡፡ ወበኵሉ ፡ ይ ፲፮
ፈደፍድ ፡ በስብሐት ፡ ወበክብር ፡ ወዕበይ ፡ እስከ ፡ ኢይክል ፡
ዜንዎተክሙ ፡ በእንተ ፡ ስብሐቲሁ ፡ ወበእንተ ፡ ዕበዩ ፡፡ ወም ፲፯
ድሩሰ ፡ እሳት ፡ ወመልዕልቴሁ ፡ መብረቅ ፡ ወምርዋፀ ፡ ከዋክብ
ት ፡ ወጠፈሩኒ ፡ እሳት ፡ ዘይነድድ ፡፡ ወነጸርኩ ፡ ወርኢኩ ፡ ውስ ፲፰
ቴቱ ፡ መንበረ ፡ ልዑለ ፤ ወሬእዩ ፡ ከመ ፡ አስሐትያ ፡ ወክበቡ ፡ ከ
መ ፡ ፀሐይ ፡ ዘያበርህ ፡ ወቃለ ፡ ኪሩቤል ፡፡ ወእመትሕተ ፡ መንበ ፲፱
ረ ፡ ዐቢይ ፡ ይወፅእ ፡ አፍላገ ፡ እሳት ፡ ዘይነድድ ፤ ወኢይክሉ ፡ ር
እዮቶ ፡፡ ወዐቢየ ፡ ስብሐት ፡ ይነብር ፡ ላዕሌሁ ፡ ወዐጽፊሰ ፡ ዘ ፳
ይበርህ ፡ እምፀሐይ ፡ ወይፀዐዱ ፡ እምኵሉ ፡ በረድ ፡፡ ወኢይክ ፳፩
ል ፡ ወኢመኑሂ ፡ እመላእክት ፡ ባዊአ ፤ ወሬእየ ፡ ገጹ ፡ ለክቡር ፡
ወስቡሕ ፡ ኢይክል ፡ ወኢመኑሂ ፡ ዘሥጋ ፡ ይርአይ ፡ ኪያሁ ፡፡ እሳ ፳፪
ተ ፡ እሳት ፡ ዘይነድድ ፡ በዓውዱ ፡ ወእሳት ፡ ዐቢይ ፡ ይቀውም ፡
ቅድሜሁ ፡ ወአልቦ ፡ ዘይቀርብ ፡ ኀቤሁ ፡ እምእለ ፡ ዓውዱ ፡ ትእ
ልፈተ ፡ ትእልፌት ፡ ቅድሜሁ ፡ ወውእቱሰ ፡ ኢይፈቅድ ፡ ምክረ ፡

፳፫ ቅድስት ። ወቅዱሳን ፡ እለ ፡ ይቀርቡ ፡ ኀቤሁ ፡ ኢይርኅቁ ፡ ሌሊተ ፡
፳፬ ወመዓልተ ፡ ወኢይትአተቱ ፡ እምኔሁ ። ወአነ ፡ ሀለውኩ ፡ እስ
ከ ፡ ዝንቱ ፡ ዲበ ፡ ገጽየ ፡ ግልባቤ ፡ እንዘ ፡ እርዕድ ፡ ወእግዚእ ፡
ቢአፉሁ ፡ ጸውዐኒ ፡ ወይቤለኒ ፡ ቅረብ ፡ ዝየ ፡ ሄኖክ ፡ ወለቃልየ ፡
፳፭ ቅዱስ ። ወአንሥአኒ ፡ ወአቅረበኒ ፡ እስከ ፡ ኆኅት ፤ ወአንሶ ፡ ገጽ
የ ፡ ታሕተ ፡ እኔጽር ።

ክፍል ፡ ፲፭ ። ወአውሥአኒ ፡ ወይቤለኒ ፡ በቃሉ ፡ ስማዕ ፡ ኢት
ፍራህ ፡ ሄኖክ ፡ ብእሲ ፡ ጻድቅ ፡ ወጸሓፌ ፡ ጽድቅ ፡ ቅረብ ፡ ዝየ ፡
፪ ወስማዕ ፡ ቃልየ ። ወሑር ፡ በሎሙ ፡ ለትጉሃን ፡ ሰማይ ፡ እለ ፡ ፈነ
ውኩ ፡ ትስአል ፡ በእንቲአሆሙ ፡ አንትሙ ፡ መፍትው ፡ ትስአሉ ፡
፫ በእንተ ፡ ሰብእ ፡ ወአኮ ፡ ሰብእ ፡ በእንቲአክሙ ። በእንተ ፡ ም
ንት ፡ ኀደግሙ ፡ ሰማየ ፡ ልዑለ ፡ ወቅዱሰ ፡ ዘለዓለም ፡ ወምስለ ፡
አንስት ፡ ሰከብክሙ ፡ ወምስለ ፡ አዋልደ ፡ ሰብእ ፡ ረኰስክሙ ፡
ወነሣእክሙ ፡ ለክሙ ፡ አንስተ ፡ ወከመ ፡ ውሉደ ፡ ምድር ፡ ገበ
፬ ርክሙ ፡ ወወለድክሙ ፡ ውሉደ ፡ ረዓይተ ። ወአንትሙሰ ፡ መን
ፈሳውያን ፡ ቅዱሳን ፡ ሕያዋነ ፡ ሕይወት ፡ ዘለዓለም ፡ በዲበ ፡ አ
ንስት ፡ ረኰስክሙ ፡ ወበደመ ፡ ሥጋ ፡ አውለድክሙ ፡ ወበደመ ፡
ሰብእ ፡ ፈተውክሙ ፡ ወገበርክሙ ፡ ከመ ፡ እሙንቱ ፡ ይገብሩ ፡
፭ ሥጋ ፡ ወደመ ፡ እለ ፡ እሙንቱ ፡ ይመውቱ ፡ ወይትኀጐሉ ። ወበእን
ተዝ ፡ ወሀብክዎሙ ፡ አንስትየ ፡ ከመ ፡ ይዝርኡ ፡ ላዕሌሆን ፡ ወይ
ትወለዱ ፡ ውሉድ ፡ በላዕሌሆን ፡ ከመ ፡ ከማሁ ፡ ይትገበር ፡ ግብ
፮ ር ፡ በዲበ ፡ ምድር ። ወአንትሙሰ ፡ ቀዳሚ ፡ ኮንክሙ ፡ መንፈሳ
ውያነ ፡ ሕያዋነ ፡ ሕይወት ፡ ዘለዓለም ፡ ዘኢይመውት ፡ ለኵሉ ፡
፯ ትውልደ ፡ ዓለም ። ወበእንተ ፡ ዝንቱ ፡ ኢረሰይኩ ፡ ለክሙ ፡ አን
ስቲየ ፡ እስመ ፡ መንፈሳውያንሰ ፡ ውስተ ፡ ሰማይ ፡ ማኅደሪሆሙ ።
፰ ወይእዜኒ ፡ ረዓይት ፡ እለ ፡ ተወልዱ ፡ እምነፍስት ፡ ወሥጋ ፡ መና
ፍስተ ፡ እኩያነ ፡ ይሰመዩ ፡ በዲበ ፡ ምድር ፡ ወውስተ ፡ ምድር ፡
፱ ይከውን ፡ ማኅደሪሆሙ ። ወነፍሳት ፡ እኩያን ፡ ወፅኡ ፡ እምሥ
ጋሆሙ ፡ እስመ ፡ እመልዕልት ፡ ተፈጥረ ፡ እምቅዱሳን ፤ ትጉሃን ፡
ኮኑ ፡ ቀዳሚቶሙ ፡ ወቀዳሚ ፡ መሰረት ፡ መንፈሰ ፡ እኩየ ፡ ይከ
፲ ውኑ ፡ በዲበ ፡ ምድር ፡ ወመንፈሰ ፡ እኩያን ፡ ይሰመዩ ። ወመናፍ
ስተ ፡ ሰማይ ፡ ውስተ ፡ ሰማይ ፡ ይከውን ፡ ማኅደሪሆሙ ፤ ወመናፍ
ስተ ፡ ምድር ፡ እለ ፡ ተወልዱ ፡ በዲበ ፡ ምድር ፡ ውስተ ፡ ምድር ፡

ማኅደረሆሙ። ወመንፈስ፡ ረዓይት፡ ደመናተ፡ እለ፡ ይገፍዑ፤ ይ ፲፩
ማስኑ፤ ወይወድቁ፤ ወይትበሀሱ፤ ወያደቅቁ፡ ዲበ፡ ምድር፤ ወኀ
ዘነ፡ ይገብሩ፤ ወኢምንተኒ፡ ዘይበልዑ፡ እክለ፤ ወኢይጸምኡ፡
ወኢይትዓወቁ። ወኢይትነሥኡ፡ እሉንቱ፡ ነፍሳት፡ ዲበ፡ ውሉ ፲፪
ደ፡ ሰብእ፡ ወዲበ፡ አንስት፡ እስመ፡ ወፅኡ፡ አመ፡ መዋዕለ፡ ቀ
ትል፡ ወሙስና።

ክፍል፡ ፲፮። ወሞተ፡ ረዓይትኒ፡ እንተ፡ ኀበ፡ ወፅኡ፡ መንፈ
ሳት፡ እምነፍስት፡ ሥጋሆሙ፡ ለይኩን፡ ዘይማስን፡ ዘእንበለ፡
ኰንኔ፤ ከማሁ፡ ይማስኑ፡ እስከ፡ ዕለተ፡ ኰንኔ፡ ዐባይ፡ እምዓለ
ም፡ ዐቢይ፡ ይትፌጸም፡ እምትጉሃን፡ ወረሲዓን። ወይእዜኒ፡ ፪
ለትጉሃን፡ እለ፡ ፈነውከ፡ ትስአል፡ በእንቲአሆሙ፡ እለ፡ ቀዲ
ሙ፡ በሰማይ፡ ሀለዉ። ~~ወእእዜኒ~~፡ አንትሙሰ፡ በሰማይ፡ ሀለ ፫
ውክሙ፡ ወኅቡኣት፡ ዓዲ፡ ኢተከሥቱ፡ ለክሙ፡ ወምኑነ፡ ም
ሥጢረ፡ አእመርክሙ፡ ወዘንተ፡ ዜነውክሙ፡ ለአንስት፡ በጽን
ዐ፡ ልብክሙ፡ ወበዝንቱ፡ ምሥጢር፡ ያበዝኃ፡ አንስት፡ ወሰብ
እ፡ እኪተ፡ በዲበ፡ ምድር። በሎሙ፡ እንከሰ፡ አልብክሙ፡ ፬
ሰላም።

መዐራፍ፡ ፬።

ክፍል፡ ፲፯። ወነሥኡኒ፡ ውስተ፡ ፩ መካን፡ ኀበ፡ ሀለዉ፡ ህ
የ፡ ከመ፡ እሳት፡ ዘይነድድ፡ ወሶበ፡ ይፈቅዱ፡ ያስተርእዩ፡ ከ
መ፡ ሰብእ። ወወሰዱኒ፡ ውስተ፡ መካን፡ ዘዐውሎ፡ ወውስተ፡ ፪
ደብር፡ ዘከተማ፡ ርእሱ፡ ይበጽሕ፡ ውስተ፡ ሰማይ። ወርኢኩ፡ ፫
መካናተ፡ ብሩሃነ፡ ወነጐድጓድ፡ ውስተ፡ አጽናፍ፤ ኀበ፡ ዕመ
ቁ፡ ቀስተ፡ እሳት፤ ወሐፅ፤ ወምጕንጻቲሆሙ፤ ወሰይፈ፡ እሳት፤
ወመባርቅት፡ ኵሉ። ወነሥኡኒ፡ እስከ፡ ማየ፡ ሕይወት፡ ዘይት ፬
ነገር፡ ወእስከ፡ እሳተ፡ ዓረብ፡ ዘውእቱ፡ ይእኅዝ፡ ኵሎ፡ ዕር
በተ፡ ፀሐይ። ወመጻእኩ፡ እስከ፡ ፈለገ፡ እሳት፡ ዘይውኅዝ፡ ፭
እሳቱ፡ ከመ፡ ማይ፡ ወይትከዐው፡ ውስተ፡ ባሕር፡ ዐቢይ፡ ዘመ
ንገለ፡ ዓረብ። ወርኢኩ፡ ኵሎ፡ ዐበይተ፡ አፍላገ፡ ወእስከ፡ ፮
ዐቢይ፡ ጽልመት፡ በጻሕኩ፡ ወሖርኩ፡ ኀበ፡ ኵሉ፡ ዘሥጋ፡ ያን
ሶሱ። ወርኢኩ፡ አድባረ፡ ቀባሬት፡ እለ፡ ክረምት፡ ወምክዓ ፯

፰ ወ፡ ማይ፡ ዘኵሉ፡ ቀላይ፡፡ ወርኢኩ፡ አፈሆሙ፡ ለኵሎሙ፡ አ
ፈላገ፡ ምድር፡ ወአፈሃ፡ ለቀላይ፡፡

ክፍል፡ ፲፰ ፡፡ ወርኢኩ፡ መዛግብተ፡ ኵሉ፡ ነፋሳት፡ ወርኢ
ኩ፡ ከመ፡ ቦሙ፡ አሰርገወ፡ ኵሉ፡ ፍጥረተ፡ ወመሰረታቲሃ፡ ለ
፪ ምድር፡፡ ወርኢኩ፡ እብነ፡ ማእዘንተ፡ ምድር፡ ወርኢኩ፡ ፬ ነፋ
፫ ሳተ፡ እለ፡ ይፀውርዋ፡ ለምድር፡ ወለጽንዐ፡ ሰማይ፡፡ ወርኢኩ፡
ከመ፡ ነፋሳት፡ ይረብብዋ፡ ለልዕልና፡ ሰማይ፤ ወእሙንቱ፡ ይቀ
ውሙ፡ ማእከለ፡ ሰማይ፡ ወምድር፡ እሙንቱ፡ ውእቶሙ፡ አዕ
፬ ማደ፡ ሰማይ፡፡ ወርኢኩ፡ ነፋሳተ፡ እለ፡ ይመይጥዋ፡ ለሰማይ፡
፭ እለ፡ ያዐርብ፡ ለኅበበ፡ ፀሐይ፡ ወኵሉ፡ ከዋክብተ፡፡ ወርኢ
ኩ፡ ዘዲበ፡ ምድር፡ ነፋሳተ፡ ዘይፀውሩ፡ ደመናተ፤ ወርኢኩ፡
ፍናወ፡ መላእክት፤ ርኢኩ፡ ውስተ፡ ጽንፈ፡ ምድር፡ ጽንዐ፡ ዘሰ
፮ ማይ፡ መልዕልተ፡፡ ወኅለፍኩ፡ መንገለ፡ አዜብ፡ ወይነድድ፡ መ
ዓልተ፡ ወሌሊተ፡ ኀበ፡ ፯ አድባር፡ ዘእምእብን፡ ክቡር፡ ፫ መን
፯ ገለ፡ ጽባሕ፡ ወ ፫ መንገለ፡ አዜብ፡፡ ወመንገለ፡ ጽባሕሰ፡ ዘእ
ምእብነ፡ ኅብር፡ ወ ፩ ሰ፡ ዘእምእብነ፡ ባሕርይ፡ ወ ፩ ኒ፡ ዘእ
ምእብነ፡ ፈውስ፡ ወዘመንገለ፡ አዜብ፡ እምነ፡ እብን፡ ቀይሕ፡፡
፰ ወማእከላይሰ፡ ይጐድእ፡ እስከ፡ ሰማይ፡ ከመ፡ መንበረ፡ ለእ
ግዚአብሔር፡ ዘእምእብነ፡ ፔካ፡ ወድማሁ፡ ለመንበር፡ ዘእም
፱ እብነ፡ ሰንፔር፡፡ ወእሳተ፡ ዘይነድድ፡ ርኢኩ፡ ወዘሀሎ፡ ውስ
፲ ተ፡ ኵሉ፡ አድባር፡፡ ወርኢኩ፡ ህየ፡ መካነ፡ ማዕደቱ፡ ለዐቢይ፡
፲፩ ምድር፡ ህየ፡ ይትጋብኡ፡ ማያት፡፡ ወርኢኩ፡ ነቅዐተ፡ ምድር፡
ዕሙቀ፡ በአእማደ፡ ለእሳተ፡ ሰማይ፡ ወርኢኩ፡ በውስቴቶ
ሙ፡ አዕማደ፡ ሰማይ፡ ዘእሳት፡ ዘይወርዱ፡ ወአልቦሙ፡ ኍል
፲፪ ቍ፡ ወኢመንገለ፡ መልዕልት፡ ወኢመንገለ፡ ዕመቅ፡፡ ወዲበ፡ ው
እቱ፡ ነቅዐት፡ ርኢኩ፡ መካነ፡ ወኢጽንዐ፡ ሰማይ፡ ላዕሌሁ፡ ወ
ኢመሠረተ፡ ምድር፡ በታሕቱ፡ ወኢማይ፡ አልቦ፡ ላዕሌሁ፡ ወኢ
፲፫ አዕዋፍ፡ አላ፡ መካነ፡ በድው፡ ውእቱ፡፡ ወግሩመ፡ ርኢኩ፡ በህ
የ፡ ፯ ከዋክብተ፡ ከመ፡ ዐቢይት፡ አድባር፡ ዘይነድዱ፡ ወከመ፡
፲፬ መንፈስ፡ ዘይሴአለኒ፡፡ ይቤ፡ መልአክ፡ ዝውእቱ፡ መካነ፡ ተፈጸ
ሜቱ፡ ለሰማይ፡ ወለምድር፤ ቤተ፡ ሞቅሕ፡ ኮኖሙ፡ ዝንቱ፡
፲፭ ለከዋክብተ፡ ሰማይ፡ ወለኃይለ፡ ሰማይ፡፡ ወከዋክብት፡ እለ፡
ያንኰረኵሩ፡ ዲበ፡ እሳት፡ ወእሉ፡ ውእቶሙ፡ እለ፡ ኃለፉ፡ ት

እዛዘ ፡ እግዚአብሔር ፡ እምቅድመ ፡ ጽባሖሙ ፡ እስመ ፡ ኢመጽ
ኡ ፡ በጊዜሆሙ ፡፡ ወተመዐዐመ ፡ ወአሠሮሙ ፡ እስከ ፡ ጊዜ ፡ ተ ፲፮
ፍጻሜተ ፡ ኃጢአቶሙ ፡ በዓመተ ፡ ምሥጢር ፡፡

ክፍል ፡ ፲፱ ፡፡ ወይቤለኒ ፡ ኡርኤል ፡ በዝየ ፡ ተደሚሮሙ ፡ መላ
እክት ፡ ምስለ ፡ አንስት ፡ ይቀውሙ ፡ መናፍስቲሆሙ ፡ ወብዙኅ ፡
ራእየ ፡ ከዊኖሙ ፡ አርኰስዎሙ ፡ ለሰብእ ፡ ወያስሕትዎሙ ፡
ለሰብእ ፡ ከመ ፡ ይሠውዑ ፡ ለአጋንንት ፡ ከመ ፡ አማልክት ፡ እስመ ፡
በዕለት ፡ ዐባይ ፡ ኵነኔ ፡ በዘይትኴነኑ ፡ እስከ ፡ ይትፌጸሙ ፡፡ ወ ፪
አንስቲያሆሙኒ ፡ አስሒቶን ፡ መላእክተ ፡ ሰላመ ፡ ከመ ፡ ሰላማው
ያን ፡ ይከውና ፡፡ ወአነ ፡ ሄኖክ ፡ ርኢኩ ፡ አርአየ ፡ ባሕቲትየ ፡ አጽ ፫
ናፈ ፡ ኵሉ ፡ ወአልቦ ፡ ዘርእየ ፡ እምሰብእ ፡ ከመ ፡ አነ ፡ ርኢኩ ፡፡

ክፍል ፡ ፳ ፡፡ ወዝንቱ ፡ ውእቱ ፡ አስማቲሆሙ ፡ ለእለ ፡ ይተ
ገሁ ፡ ቅዱሳን ፡ መላእክት ፡፡ ኡርኤል ፡ ፩ እምኔ ፡ መላእክት ፡ ቅ ፪
ዱሳን ፡ እስመ ፡ ዘረዓም ፡ ወዘረዓድ ፡፡ ሩፋኤል ፡ ፩ እምኔ ፡ መላ ፫
እክት ፡ ቅዱሳን ፡ ዘመናፍስተ ፡ ሰብእ ፡፡ ራጉኤል ፡ ፩ እምኔ ፡ መ ፬
ላእክት ፡ ቅዱሳን ፡ ዘይትቤቀሎ ፡ ለዓለም ፡ ወለብርሃናት ፡፡ ሚ ፭
ካኤል ፡ ፩ እምኔ ፡ መላእክት ፡ ቅዱሳን ፡ እስመ ፡ በደበ ፡ ሠናይ
ቱ ፡ ለሰብእ ፡ ተአዛዚ ፡ ደበ ፡ ሕዝብ ፡፡ ሰረቃኤል ፡ ፩ እምኔ ፡ ፮
መላእክት ፡ ቅዱሳን ፡ ዘደበ ፡ መናፍስተ ፡ እጓለ ፡ እመሕያው ፡
ዘመናፍስተ ፡ ያኀጥኡ ፡፡ ገብርኤል ፡ ፩ እምኔ ፡ መላእክት ፡ ቅዱ ፯
ሳን ፡ ዘደበ ፡ አኪስት ፡ ወዘደበ ፡ ገነት ፡ ወዘኪሩቤል ፡፡

ክፍል ፡ ፳፩ ፡፡ ወኦድኩ ፡ እስከ ፡ መካን ፡ ኀበ ፡ አልቦ ፡ ዘይ
ትገበር ፡፡ ወርኢኩ ፡ በህየ ፡ ግብረ ፡ ግሩመ ፡ ኢሰማየ ፡ ልዑለ ፡ ወ ፪
ኢምድረ ፡ ሡርርተ ፡ አላ ፡ መካነ ፡ በድው ፡ ዘድልው ፡ ወግሩም ፡፡
ወህየ ፡ ርኢኩ ፡ ፯ ከዋክበተ ፡ ሰማይ ፡ እሱራን ፡ በላዕሌሁ ፡ ኅ ፫
ቡረ ፡ ከመ ፡ አድባር ፡ ዐቢይት ፡ ወከመ ፡ ዘእሳት ፡ እንዘ ፡ ይነድ
ዱ ፡፡ ውእተ ፡ ጊዜ ፡ እቤ ፡ በእንተ ፡ አይ ፡ ኃጢአት ፡ ተአሥረ ፡ ወ ፬
በእንተ ፡ ምንት ፡ ዝየ ፡ ተገድፉ ፡፡ ወይቤለኒ ፡ ኡርኤል ፡ ፩ እምኔ ፡ ፭
መላእክት ፡ ቅዱሳን ፡ ዘምስሌየ ፡ ውእቱ ፡ ይመርሀኒ ፡ ወይቤ ፡ ሄ
ኖክ ፡ በእንተ ፡ መኑ ፡ ትሴአል ፡ ወበእንተ ፡ መኑ ፡ ትጤይቅ ፡ ወት
ስእል ፡ ወትጸህቅ ፡፡ እሉ ፡ ውእቶሙ ፡ እምኔ ፡ ከዋክብት ፡ እ ፮
ለ ፡ ኃለፉ ፡ ትእዛዘ ፡ እግዚአብሔር ፡ ልዑል ፡ ወተአሥሩ ፡ በዝ
የ ፡ እስከ ፡ ይትፌጸም ፡ ትእልፊተ ፡ ዓለም ፡ ኍልቈ ፡ መዋዕለ ፡

፯ ኅጢአቶሙ ። ወእምህየ ፡ ሖርኩ ፡ ካልአ ፡ መካነ ፡ እምዝ ፡ ዘ
ይገርም ፡ ወርኢኩ ፡ ግብረ ፡ ግሩመ ፡ እሳት ፡ ዐቢይ ፡ በህየ ፡ ዘይ
ነድድ ፡ ወያንበለብል ፡ ወመምተርት ፡ ቦቱ ፡ ወሰኑ ፡ እስከ ፡ ቀላ
ይ ፡ ፍጹም ፡ አዕማደ ፡ እሳት ፡ ዐቢይት ፡ ዘያወርድዎሙ ፡ ወኢአ
ምጣኖ ፡ ወኢዕበዮ ፡ ኢክህልኩ ፡ ነጽሮ ፡ ወስእንኩ ፡ ነጽሮ ፡ ዐ
፰ ይኑ ። ውእተ ፡ ጊዜ ፡ እቤ ፡ እፎ ፡ ግሩም ፡ ዝንቱ ፡ መካን ፡ ወሕ
፱ ማም ፡ ለነጽሮ ። ውእተ ፡ ጊዜ ፡ አውሥአኒ ፡ ኡርኤል ፡ ፩ እመላእ
ክት ፡ ቅዱሳን ፡ ዘምስሌየ ፡ ሀለወ ፡ አውሥአኒ ፡ ወይቤለኒ ፡ ሄኖ
ክ ፡ ምንት ፡ ውእቱ ፡ ፍርሃትከ ፡ ከመዝ ፡ ወድንጋፄከ ፡ በእንተ
፲ ዝ ፡ ግሩም ፡ መካን ፡ ወቅድመ ፡ ገጹ ፡ ለዝ ፡ ሕማም ። ወይቤለ
ኒ ፡ ዝመካን ፡ ቤተ ፡ ሞቅሖሙ ፡ ለመላእክት ፡ ወበህየ ፡ ይትአኀ
ዙ ፡ እስከ ፡ ለዓለም ።

ምዕራፍ ፡ ፰ ።

ክፍል ፡ ፳፪ ። ወእምህየ ፡ ሖርኩ ፡ ካልአ ፡ መካነ ፡ ወአርአ
የኒ ፡ በምዕራብ ፡ ደብረ ፡ ዐቢየ ፡ ወነዋኀ ፡ ወኰኵሕ ፡ ጽኑዕ ፡ ወ፬
፪ መካናት ፡ ሠናያት ። ወበውስቴቱ ፡ ዘቦቱ ፡ ዕሙቅ ፡ ወርኁብ ፡
ወልሙጽ ፡ ጥቀ ፡ ከመ ፡ ልሙጽ ፡ ዘያንኰረኵር ፡ ወዕሙቅ ፡ ወ
፫ ጽልመት ፡ ለነጽሮ ። ውእተ ፡ ጊዜ ፡ አውሥአኒ ፡ ሩፋኤል ፡ ፩ እመ
ላእክት ፡ ቅዱሳን ፡ ዘሀለወ ፡ ምስሌየ ፡ ወይቤለኒ ፡ እላ ፡ መካና
ት ፡ ሠናያት ፡ ከመ ፡ ይትጋብኡ ፡ ዲቤሆን ፡ መናፍስት ፡ ነፍሶሙ ፡
ለምውታን ፡ ሎሙ ፡ እሉንቱ ፡ ተፈጥሩ ፡ ዝየ ፡ ያስተጋብኡ ፡ ኵ
፬ ሉ ፡ ነፍስ ፡ ውሉደ ፡ ሰብእ ። ወእሙንቱ ፡ መካናት ፡ ኀበ ፡ ያነብ
ርወሙ ፡ ገብሩ ፡ እስከ ፡ ዕለተ ፡ ኵነኔሆሙ ፡ ወእስከ ፡ አመ ፡ ዐ
ድሜሆሙ ፤ ወዕድሜ ፡ ውእቱ ፡ ዐቢይ ፡ እስከ ፡ አመ ፡ ኵነኔ ፡ ዐቢ
፭ ይ ፡ በላዕሌሆሙ ። ወርኢኩ ፡ መናፍስተ ፡ ውሉደ ፡ ሰብእ ፡ እን
ዘ ፡ ምውታን ፡ ውእቶሙ ፡ ወቃሎሙ ፡ ይበጽሕ ፡ እስከ ፡ ሰማይ ፡
፮ ወይሰኪ ። ይእተ ፡ ጊዜ ፡ ተስእልክዎ ፡ ለሩፋኤል ፡ መልአክ ፡ ዘሀ
ሎ ፡ ምስሌየ ፡ ወእቤሎ ፡ ዝመንፈስ ፡ ዘመኑ ፡ ውእቱ ፡ ዘከመዝ ፡
፯ ቃሉ ፡ ይበጽሕ ፡ ወይሰኪ ። ወአውሥአኒ ፡ ወይቤለኒ ፡ እንዘ ፡ ይብ
ል ፡ ዝንቱ ፡ መንፈስ ፡ ውእቱ ፡ ዘይወፅእ ፡ እምአቤል ፡ ዘቀተሎ ፡ ቃየ
ል ፡ እኁሁ ፡ ወይሰኪ ፡ ኪያሁ ፡ እስከ ፡ ሶበ ፡ ይትኀጐል ፡ ዘርኡ ፡
፰ እምገጸ ፡ ምድር ፡ ወእምዘርአ ፡ ሰብእ ፡ ይማስን ፡ ዘርኡ ። ወበ

እንተዝ፡ ውእተ፡ ጊዜ፡ ተስእልኩ፡ በእንቲአሁ፡ ወበእንተ፡ ኵ
ነኔ፡ ኵሉ፡ ወእቤ፡ በእንተ፡ ምንት፡ ተፈልጠ፡ ፩ እምኔ፡ ፩ ። ወ ፱
አውሥአኒ፡ ወይቤለኒ፡ እሉ፡ ፫ ተገብሩ፡ ከመ፡ ይፍልጡ፡ መን
ፈሶሙ፡ ለምውታን፤ ወከመዝ፡ ተፈልጠ፡ ነፍሶሙ፡ ለጻድቃን፤
ዝውእቱ፡ ነቅዐ፡ ማይ፡ በላዕሌሁ፡ ብርሃን ። በከመ፡ ከማሁ፡ ፲
ተፈጥረ፡ ለኃጥአን፡ ሶበ፡ ይመውቱ፡ ወይትቀበሩ፡ ውስተ፡ ም
ድር፡ ወኵነኔ፡ ኢኮነ፡ በላዕሌሆሙ፡ በሕይወቶሙ ። ወበዝየ፡ ፲፩
ይትፈለጣ፡ ነፍሳቲሆሙ፡ ዲበ፡ ዛቲ፡ ዐባይ፡ ፃዕር፡ እስከ፡ አ
መ፡ ዐባይ፡ ዕለት፡ እንተ፡ ኵነኔ፡ ወመቅሠፍት፡ ወፃዕር፡ ለእለ፡
ይረግሙ፡ እስከ፡ ለዓለም፡ ወበቀለ፡ ለነፍሶሙ፡ ወበህየ፡ ያአ
ሥሮሙ፡ እስከ፡ ለዓለም ። ወእመኒ፡ ውእቱ፡ እምቅድመ፡ ዓለ ፲፪
ም፡ ወከመዝ፡ ተፈልጠ፡ ለነፍሶሙ፡ ለእለ፡ ይሰክዩ፡ ወለእለ፡
ያርእዩ፡ በእንተ፡ ሕጕለት፡ አመ፡ ተቀትሉ፡ በመዋዕለ፡ ኃጥኣ
ን ። ከመዝ፡ ተፈጥረ፡ ለነፍሶሙ፡ ለሰብእ፡ እለ፡ ኢኮኑ፡ ጻድ ፲፫
ቃነ፡ አላ፡ ኃጥኣነ፡ እለ፡ ፍጹማነ፡ አበሳ፡ ወምስለ፡ አባሲያን፡
ይከውኑ፡ ከማሆሙ፡ ወነፍሶሙሰ፡ ኢትትቀተል፡ በዕለተ፡ ኵ
ነኔ፡ ወኢይትነሠኡ፡ እምዝየ ። ውእተ፡ ጊዜ፡ ባረክዎ፡ ለእግዚ ፲፬
አ፡ ስብሐት፡ ወእቤ፡ ቡሩክ፡ ውእቱ፡ እግዚእየ፡ እግዚአ፡ ስ
ብሐት፡ ወጽድቅ፡ ዘኵሉ፡ ይመልክ፡ እስከ፡ ለዓለም ።

ክፍል፡ ፳፫ ። ወእምህየ፡ ሖርኩ፡ ካልአ፡ መካነ፡ መንገለ፡
ዓረብ፡ እስከ፡ አጽናፈ፡ ምድር ። ወርኢኩ፡ እሳተ፡ ዘይነድ ፪
ድ፡ ወይረውፅ፡ እንዘ፡ ኢያዐርፍ፡ ወኢይነትግ፡ እምረጸቱ፡ መዓ
ልተ፡ ወሌሊተ፡ አላ፡ ከማሁመ ። ወተስእልኩ፡ እንዘ፡ እብል፡ ፫
ዝንቱ፡ ምንት፡ ውእቱ፡ ዘአልቦ፡ ዕረፍት ። ውእተ፡ ጊዜ፡ አው ፬
ሥአኒ፡ ራጉኤል፡ ፩ እምኔ፡ መላእክት፡ ቅዱሳን፡ ዘሀሎ፡ ምስ
ሌየ፡ ወይቤለኒ፡ ዝንቱ፡ ዘርኢከ፡ ረጸተ፡ ዘመንገለ፡ ዐረብ፡ እ
ሳት፡ ዘይነድድ፡ ውእቱ፡ ኵሉ፡ ብርሃናተ፡ ሰማይ ።

ክፍል፡ ፳፬ ። ወእምህየ፡ ሖርኩ፡ ካልአ፡ መካነ፡ ምድር፡
ወአርአየኒ፡ ደብረ፡ እሳት፡ ዘያንበለብል፡ መዓልተ፡ ወሌሊተ ።
ወሖርኩ፡ መንገሌሁ፡ ወርኢኩ፡ ፯ አድባረ፡ ክቡራነ፡ ወኵሉ፡ ፪
፩ እምኔ፡ ፩ እንዘ፡ ይትዌለጥ፡ ወአዕባነ፡ ክቡራነ፡ ወሠናያነ፡
ወኵሉ፡ ክቡር፤ ወስቡሕ፡ ራእዮሙ፡ ወሠናይ፡ ገጾሙ፡ ፫ መ
ንገለ፡ ጽባሕ፡ ወጽኑዓን፡ ፩ ዲበ፡ ፩ ወ፫ መንገለ፡ ሰሜን፡ ወጽ

ኑዓን ፡ ፩ ዲበ ፡ ፩ ወ ቈላት ፡ ዕሙቃት ፡ ወጠዋያት ፡ አሐቲ ፡ ለአሐ
፫ ቲ ፡ ኢይትቃረባ ። ወሳብዕ ፡ ደብር ፡ ማእከሎሙ ፡ ለእሉንቱ ፡ ወ
ኑኆሙስ ፡ ይትማሰሉ ፡ ኵሎሙ ፡ ከመ ፡ መንበረ ፡ አትሮንስ ፡ ወ
፬ የዐውድዎ ፡ ዕፀወ ፡ መዐዛ ። ወሀሎ ፡ ውስቴቶሙ ፡ ዕፀ ፡ አልቦ ፡
ግሙራ ፡ አመ ፡ ጼነውኒ ፡ ወኢ ፩ እምውስቴቶሙ ፡ ወባዕዳንሂ ፡ ዘ
ከማሁ ፡ ኢኮነ ፡ ዘይምዕዝ ፡ እምኵሉ ፡ መዐዛ ፡ ወቈጽሉ ፡ ወ
ጽጌሁ ፡ ወዕፁ ፡ ኢይጸመሂ ፡ ለዓለም ፡ ወፍሬሁኒ ፡ ሠናይ ፤ ወፍ
፭ ሬሁስ ፡ ከመ ፡ አስካለ ፡ በቀልት ። ወውእተ ፡ ጊዜ ፡ እቤ ፡ ናዋ ፡
ዝንቱ ፡ ሠናይ ፡ ዕፅ ፡ ወሠናይ ፡ ለርእይ ፡ ወአዳም ፡ ቈጽሉ ፡ ወ
፮ ፍሬሁኒ ፡ ሞገስ ፡ ጥቀ ፡ ለርእየ ፡ ገጽ ። ወውእተ ፡ ጊዜ ፡ አውሠ
አኒ ፡ ሚካኤል ፡ ፩ እምኒ ፡ መላእክት ፡ ቅዱሳን ፡ ወክቡራን ፡ ዘ
ምስሌየ ፡ ሀሎ ፡ ውእቱ ፡ ዘዲቤሆሙ ።

ክፍል ፡ ፳፭ ። ወይቤለኒ ፡ ሄኖክ ፡ ምንተ ፡ ትሴአለኒ ፡ በእን
፪ ተ ፡ መዐዛሁ ፡ ለዝ ፡ ዕፅ ፡ ወትጤይቅ ፡ ከመ ፡ ታእምር ። ወውእ
ተ ፡ ጊዜ ፡ አውሣእክዎ ፡ አነ ፡ ሄኖክ ፡ እንዘ ፡ እብል ፡ በእንተ ፡
፫ ኵሉ ፡ እፈቅድ ፡ አእምር ፡ ወፈድፋደሰ ፡ በእንተዝ ፡ ዕፅ ። ወ
አውሥአኒ ፡ እንዘ ፡ ይብል ፡ ዝንቱ ፡ ደብር ፡ ዘርኢከ ፡ ነዊኀ ፡ ዘር
እሱ ፡ ይመስል ፡ መንበሮ ፡ ለእግዚእ ፡ መንበሩ ፡ ውእቱ ፡ ኀበ ፡
ይነብር ፡ ቅዱስ ፡ ወዐቢይ ፡ እግዚአ ፡ ስብሐት ፡ ንጉሥ ፡ ዘለ
፬ ዓለም ፡ ሶበ ፡ ይወርድ ፡ የሐውጻ ፡ ለምድር ፡ በሠናይ ። ወዝ
ንቱኒ ፡ ዕፀ ፡ መዐዛ ፡ ሠናይ ፡ ወኢ ፩ ዘሥጋ ፡ አልቦ ፡ ሥልጣን ፡ ከ
መ ፡ ይገሥሦ ፡ እስከ ፡ አመ ፡ ዐቢይ ፡ ኵነኔ ፡ አመ ፡ ይትቤቀል ፡
ኵሉ ፡ ወይትፌጸም ፡ እስከ ፡ ለዓለም ፡ ዝኩ ፡ ለጻድቃን ፡ ወለ
፭ ትሑታን ፡ ይትወሀብ ። እምፍሬ ፡ ዚአሁ ፡ ይትወሀብ ፡ ለኅሩያ
ን ፡ ሕይወት ፡ መንገለ ፡ መስዕ ፡ ይተከል ፡ ውስተ ፡ መካን ፡ ቅዱስ ፡
፮ መንገለ ፡ ቤቱ ፡ ለእግዚእ ፡ ንጉሥ ፡ ዘለዓለም ። ውእተ ፡ ጊዜ ፡ ይ
ትፌሥሑ ፡ በፍሥሓ ፡ ወይትሐሠዩ ፡ ውስተ ፡ ቅዱስ ፡ ያበውኡ ፡
ሉቱ ፡ መዐዛ ፡ በበአዕፅምቲሆሙ ፡ ወሕይወተ ፡ ብዙኀ ፡ የሐይ
ዉ ፡ በዲበ ፡ ምድር ፡ በከመ ፡ ሐይዉ ፡ አበዊከ ፡ ወበመዋዕሊ
ሆሙ ፡ ኀዘን ፡ ወሕማም ፡ ወጻማ ፡ ወመቅሠፍት ፡ ኢይገሥሦሙ ።
፯ ውእተ ፡ ጊዜ ፡ ባረክዎ ፡ ለእግዚአ ፡ ስብሐት ፡ ንጉሥ ፡ ዘለዓለ
ም ፡ እስመ ፡ አስተዳለወ ፡ ከመዝ ፡ ለሰብእ ፡ ጻድቃን ፡ ወከመ
ዝ ፡ ፈጠረ ፡ ወይቤ ፡ የሀብዎሙ ።

ክፍል ፡ ፲፯ ፡፡ ወእምህየ ፡ ሖርኩ ፡ ማእከለ ፡ ምድር ፡ ወር
ኢኩ ፡ መካነ ፡ ቡሩከ ፡ ወጥሉለ ፡ ዘቦቱ ፡ አዕፁቅ ፡ ዘይነብር ፡
ወይሠርፅ ፡ እምዕፅ ፡ ዘተመትረ ፡፡ ወበህየ ፡ ርኢኩ ፡ ደብረ ፡ ቅ ፪
ዱሰ ፡ ወመትሕተ ፡ ደብር ፡ ማይ ፡ ዘመንገለ ፡ ጽባሑ ፡ ወውኅዘቱ ፡
መንገለ ፡ ሰሜን ፡፡ ወርኢኩ ፡ መንገለ ፡ ጽባሕ ፡ ካልአ ፡ ደብረ ፡ ዘ ፫
ይነውኅ ፡ ከመዝ ፡ ወማእከሎሙ ፡ ቈላ ፡ ዕሙቅ ፡ ወአልቦ ፡ ረኅ
ብ ፡ ወላቲኒ ፡ የሐውር ፡ ማይ ፡ መንገለ ፡ ደብር ፡፡ ወመንገለ ፡ ዐረ ፬
ቡ ፡ ለዝ ፡ ካልእ ፡ ደብር ፡ ወይቴሐቶ ፡ ሉቱ ፡ ወአልቦ ፡ ኑኅ ፡ ወቈ
ላ ፡ ታሕቱ ፡ ማእከሎሙ ፡ ወካልአት ፡ ቈላት ፡ ዕሙቃት ፡ ወይቡ
ሳት ፡ መንገለ ፡ ጽንፈ ፡ ሠለስቲሆሙ ፡፡ ወኲሉ ፡ ቈላቱ ፡ ዕሙቃ ፭
ት ፡ ወአልቦን ፡ ረኅብ ፡ እምኰኵሕ ፡ ጽኑዕ ፤ ወዕፅ ፡ ይተከል ፡
በላዕሌሆሙ ፡፡ ወአንከርኩ ፡ በእንተ ፡ ኰኵሕ ፡ ወአንከርኩ ፡ ፮
በእንተ ፡ ቈላ ፡ ወጥቀ ፡ አንከርኩ ፡፡

ክፍል ፡ ፲፰ ፡፡ ውእተ ፡ ጊዜ ፡ እቤ ፡ በእንተ ፡ ምንት ፡ ዛቲ ፡
ምድር ፡ ቡርክት ፡ ወኲለንታሃ ፡ ዕፀወ ፡ ምልዕት ፡ ወዛቈላ ፡ ር
ግምት ፡ ማእከሎሙ ፡፡ ውእተ ፡ ጊዜ ፡ አውሥአኒ ፡ ኡራኤል ፡ ፩እ ፪
መላእክት ፡ ቅዱሳን ፡ ዘሀሎ ፡ ምስሌየ ፡ ወይቤለኒ ፡ ዛቈላ ፡ ርግ
ምት ፡ ለርጉማን ፡ እስከ ፡ ለዓለም ፤ ዝየ ፡ ይትጋብኡ ፡ ኲሎሙ ፡
እለ ፡ ይብሉ ፡ በአፈሆሙ ፡ ላዕለ ፡ እግዚአብሔር ፡ ቃለ ፡ ዘኢይ
ደሉ ፡ ወበእንተ ፡ ስብሐተ ፡ ዚአሁ ፡ ይትናገሩ ፡ ዕፁባተ ፡ ዝየ ፡ ያ
ስተጋብእዎሙ ፡ ወዝየ ፡ ምኲናኖሙ ፡፡ ወበደኃሪ ፡ መዋዕል ፡ ይ ፫
ከውን ፡ ላዕሌሆሙ ፡ አርአያ ፡ ኲነኔ ፡ ዘበጽድቅ ፡ በቅድመ ፡ ጻ
ድቃን ፡ ለዓለም ፡ ኲሉ ፡ መዋዕለ ፡ በዝየ ፡ ይባርክዎ ፡ መሀርያ
ን ፡ ለእግዚአ ፡ ስብሐት ፡ ንጉሠ ፡ ዘለዓለም ፡፡ ወበመዋዕለ ፡ ኲ ፬
ነኔሆሙ ፡ ይባርክዎ ፡ በምሕረት ፡ በከመ ፡ ከፈሎሙ ፡፡ ውእተ ፡ ፭
ጊዜ ፡ አነኒ ፡ ባረክዎ ፡ ለእግዚአ ፡ ስብሐት ፡ ወነገርኩ ፡ ሉቱ ፡ ወ
ዘከርኩ ፡ በከመ ፡ ይደሉ ፡ ለዕበዩ ፡፡

ክፍል ፡ ፲፱ ፡፡ ወእምህየ ፡ ሖርኩ ፡ መንገለ ፡ ጽባሕ ፡ ማእ
ከላ ፡ ለደብረ ፡ መድበሬ ፡ ወርኢክዎ ፡ ገዳመ ፡ ባሕቲቶ ፡፡ ወባ ፪
ሕቱ ፡ ምሉእ ፡ ዕፀወ ፡ እምነ ፡ ዝንቱ ፡ ዘርእ ፡ ወማይ ፡ እምላዕ
ሉ ፡ ይፈለፍል ፡ በላዕሉ ፡፡ ያስተርኢ ፡ አስረብ ፡ ከመ ፡ ብዙኃ ፡
ዘይሰርብ ፡ ከመ ፡ መንገለ ፡ መስዕ ፡ መንገለ ፡ ዐረብ ፡ ወእምኲለ
ሄኒ ፡ የዐርግ ፡ ወእምህየኒ ፡ ማይ ፡ ወጠል ፡፡

ክፍል፡ ፳፱ ። ወሖርኩ፡ ውስተ፡ መካን፡ ካልእ፡ እምኔ፡ መ
፪ ድበሩ፡ መንገለ፡ ጽባሑ፡ ለውእቱ፡ ደብር፡ ቀረብኩ። ወበህየ፡
ርኢኩ፡ ዕፀወ፡ ኰኵኔ፡ ፈድፋደ፡ ቈስቈሰ፡ መዐዛ፡ ለስኂን፡ ወከ
ርቤ፡ ወዕፀወኒ፡ ኢይትማሰሉ።

ክፍል፡ ፴ ። ወላዕሌሁ፡ ላዕለ፡ እላንቱ፡ ላዕለ፡ ደብረ፡ ጽ
ባሕ፡ ወአኮ፡ ርኁቅ፡ ወርኢኩ፡ መካነ፡ ካልአ፡ ቈላተ፡ ማይ፡
፪ ከመ፡ ዘኢይትዌዳዕ። ወርኢኩ፡ ዕፀ፡ ሠናየ፡ ወመዐዛሁ፡ ከ
፫ መ፡ ዘሰኪናን። ወመንገለ፡ ክነፌሆሙ፡ ለቈላት፡ እሉንቱ፡ ር
ኢኩ፡ ቀናንሞስ፡ ዘመዐዛ፡ ወዲበ፡ እልክቱ፡ ቀረብኩ፡ ዘመን
ገለ፡ ጽባሕ።

ክፍል፡ ፴፩ ። ወርኢኩ፡ ካልአ፡ ደብረ፡ ዘቦቱ፡ ዕፀው፡ ወይ
ወፅእ፡ ማይ፡ ወይወፅእ፡ እምኔሁ፡ ከመ፡ ኔቀጥር፡ ዘስሙ፡ ሳረ
፪ ሩ፡ ወከልበኔን። ወዲበ፡ ውእቱ፡ ደብር፡ ርኢኩ፡ ደብረ፡ ካል
አ፡ ወውስቴቱ፡ ዕፀው፡ ዘዓልዋ፡ ወእልኩ፡ ዕፀው፡ ምሉአን፡ ዘ
፫ ከመ፡ ክርካዕ፡ ወጽኑዕ። ወሶበ፡ ይነሥእዎ፡ ለውእቱ፡ ፍሬ፡
ይኄይስ፡ እምኵሉ፡ አፈው።

ክፍል፡ ፴፪ ። ወእምድኅረ፡ እሉ፡ አፈው፡ ለመስዕ፡ እንዘ፡
እኔጽር፡ መልዕልተ፡ አድባር፡ ርኢኩ፡ ፯ አድባረ፡ ምሉዓነ፡ ስን
፪ በልት፡ ቅድወ፡ ወዕፀወ፡ መዐዛ፡ ወቀናንሞን፡ ወፐፐሬ። ወእ
ምህየ፡ ሖርኩ፡ መልዕልተ፡ ርእሶሙ፡ ለእልኩ፡ አድባር፡ እን
ዘ፡ ርኁቅ፡ ውእቱ፡ ለጽባሕ፡ ወኀለፍኩ፡ እንተ፡ ዲበ፡ ባሕረ፡
ኤርትራ፡ ወእምኔሁ፡ ርኁቀ፡ ኮንኩ፡ ወኀለፍኩ፡ መልዕልቶ፡ ለ
፫ መልአክ፡ ዙጥኤል። ወመጻእኩ፡ ውስተ፡ ገነተ፡ ጽድቅ፡ ወርኢ
ኩ፡ ካሐካሐቲሆሙ፡ ለእልክቱ፡ ዕፀው፡ ዕፀወ፡ ብዙኃነ፡ ወዐቢ
ያነ፡ ይበቍሉ፡ በህየ፡ ወእንዘ፡ ሤናሆሙ፡ ሠናይ፡ ዐቢያን፡ ወስና
ሙ፡ ብዙኃ፡ ወስቡሓን፡ ወዕፀ፡ ጥበብ፡ ዘእምኔሁ፡ በሊዖሙ፡
፬ የአምርዋ፡ ለጥበብ፡ ዐቢይ። ወይመስል፡ ሐመረ፡ ጽሬእ፡ ወፍ
ሬሁ፡ ከመ፡ አስካለ፡ ወይን፡ ጥቀ፡ ሠናይ፡ ወሤናሁ፡ ለውእቱ፡
፭ ዕፅ፡ የሐውር፡ ወይበጽሕ፡ ነዊኃ። ወእቤ፡ ሠናይ፡ ዝዕፅ፡ ወ
፮ ከመ፡ ሠናይ፡ ወፋውሕ፡ ርእየቱ። ወአውሥአኒ፡ መልአክ፡ ቅ
ዱስ፡ ሩፋኤል፡ ዘምስሌየ፡ ሀሎ፡ ወይቤለኒ፡ ዝውእቱ፡ ዕፀ፡ ጥ
በብ፡ ዘእምኔሁ፡ በልዑ፡ አቡከ፡ አረጋዊ፡ ወእምከ፡ እቤራዊ
ት፡ እለ፡ ቀደሙከ፡ ወአእመርዋ፡ ለጥበብ፡ ወተፈትሐ፡ አዕ

ይንቲሆሙ፡ ወአእመረ፡ ከመ፡ ዕሬቃኒሆሙ፡ ሀለዉ፡ ወተሰ
ዱ፡ እምገነት፡፡

ክፍል፡ ፴፫፡፡ ወእምህየ፡ ሖርኩ፡ እስከ፡ አጽናፈ፡ ምድ
ር፡ ወርኢኩ፡ በህየ፡ አራዊተ፡ ዐበይተ፡ ወይትዌለጥ፡ ፩ እም
ካልኡ፤ ወአዕዋፍሂ፡ ይትዌለጥ፡ ገጾሙ፡ ወስኖሙ፡ ወቃሎሙ
ሂ፡ ይትዌለጥ፡ ፩ እምካልኡ፡፡ ወበጽባሖሙ፡ ለእሉ፡ አራዊት፡ ፪
ርኢኩ፡ አጽናፈ፡ ምድር፡ በኀበ፡ ሰማይ፡ የዐርፍ፡ ወኆኅወ፡
ሰማይ፡ ርኅዋተ፡፡ ወርኢኩ፡ እፈ፡ ይወፅኡ፡ ከዋክብተ፡ ሰማ ፫
ይ፡ ወኈለቁ፡ ዘእምኒ፡ ይወፅኡ፡ ኆኅወ፡ ወጸሐፍኩ፡ ኵሎ፡
ሙጻኦሙ፡ ለለ፩ በኍልቆሙ፤ ወአስማቲሆሙ፤ በደርጎሙ፤ ወ
ምንባሮሙ፤ ወጊዜሆሙ፤ ወአውራኂሆሙ፤ በከመ፡ አርአየኒ፡
መልአክ፡ ኡርኤል፡ ዘምስሌየ፡ ሀሎ፡፡ ወኵሎ፡ አርአየኒ፡ ሊተ፡ ፬
ወጸሐፈ፤ ወዓዲ፡ አስማቲሆሙ፡ ጸሐፈ፡ ሊተ፡ ወትእዛዛቲሆ
ሙ፡ ወምግባራቲሆሙ፡፡

ክፍል፡ ፴፬፡፡ ወእምህየ፡ ሖርኩ፡ መንገለ፡ መስዕ፡ በአጽ
ናፈ፡ ምድር፡ ወበህየ፡ ርኢኩ፡ መንክረ፡ ዐቢየ፡ ወስቡሐ፡ በአ
ጽናፈሃ፡ ለኵላ፡ ምድር፡፡ ወበህየ፡ ርኢኩ፡ ኆኅወ፡ ሰማይ፡ ፪
ፍቱሐተ፡ በሰማይ፡ ፫ በበ፩ እምኔሆሙ፡ ይወጽኡ፡ ነፋሳት፡
በመንገለ፡ መስዕ፡ ሶበ፡ ይነፍሕ፡ ቍር፡ ወበረድ፡ ወአስሐትያ፡
ወሐመዳ፡ ወጠል፡ ወዝናም፡፡ ወእምአሐቲ፡ ኆኅት፡ በሠናይ፡ ፫
ይነፍኅ፡ ወሶበ፡ በ፪ሆሙ፡ ኆኅው፡ ይነፍኁ፡ በኀይል፡ ወበፃዕ
ር፡ ይከውን፡ ዲበ፡ ምድር፡ ወበኀይል፡ ይነፍኁ፡፡

ክፍል፡ ፴፭፡፡ ወእምህየ፡ ሖርኩ፡ መንገለ፡ ዐረብ፡ በአጽ
ናፈ፡ ምድር፡ ወርኢኩ፡ በህየ፡ ፫ ኆኅወ፡ ርኅዋተ፡ በከመ፡ ር
ኢኩ፡ በምሥራቅ፡ በአምጣነ፡ ኆኅው፡ ወበአምጣነ፡ ሙፃ
ኣቱ፡፡

ክፍል፡ ፴፮፡፡ ወእምህየ፡ ሖርኩ፡ መንገለ፡ አዜብ፡ በአጽ
ናፈ፡ ምድር፡ ወበህየ፡ ርኢኩ፡ ፫ ኆኅወ፡ ሰማይ፡ ርኅዋተ፡ ወ
ይወፅእ፡ እምህየ፡ አዜብ፡ ወጠል፡ ወዝናም፡ ወነፋስ፡፡ ወእ ፪
ምህየ፡ ሖርኩ፡ መንገለ፡ ጽባሕ፡ በአጽናፈ፡ ሰማይ፡ ወበህየ፡
ርኢኩ፡ ፫ ኆኅወ፡ ሰማይ፡ ርኅዋተ፡ መንገለ፡ ጽባሕ፡ ወላዕሌ
ሆሙ፡ ኆኅው፡ ንኡሳን፡፡ በበ፩፡ እምእልኩ፡ ኆኅው፡ ንኡሳ ፫
ን፡ የኀልፉ፡ ከዋክብተ፡ ሰማይ፡ ወየሐውሩ፡ ምዕራበ፡ በፍ

፬ ኖት፡ አንተ፡ ተርእዮት፡ ሎሙ። ወሶበ፡ ርኢኩ፡ ባረኩ፡ ወበኵሉ፡ ጊዜ፡ እባርኮ፡ ለእግዚአ፡ ስብሐት፡ ዘገብረ፡ ተአምራተ፡ ዐቢያተ፡ ወስቡሓተ፡ ከመ፡ ያርኢ፡ ዕበየ፡ ግብሩ፡ ለመላእክቲሁ፡ ወለነፍሳተ፡ ሰብእ፡ ከመ፡ ይሴብሑ፡ ግብሮ፡ ወኵሉ፡ ተግባሩ፡ ከመ፡ ይርአዩ፡ ግብረ፡ ኀይሉ፡ ወይሴብሕዎ፡ ለግብረ፡ እደዊሁ፡ ዐቢይ፡ ወይባርክዎ፡ እስከ፡ ለዓለም።

ምዕራፍ፡ ፯።

ክፍል፡ ፴፯። ራእይ፡ ዘርእየ፡ ካልእ፡ ራእየ፡ ጥበብ፡ ዘርእየ፡ ሄኖክ፡ ወልደ፡ ያሬድ፡ ወልደ፡ መላልኤል፡ ወልደ፡ ቃይናን፡ ፪ ወልደ፡ ሄኖስ፡ ወልደ፡ ሴት፡ ወልደ፡ አዳም። ወዝርእሱ፡ ለነገረ፡ ጥበብ፡ ዘአንሣእኩ፡ እትናገር፡ ወእብል፡ ለእለ፡ የኀድሩ፡ ዲበ፡ የብስ፡ ስምዑ፡ ቀደምት፡ ወርእዩ፡ ደኃርያን፡ ነገረ፡ ቅዱ፫ ሰ፡ እለ፡ እነግር፡ ቅድመ፡ እግዚአ፡ መናፍስት። እሉ፡ ቀዳሚ፡ ፬ ይኄይስ፡ ብሂል፡ ወደኃርያንሂ፡ ኢንክልእ፡ ርእሳ፡ ለጥበብ። እስከ፡ ይእዜ፡ ኢተውህበ፡ እምቅድመ፡ እግዚአ፡ መናፍስት፡ ዘነሣእኩ፡ ጥበበ፡ በከመ፡ ሀለይኩ፡ በከመ፡ ፈቀደ፡ እግዚአ፡ መናፍስት፡ ዘተውህበኒ፡ እምኔሁ፡ ክፍለ፡ ሕይወት፡ ዘለዓ፭ ለም። ወኮኑ፡ ብየ፡ ፫ ምሳሌ፡ ወአነ፡ አንሣእኩ፡ እንዘ፡ እብሎሙ፡ ለእለ፡ የኀድሩ፡ የብሰ።

ምዕራፍ፡ ፰።

ክፍል፡ ፴፰። ምሳሌ፡ ቀዳሚ፡ ሶበ፡ ያስተርኢ፡ ማኅበረ፡ ጻድቃን፡ ወይትኴነኑ፡ ኃጥኣን፡ በኀጢአቶሙ፡ ወእምገጸ፡ የብ፪ ስ፡ ይትሀወኩ። ወሶበ፡ ያስተርኢ፡ ጻድቅ፡ በገጾሙ፡ ለጻድቃን፡ እለ፡ ኅሩያን፡ ተግባሮሙ፡ ስቁል፡ በእግዚአ፡ መናፍስት፡ ወያስተርኢ፡ ብርሃን፡ ለጻድቃን፡ ወለኅሩያን፡ እለ፡ የኀድሩ፡ ዲበ፡ የብስ፡ አይቴ፡ ማኅደረ፡ ኃጥኣን፡ ወአይቴ፡ ምዕራፈሙ፡ ለእለ፡ ክሕድዎ፡ ለእግዚአ፡ መናፍስት፡ እምኀየሶሙ፡ ሶበ፡ ኢተወል፫ ዱ። ወሶበ፡ ይትከሠታ፡ ኅቡኣቲሆሙ፡ ለጻድቃን፡ ይትኴነኑ፡ ኃጥኣን፡ ወይትሀወኩ፡ ረሲዓን፡ እምገጸ፡ ጻድቃን፡ ወኅሩያን። ፬ ወእምይእዜ፡ ኢይክውኑ፡ ኣዚዛነ፡ ወኢልዑላነ፡ እለ፡ ይእኅዝዋ፡ ለምድር፡ ወኢይክሉ፡ ርእየ፡ ገጸ፡ ቅዱሳን፡ እስመ፡ ለእግዚ

አ፡ መናፍስት፡ ተርእየ፡ ብርሃኑ፡ ለገጸ፡ ቅዱሳን፡ ወጻድቃን፡ ወ
ኅሩያን። ወነገሥት፡ አዚዛን፡ በውእቱ፡ ጊዜ፡ ይትኃጐሉ፡ ወይ ፭
ትወሀቡ፡ ውስተ፡ እደ፡ ጻድቃን፡ ወቅዱሳን። ወእምህየ፡ አል ፮
ቦ፡ ዘየስተምህር፡ ኀበ፡ እግዚአ፡ መናፍስት፡ እስመ፡ ተወድአ፡
እንቲአሆሙ፡ ሕይወት።

ክፍል፡ ፵፱። ወይከውን፡ በዝንቱ፡ መዋዕል፡ ይወርዱ፡ ደቂ
ቅ፡ ኅሩያን፡ ወቅዱሳን፡ እምልዑላን፡ ሰማያት፡ ወ ፩ ይከውን፡
ዘርኦሙ፡ ምስለ፡ ውሉደ፡ ሰብእ። በውእቱ፡ መዋዕል፡ ነሥአ፡ ፪
ሄኖክ፡ መጻሕፍተ፡ ቅንዐት፡ ወመዐት፡ ወመጻሕፍተ፡ ጕጕዓ፡
ወሀውክ፡ ወምሕረት፡ ኢይከውን፡ ላዕሌሆሙ፡ ይቤ፡ እግዚአ፡
መናፍስት። ወበውእቱ፡ ጊዜ፡ መሠጠኒ፡ ደመና፡ ወዐውሎ፡ ነፋ ፫
ስ፡ እምገጸ፡ ለምድር፡ ወአንበረኒ፡ ውስተ፡ ጽንፈ፡ ሰማያት።
ወበህየ፡ ርኢኩ፡ ራእየ፡ ካልአ፡ ማኅደረሆሙ፡ ለጻድቃን፡ ወ ፬
ምስካባቲሆሙ፡ ለቅዱሳን። በህየ፡ ርእያ፡ አዕይንትየ፡ ማኅደ ፭
ረሆሙ፡ ምስለ፡ መላእክት፡ ወምስካባቲሆሙ፡ ምስለ፡ ቅዱ
ሳን፡ ወይስእሉ፡ ወያስተበቍዑ፡ ወይጼልዩ፡ በእንተ፡ ውሉደ፡
ሰብእ፡ ወጽድቅ፡ ከመ፡ ማይ፡ ይውሕዝ፡ በቅድሜሆሙ፡ ወ
ምሕረት፡ ከመ፡ ጠል፡ ውስተ፡ ምድር፤ ከመዝ፡ ውእቱ፡ ማእ
ከሎሙ፡ ለዓለመ፡ ዓለም። ወበውእቱ፡ መዋዕል፡ ርእያ፡ አዕ ፮
ይንትየ፡ መካነ፡ ኅሩያን፡ ዘጽድቅ፡ ወዘሃይማኖት፡ ወጽድቅ፡
ይከውን፡ በመዋዕሊሆሙ፡ ወጻድቃን፡ ወኅሩያን፡ ኍልቍ፡ አል
ቦሙ፡ ቅድሜሁ፡ ለዓለመ፡ ዓለም። ወርኢኩ፡ ማኅደረሆሙ፡ ፯
መትሕተ፡ አክናፈ፡ እግዚአ፡ መናፍስት፡ ወኵሎሙ፡ ጻድቃን፡
ወኅሩያን፡ በቅድሜሁ፡ ይትለሐዩ፡ ከመ፡ ብርሃነ፡ እሳት፡ ወአ
ፈሆሙ፡ ይመልእ፡ በረከተ፡ ወከናፍሪሆሙ፡ ይሴብሑ፡ ስሞ፡
ለእግዚአ፡ መናፍስት፡ ወጽድቅ፡ ቅድሜሁ፡ ኢየኀልቅ። ህየ፡ ፰
ፈቀድኩ፡ እኅድር፡ ወፈተወቶ፡ ነፍስየ፡ ለውእቱ፡ ማኅደር፡ በ
ህየ፡ ኮነ፡ ክፍልየ፡ ቅድመ፡ እስመ፡ ከመዝ፡ ጸንዐ፡ በእንቲአየ፡
በቅድመ፡ እግዚአ፡ መናፍስት። ወበውእቶን፡ መዋዕል፡ ሰባሕ ፱
ኩ፡ ወአልዓልኩ፡ ስሞ፡ ለእግዚአ፡ መናፍስት፡ በረከተ፡ ወስ
ብሐተ፡ እስመ፡ ውእቱ፡ አጽንዐኒ፡ በበረከት፡ ወስብሐት፡ በ
ከመ፡ ፈቃዱ፡ ለእግዚአ፡ መናፍስት። ወጕንዱየ፡ ርእያ፡ አዕይ ፲
ንትየ፡ በውእቱ፡ መካን፡ ወባረክዎ፡ እንዘ፡ እብል፡ ቡሩክ፡ ው

፲፩ እቱ፡ ወይትባረክ፡ እምቅድም፡ ወእስከ፡ ለዓለም፡፡ ወበቅድ
ሜሁ፡ አልቦ፡ ሜኅለቅት፡ ውእቱ፡ ያአምር፡ ዘእንበለ፡ ይትፈጠ
ር፡ ዓለም፡ ምንት፡ ውእቱ፡ ዓለም፡ ወለትውልደ፡ ትውልድ፡ ዘ
፲፪ ይከውን፡፡ ይባርኩከ፡ እለ፡ ኢይነውሙ፡ ወይቀውሙ፡ በቅድ
ሞ፡ ስብሐቲከ፡ ወይባርኩከ፡ ወይሴብሑ፡ ወያሌዕሉ፡ እንዘ፡
ይብሉ፡ ቅዱስ፡ ቅዱስ፡ ቅዱስ፡ እግዚአ፡ መናፍስት፡ ይመልእ፡
፲፫ ምድረ፡ መንፈሳት፡፡ ወበህየ፡ ርእየ፡ አዕይንትየ፡ ኵሎ፡ እለ፡
ኢይነውሙ፡ ይቀውሙ፡ ቅድሜሁ፡ ወይባርኩ፡ ወይብሉ፡ ቡሩ
፲፬ ክ፡ አንተ፡ ወቡሩክ፡ ስሙ፡ ለእግዚእ፡ ለዓለመ፡ ዓለም፡፡ ወተ
ወለጠ፡ ገጽየ፡ እስከ፡ ስእንኩ፡ ነጽሮ፡፡

ክፍል፡ ፵፡፡ ወርኢኩ፡ እምድኅረዝ፡ አእላፈ፡ አእላፋት፡
ወትእልፊተ፡ ትእልፊት፡ ወአልቦሙ፡ ኍልቍ፡ ወሐሳብ፡ እለ፡
፪ ይቀውሙ፡ ቅድመ፡ ስብሐተ፡ እግዚአ፡ መናፍስት፡፡ ርኢኩ፡
ወበ፬ ክነፊሁ፡ ለእግዚአ፡ መናፍስት፡ ርኢኩ፡ ፬ ገጸ፡ ካልአ፡
እምእለ፡ ይቀውሙ፡ ወአስማቲሆሙ፡ አእመርኩ፡ ዘአይድዐኒ፡
አስማቲሆሙ፡ መልአክ፡ ዘመጽአ፡ ምስሌየ፡ ወኵሉ፡ ኅቡኣተ፡
፫ አርአየኒ፡፡ ወሰማዕኩ፡ ቃሎሙ፡ ለእልኩ፡ ፬ ገጽ፡ እንዘ፡ ይሴ
፬ ብሑ፡ ቅድመ፡ እግዚአ፡ ስብሐት፡፡ ቃል፡ ቀዳማዊ፡ ይባርኮ፡ ለ
፭ እግዚአ፡ መናፍስት፡ ለዓለመ፡ ዓለም፡፡ ወቃለ፡ ካልአ፡ ሰማዕ
ኩ፡ እንዘ፡ ይባርኮ፡ ለኅሩይ፡ ወለኅሩያን፡ እለ፡ ስቁላን፡ በእግ
፮ ዚአ፡ መናፍስት፡፡ ወሣልሰ፡ ቃለ፡ ሰማዕኩ፡ እንዘ፡ ይስእሉ፡
ወይጼልዩ፡ በእንተ፡ እለ፡ የኀድሩ፡ ውስተ፡ የብስ፡ ወያስተበ
፯ ቍዑ፡ በስሙ፡ ለእግዚአ፡ መናፍስት፡፡ ወቃለ፡ ራብዐ፡ ሰማዕ
ኩ፡ እንዘ፡ ይሰድዶሙ፡ ለሰይጣናት፡ ወኢየኀድጎሙ፡ ይባኡ፡
ኀበ፡ እግዚአ፡ መናፍስት፡ ከመ፡ ያስተዋድይዎሙ፡ ለእለ፡ የ
፰ ኀድሩ፡ ዲበ፡ የብስ፡፡ ወእምድኅረዝ፡ ተስእልክዎ፡ ለመልአ
ክ፡ ሰላም፡ ዘየሐውር፡ ምስሌየ፡ ዘውእቱ፡ አርአየኒ፡ ኵሎ፡
ዘኅቡእ፡ ወእቤሎ፡ መኑ፡ ውእቶሙ፡ እሉ፡ ፬ ገጽ፡ ዘርኢኩ፡
፱ ወእለ፡ ሰማዕኩ፡ ቃሎሙ፡ ወጸሐፍክዎሙ፡፡ ወይቤለኒ፡ ዝቀ
ዳማዊ፡ ውእቱ፡ መሐሪ፡ ወርኁቀ፡ መዓት፡ ቅዱስ፡ ሚካኤል፤ ወ
ካልእ፡ ዘዲበ፡ ኵሉ፡ ሕማም፡ ወዲበ፡ ኵሉ፡ ቍስል፡ ዘውሉ
ደ፡ ሰብእ፡ ውእቱ፡ ሩፋኤል፤ ወሣልስ፡ ዘዲበ፡ ኵሉ፡ ኀይል፡
ውእቱ፡ ቅዱስ፡ ገብርኤል፤ ወራብዕ፡ ዘዲበ፡ ንስሓ፡ ወለተስፋ፡

እለ፡ ይወርሱ፡ ሕይወተ፡ ዘለዓለም፡ ውእቱ፡ ፋኑኤል። ወእሉ፡ ፲
፬ መላእክቲሁ፡ ለእግዚአብሔር፡ ልዑል፡ ወ፬ ቃለ፡ ሰማዕኩ፡
በውእቶን፡ መዋዕል።

ክፍል፡ ፵፩። ወእምድኅረዝ፡ ርኢኩ፡ ኵሉ፡ ኅቡኣቲሆ
ሙ፡ ለሰማያት፡ ወመንግሥት፡ እፎ፡ ትትከፈል፡ ወተግባረ፡ ሰብ
እ፡ ከመ፡ በመዳልው፡ ይደለው። በህየ፡ ርኢኩ፡ ማኅደሪሆሙ፡ ፪
ለኅሩያን፡ ወማኅደሪሆሙ፡ ለቅዱሳን፡ ወርእየ፡ አዕይንትየ፡ በህ
የ፡ ኵሎሙ፡ ኃጥኣን፡ እንዘ፡ ይሰደዱ፡ እምህየ፡ እለ፡ ይክህ
ዱዎ፡ ለስመ፡ እግዚአ፡ መናፍስት፡ ወይስሕብዎሙ፡ ወቀዊም፡
አልቦሙ፡ በመቅሠፍት፡ እንተ፡ ትወጽእ፡ እምእግዚአ፡ መና
ፍስት። ወበህየ፡ ርእየ፡ አዕይንትየ፡ ኅቡአተ፡ መባርቅት፡ ወነ ፫
ጐድጓድ፡ ወኅቡአተ፡ ነፋሳት፡ እፎ፡ ይትከፈሉ፡ ከመ፡ ይንፋ
ሑ፡ ዲበ፡ ምድር፡ ወኅቡአተ፡ ደመናት፡ ወጠል፡ ወበህየ፡ ርኢ
ኩ፡ እምኀበ፡ ይወጽእ፡ በውእቱ፡ መካን፡ ወእምህየ፡ ይጸግ
ቡ፡ ፀበለ፡ ምድር። ወበህየ፡ ርኢኩ፡ መዛግብተ፡ ዕፀዋነ፡ ወ ፬
እምኔሆሙ፡ ይትከፈሉ፡ ነፋሳት፡ ወመዝገበ፡ በረድ፡ ወመዝ
ገበ፡ ጊሜ፡ ወዘደመናት፡ ወደመና፡ ዚአሁ፡ እምላዕለ፡ ምድር፡
የኀድር፡ እምቅድመ፡ ዓለም። ወርኢኩ፡ መዛግብተ፡ ፀሐይ፡ ፭
ወዘወርኅ፡ እምአይቴ፡ ይወጽኡ፡ ወአይቴ፡ ይገብኡ፡ ወግብአቶ
ሙ፡ ስቡሕ፤ ወእፎ፡ ይከብር፡ ፩ እምካልኡ፡ ወምሕዋሮሙ፡
ብዑል፡ ወኢየኀልፍ፡ ምሕዋረ፡ ወኢይዌስኩ፡ ወኢየሐፅፁ፡ እ
ምሕዋረ፡ ዚአሆሙ፡ ወሃይማኖቶሙ፡ የዐቅቡ፡ ፩ ምስለ፡ ካ
ልኡ፡ በመሐላ፡ ዘነበሩ። ወይወፅእ፡ ቅድመ፡ ፀሐይ፡ ወይገብ ፮
ር፡ ፍኖቶ፡ በትእዛዘ፡ እግዚአ፡ መናፍስት፡ ወይጸንዕ፡ ስሙ፡ ለ
ዓለመ፡ ዓለም። ወእምድኅረዝ፡ ፍኖት፡ ዘኅቡእ፡ ወዘክሡት፡ ፯
ዘወርኅ፡ ወምሕዋረ፡ ፍኖቱ፡ ይፌጽም፡ በውእቱ፡ መካን፡ በመ
ዓልት፡ ወበሌሊት፡ ፩ ለካልኡ፡ ይኔጽር፡ በቅድመ፡ እግዚአ፡ መ
ናፍስት፡ ወየአኵቱ፡ ወይሴብሑ፡ ወኢየዐርፉ፡ እስመ፡ አኰቴ
ቶሙ፡ ዕረፍት፡ ውእቱ፡ ሎሙ። እስመ፡ ለፀሐይ፡ ብሩህ፡ ብ ፰
ዙኅ፡ ምያጤ፡ ሮቱ፡ ለበረከት፡ ወለመርገም፡ ወምርዋጸ፡ ፍኖ
ቱ፡ ለወርኅ፡ ለጻድቃን፡ ብርሃን፡ ወለኃጥኣን፡ ጽልመት፡ በስሙ፡
ለእግዚእ፡ ዘፈጠረ፡ ማእከለ፡ ብርሃን፡ ወማእከለ፡ ጽልመት፡
ወከፈለ፡ መንፈሶሙ፡ ለሰብእ፡ ወአጽንዐ፡ መንፈሶሙ፡ ለጻ

፱ ድቃን ፡ በስመ ፡ ጽድቀ ፡ ዚአሁ ። እስመ ፡ መልአክ ፡ ኢይክል
እ ፡ ወሥልጣን ፡ ኢይክል ፡ ከሊአ ፡ እስመ ፡ መኰንን ፡ ለኵሎሙ ፡
ይሬኢ ፡ ወእሉንተ ፡ ኵሎሙ ፡ በቅድሜሁ ፡ ውእቱ ፡ ይኴንን ።

ክፍል ፡ ፵፪ ። ጥበብ ፡ መካነ ፡ ኢረከበት ፡ ኀበ ፡ ተኀድር ፡
፪ ወሀለወት ፡ ማኅደራ ፡ ውስተ ፡ ሰማያት ። መጽአት ፡ ጥበብ ፡ ከ
መ ፡ ትኅድር ፡ ውስተ ፡ ውሉደ ፡ ሰብእ ፡ ወኢረከበት ፡ ማኅደረ ፤
ጥበብ ፡ ውስተ ፡ መካና ፡ ገብአት ፡ ወተፀውነት ፡ ማእከለ ፡ መላ
፫ እክት ። ወዐመፃ ፡ ወፅአት ፡ እመዛግብቲሃ ፡ ዘኢፈቀደት ፡ ረከ
በት ፡ ወኀደረት ፡ ውስቴቶሙ ፡ ከመ ፡ ዝናም ፡ በበድው ፡ ወከ
መ ፡ ጠል ፡ በምድር ፡ ጽምእት ።

ክፍል ፡ ፵፫ ። ወርኢኩ ፡ ካልአ ፡ መባርቅተ ፡ ወከዋክብተ ፡
ሰማይ ፡ ወርኢኩ ፡ ከመ ፡ ይጼውዖሙ ፡ ለኵሎሙ ፡ በበአስማ
፪ ቲሆሙ ፡ ወይሰምዕዎ ። ወርኢክዎ ፡ በመዳልወ ፡ ጽድቅ ፡ ከመ ፡
ይደለዉ ፡ በብርሃናቲሆሙ ፡ በረኃበ ፡ መካናቲሆሙ ፡ ወዕለተ ፡
ኵነቶሙ ፡ ወሚጠቶሙ ፤ መብረቅ ፡ መብረቀ ፡ ይወልድ ፤ ወሚጠ
ቶሙ ፡ በኍልቆ ፡ መላእክት ፡ ወሃይማኖቶሙ ፡ የዐቅቡ ፡ በበይ
፫ ናቲሆሙ ። ወተስእልክዎ ፡ ለመልአክ ፡ ዘየሐውር ፡ ምስሌየ ፡ ዘ
፬ አርአየኒ ፡ ዘኅቡእ ፡ ምንት ፡ እሉንቱ ። ወይቤለኒ ፡ ምስለ ፡ ዘዚ
አሆሙ ፡ አርአየከ ፡ እግዚአ ፡ መናፍስት ፡ እሉ ፡ እሙንቱ ፡ አስ
ማቲሆሙ ፡ ለጻድቃን ፡ እለ ፡ የኀድሩ ፡ ዲበ ፡ የብስ ፡ ወየአምኑ ፡
በስሙ ፡ ለእግዚአ ፡ መናፍስት ፡ ለዓለመ ፡ ዓለም ።

ክፍል ፡ ፵፬ ። ወካልኣተ ፡ ርኢኩ ፡ በእንተ ፡ መብረቅ ፡ እፎ ፡
ይቀውሙ ፡ እምከዋክብት ፡ ወይከውኑ ፡ መብረቀ ፡ ወኢይክ
ሉ ፡ ኀዲገ ፡ ምስሌሆሙ ።

ምዕራፍ ፡ ፰ ።

ክፍል ፡ ፵፭ ። ወዝካልእ ፡ ምሳሌ ፡ ዲበ ፡ እለ ፡ ይክሕዱ ፡
፪ ስሞ ፡ ለማኅደረ ፡ ቅዱሳን ፡ ወለእግዚአ ፡ መናፍስት ። ኢሰማየ ፡
የዐርጉ ፡ ወኢምድረ ፡ ይበጽሑ ፡ ከመዝ ፡ ይከውን ፡ ክፍለ ፡ ኃ
ጥኣን ፡ እለ ፡ ይክሕዱ ፡ ስሞ ፡ ለእግዚአ ፡ መናፍስት ፡ እለ ፡ ከ
፫ መዝ ፡ ይትዐቀቡ ፡ ለዕለተ ፡ ሥራኅ ፡ ወምንዳቤ ። በይእቲ ፡ ዕለ
ት ፡ ይነብር ፡ በመንበረ ፡ ስብሐት ፡ ኅሩይ ፡ ወየኀሪ ፡ ምግባሪሆሙ ፡

ወምዕራፈሙ ፡ ኍልቈ ፡ አልቦሙ ፡ ወመንፈሶሙ ፡ በማእከሉ
ሙ ፡ ትጸንዕ ፡ ሶበ ፡ ርእይዎ ፡ ለኅሩየ ፡ ዚአየ ፡ ወለእለ ፡ ሰከዩ ፡
ስሞየ ፡ ቅዱሰ ፡ ወስቡሐ ። ወበይእቲ ፡ ዕለት ፡ አነብር ፡ በማእ ፬
ከሎሙ ፡ ለኅሩየ ፡ ዚአየ ፡ ወእዌልጣ ፡ ለሰማይ ፡ ወእገብራ ፡ ለ
በረከት ፡ ወብርሃን ፡ ዘለዓለም ። ወእዌልጣ ፡ ለየብስ ፡ ወእ ፭
ገብራ ፡ ለበረከት ፡ ወለኅሩያኒ ፡ ዚአየ ፡ አነብሮሙ ፡ ውስቴታ ፡
ወእለ ፡ ይገብሩ ፡ ኃጢአተ ፡ ወጌጋየ ፡ ኢይከይዱ ፡ ውስቴታ ። እ ፮
ስመ ፡ አነ ፡ ርኢክዎሙ ፡ ወአጽገብክዎሙ ፡ በሰላም ፡ ለጻድቃ
ንየ ፡ ወአንበርክዎሙ ፡ ቅድሜየ ፡ ወቀርበት ፡ ኅቤየ ፡ ኵነኔ ፡ ለኃ
ጥኣን ፡ ከመ ፡ ኣህጕሎሙ ፡ እምገጸ ፡ ምድር ።

ክፍል ፡ ፲፮ ። ወበህየ ፡ ርኢኩ ፡ ዘሎቱ ፡ ርእሰ ፡ መዋዕል ፡
ወርእሱ ፡ ከመ ፡ ፀምር ፡ ጸዐዳ ፡ ወምስሌሁ ፡ ካልእ ፡ ዘገጹ ፡ ከ
መ ፡ ርእየተ ፡ ሰብእ ፡ ወምሉእ ፡ ጸጋ ፡ ገጹ ፡ ከመ ፡ ፩ እመላእክ
ት ፡ ቅዱሳን ። ወተስእልክዎ ፡ ለ ፩ እመላእክት ፡ ዘየሐውር ፡ ፪
ምስሌየ ፡ ወኵሎ ፡ ኅቡኣተ ፡ ዘአርአየኒ ፡ በእንተ ፡ ዝኩ ፡ ወልደ ፡
ሰብእ ፡ መኑ ፡ ውእቱ ፡ ወእምአይቴ ፡ ይከውን ፡ ውእቱ ፡ በእንተ ፡
ምንት ፡ ምስለ ፡ ርእሰ ፡ መዋዕል ፡ የሐውር ። ወአውሥአኒ ፡ ወይ ፫
ቤለኒ ፡ ዝንቱ ፡ ውእቱ ፡ ወልደ ፡ ሰብእ ፡ ዘሎቱ ፡ ኮነ ፡ ጽድቅ ፡ ወ
ጽድቅ ፡ ምስሌሁ ፡ ኃደረ ፡ ወኵሎ ፡ መዛግብተ ፡ ዘኅቡእ ፡ ውእ
ቱ ፡ ይከሥት ፡ እስመ ፡ እግዚአ ፡ መናፍስት ፡ ኪያሁ ፡ ኀረየ ፡ ወ
ዘክፍሉ ፡ ኵሎ ፡ ሞአ ፡ በቅድመ ፡ እግዚአ ፡ መናፍስት ፡ በርት
ዕ ፡ ለዓለም ። ወዝንቱ ፡ ወልደ ፡ ሰብእ ፡ ዘርኢከ ፡ ያነሥኦሙ ፡ ፬
ለነገሥት ፡ ወለኃያላን ፡ እምስካባቲሆሙ ፡ ወለጽኑዓን ፡ እመና
ብርቲሆሙ ፡ ወይፈትሕ ፡ ልጓማተ ፡ ጽኑዓን ፡ ወይደቅቅ ፡ አስናነ ፡
ኃጥኣን ። ወይገፈትዖሙ ፡ ለነገሥት ፡ እመናብርቲሆሙ ፡ ወእመ ፭
ንግሥቶሙ ፡ እስመ ፡ ኢያሌዕልዎ ፡ ወኢይሴብሕዎ ፡ ወኢይገንዩ ፡
እምአይቴ ፡ ተውህበት ፡ ሎሙ ፡ መንግሥት ። ወገጸ ፡ ጽኑዓን ፡ ፮
ይገፈትዕ ፡ ወይመልኦሙ ፡ ኅፍረት ፡ ወጽልመት ፡ ይከውኖሙ ፡ ማ
ኅደረሆሙ ፡ ወዕፄያት ፡ ይከውኖሙ ፡ ምስካቦሙ ፡ ወኢይሴፈ
ዉ ፡ ከመ ፡ ይትነሥኡ ፡ እምስካባቲሆሙ ፡ እስመ ፡ ኢያሌዕሉ ፡
ስሞ ፡ ለእግዚአ ፡ መናፍስት ። ወእሙንቱ ፡ ኮኑ ፡ እለ ፡ ይኴንኑ ፡ ፯
ከዋክብተ ፡ ሰማይ ፡ ወያሌዕሉ ፡ እደዊሆሙ ፡ ውስተ ፡ ልዑል ፡ ወ
ይከይዱ ፡ ዲበ ፡ የብስ ፡ ወየኀድሩ ፡ ውስቴታ ፡ ወኵሉ ፡ ተግባር

ሙ : ሀመፀ : ወ.የርእዩ : ተግባርሙ : ሀመፀ : ወኀ.ይሎሙ : ዲበ : ብዕሎሙ : ወሃ.ይማኖቶሙ : ኮኑ : ለአማልክት : እለ : ገብረ : በ
፰ እደዊሆሙ : ወክሕዱዎ : ለስሙ : ለእግዚአ : መናፍስት :: ወ.ይሰደዱ : እምአብ.ያተ : ምስትጉቡአ : ዚአሁ : ወለመሃ.ይምና
ን : እለ : ስቁላን : በስሙ : ለእግዚአ : መናፍስት ::

ክፍል : ፵፯ :: ወበውእቱ : መዋዕል : ሀርገት : ጸሎተ : ጻ.ድቃ
ን : ወደመ : ጻ.ድቅ : እምኔ : ምድር : ቅድመ : እግዚአ : መናፍስ
፪ ት :: በእሉ : መዋዕል : የኀብሩ : ቅዱሳን : እለ : ይኀብሩ : መልዕ
ልተ : ሰማ.ያት : በ ፩ ቃል : ወ.ያስተበቍዑ : ወ.ይጼልዩ : ወ.ይሴብ
ሑ : ወ.ያአኵቱ : ወ.ይባርኩ : ለስሙ : ለእግዚአ : መናፍስት : በ
እንተ : ደመ : ጻ.ድቃን : ዘተክዕወ : ወጸሎቶሙ : ለጻ.ድቃን : ከ
መ : ኢትፀረአ : በቅድመ : እግዚአ : መናፍስት : ከመ : ይትገበ
፫ ር : ሎሙ : ኵኔ : ወትዕግሥት : ኢ.ይኩን : ሎሙ : ለዓለም :: ወ
በእማንቱ : መዋዕል : ርኢክዎ : ለርእሰ : መዋዕል : ሶበ : ነበረ :
በመንበረ : ስብሐቲሁ : ወመጻሕፍተ : ሕ.ያዋን : በቅድሜሁ :
ተከሥቱ : ወኵሉ : ኀ.ይሉ : ዘመልዕልተ : ሰማ.ያት : ወሀውደ : ዚ
፬ አሁ : ይቀውሙ : ቅድሜሁ :: ወልቦሙ : ለቅዱሳን : ትመልእ : ፋ
ሥሐ : እስመ : በጽሐ : ኈልቊ : ለጽድቅ : ወጸሎቶሙ : ለጻ.ድ
ቃን : ተሰምዐ : ወደሙ : ለጻ.ድቅ : በቅድመ : እግዚአ : መናፍስ
ት : ተፈቅደ ::

ክፍል : ፵፰ :: ወበውእቱ : መካን : ርኢኩ : ነቅዐ : ጽድቅ :
ወኢ.ይትኀለቍ : ወበሀውዱ : የሀውደ : ብዙኅ : አንቅዕተ : ጥበ
ብ : ወኵሎሙ : ጽሙኣን : ይሰትዩ : እምኔሆሙ : ወ.ይትመልኡ :
ጥበበ : ወማኅደሪሆሙ : ምስለ : ጻ.ድቃን : ወቅዱሳን : ወኅሩ.ያን ::
፪ ወበ.ይእቲ : ሰዓት : ተጸውዐ : ዝኩ : ወልደ : ሰብእ : በኀበ : እ
፫ ግዚአ : መናፍስት : ወስሙ : ምቅድመ : ርእሰ : መዋዕል :: ወዘእ
ንበለ : ይትፈጠር : ፀሐይ : ወተአምር : ዘእንበለ : ይትገበሩ :
ከዋክብተ : ሰማይ : ወስሙ : ተጸውዐ : በቅድመ : እግዚአ : መ
፬ ናፍስት :: ውእቱ : ይከውን : በትረ : ለጻ.ድቃን : ወቅዱሳን : ከ
መ : ቦቱ : ይትመርጎዙ : ወኢ.ይደቁ : ወውእቱ : ብርሃነ : አሕዛ
፭ ብ : ወውእቱ : ይከውን : ተስፋ : ለእለ : የሐሙ : በልቦሙ :: ይ
ወድቁ : ወ.ይሰግዱ : ቅድሜሁ : ኵሎሙ : እለ : የኀድሩ : ዲበ :
የብስ : ወ.ይባርክዎ : ወ.ይሴብሕዎ : ወ.ይዜምሩ : ሎቱ : ለስመ :

እግዚአ፡ መናፍስት ። ወበእንተዝ፡ ኮነ፡ ኅሩየ፡ ወኅቡአ፡ በቅ ፮
ድሜሁ፡ እምቅድመ፡ ይትፈጠር፡ ዓለም፡ ወእስከ፡ ለዓለም፡
በቅድሜሁ ። ወከሠቶ፡ ለቅዱሳን፡ ወለጻድቃን፡ ጥበቡ፡ ለእ ፯
ግዚአ፡ መናፍስት፡ እስመ፡ ዐቀበ፡ ክፍሎሙ፡ ለጻድቃን፡ እስ
መ፡ ጸልእዎ፡ ወመነንዎ፡ ለዝ፡ ዓለም፡ ዘሀመፃ፡ ወኵሎ፡ ምግ
ባሮ፡ ወፍናዊሁ፡ ጸልኡ፡ በስሙ፡ ለእግዚአ፡ መናፍስት፡ እስ
መ፡ በስመ፡ ዚአሁ፡ ይድኅኑ፡ ወፈቃዴ፡ ኮነ፡ ለሕይወቶሙ ። ወ ፰
በውእቱ፡ መዋዕል፡ ኮኑ፡ ትሑታነ፡ ገጽ፡ ነገሥተ፡ ምድር፡ ወጽ
ኑዓን፡ እለ፡ ይእኅዝዋ፡ ለየብስ፡ በእንተ፡ ምግባረ፡ እደዊሆሙ፡
እስመ፡ በዕለተ፡ ጻዕቆሙ፡ ወጻሕቦሙ፡ ኢያድኅኑ፡ ነፍሶሙ ።
ወውስተ፡ እደዊሆሙ፡ ለኅሩያኒ፡ ዚአየ፡ እወድዮሙ፡ ከመ፡ ፱
ሣዕር፡ ውስተ፡ እሳት፡ ወከመ፡ ዐረር፡ ውስተ፡ ማይ፡ ከመ
ዝ፡ ይውዕዩ፡ እምቅድመ፡ ገጸ፡ ጻድቃን፡ ወይሰጠሙ፡ እምቅ
ድመ፡ ገጸ፡ ቅዱሳን፡ ወኢይትረከብ፡ ሎሙ፡ አሰር ። ወበዕለ ፲
ተ፡ ጻሕበ፡ ዚአሆሙ፡ ዕረፍት፡ ትከውን፡ በዲበ፡ ምድር፡ ወ
በቅድሜሁ፡ ይወድቁ፡ ወኢይትነሥኡ፡ ወአልቦ፡ ዘይትሜጠዎ
ሙ፡ በእደዊሁ፡ ወያነሥኦሙ፡ እስመ፡ ክሕድዎ፡ ለእግዚአ፡
መናፍስት፡ ወለመሲሑ፡ ወይትባረክ፡ ስሙ፡ ለእግዚአ፡ መና
ፍስት ።

ክፍል፡ ፵፱ ። እስመ፡ ጥበብ፡ ተክዕወ፡ ከመ፡ ማይ፡ ወስ
ብሐት፡ ኢተኀልቀ፡ ቅድሜሁ፡ ለዓለመ፡ ዓለም ። እስመ፡ ኃያ ፪
ል፡ ውእቱ፡ በኵሉ፡ ኅቡኣተ፡ ጽድቅ፡ ወሀመፃ፡ ከመ፡ ጽላሎ
ት፡ የኀልፍ፡ ወምቅዋም፡ አልቦ፡ እስመ፡ ቆመ፡ ኅሩይ፡ በቅድ
መ፡ እግዚአ፡ መናፍስት፡ ወስብሐቲሁ፡ ለዓለመ፡ ዓለም፡ ወኃ
ይሉ፡ ለትውልደ፡ ትውልድ ። ወቦቱ፡ የኀድር፡ መንፈሰ፡ ጥበብ፡ ፫
ወመንፈሰ፡ ዘያሌቡ፡ ወመንፈሰ፡ ትምህርት፡ ወኃይል፡ ወመን
ፈሰ፡ እለ፡ ኖሙ፡ በጽድቅ ። ወውእቱ፡ ይኴንን፡ ዘኅቡኣተ፡ ፬
ወነገረ፡ በክ፡ አልቦ፡ ዘይክል፡ ብሂለ፡ በቅድሜሁ፡ እስመ፡ ኅ
ሩይ፡ ውእቱ፡ በቅድመ፡ እግዚአ፡ መናፍስት፡ በከመ፡ ውእቱ፡
ፈቀደ ።

ክፍል፡ ፶ ። ወበእማንቱ፡ መዋዕል፡ ሚጠት፡ ትከውን፡ ለቅ
ዱሳን፡ ወለኅሩያን፡ ወብርሃነ፡ መዋዕል፡ ዲቤሆሙ፡ የኀድር፡ ወ
ስብሐት፡ ወክብር፡ ለቅዱሳን፡ ይትመየጥ ። ወበዕለት፡ እንተ፡ ፪

ጸሐብ፡ ትዘገብ፡ እኪት፡ ላዕለ፡ ኃጥኣን፡ ወይመውኡ፡ ጻድቃ
ን፡ በስመ፡ ለእግዚአ፡ መናፍስት፡ ወያርኢ፡ ለካልኣን፡ ከመ፡
፫ ይነስሑ፡ ወይኅድጉ፡ ምግባረ፡ እደዊሆሙ። ወኢይከውን፡ ሎ
ሙ፡ ክብር፡ በቅድመ፡ እግዚአ፡ መናፍስት፡ ወበስሙ፡ ይድኃ
ኑ፡ ወእግዚአ፡ መናፍስት፡ ይምሕሮሙ፡ እስመ፡ ብዙኅ፡ ምሕ
፬ ረቱ። ወጻድቅ፡ ውእቱ፡ በኵነኔሁ፡ ወበቅድመ፡ ስብሐቲሁ፡ ወ
ዐመፃ፡ ኢትቀውም፡ በኵነኔሁ፡ ዘኢይኔስሕ፡ በቅድሜሁ፡ ይት
፭ ሐጐል። ወእምይእዜሰ፡ ኢይምሕሮሙ፡ ይቤ፡ እግዚአ፡ መናፍ
ስት።

ክፍል፡ ፺፩። ወበእማንቱ፡ መዋዕል፡ ታገብእ፡ ምድር፡ ማ
ኅፀንታ፡ ወሲኦል፡ ታገብእ፡ ማኅፀንታ፡ ዘተመጠወት፡ ወኀጕል፡
፪ ያገብእ፡ ዘይፈዲ። ወያኀሪ፡ ጻድቃነ፡ ወቅዱሳነ፡ እምኔሆሙ፡
፫ እስመ፡ ቀርበት፡ ዕለት፡ ከመ፡ እሙንቱ፡ ይድኃኑ። ወኅሬይ፡
በእማንቱ፡ መዋዕል፡ ዲበ፡ መንበሩ፡ ይነብር፡ ወኵሉ፡ ኅቡኣተ፡
ጥበብ፡ እምሕሊና፡ አፉሁ፡ ይወፅእ፡ እስመ፡ እግዚአ፡ መናፍ
፬ ስት፡ ወሀቦ፡ ወሰብሖ። ወበእማንቱ፡ መዋዕል፡ ይዘፍኑ፡ አድባ
ር፡ ከመ፡ ሐራጊት፡ ወአውግርኒ፡ ያንፈርዕፁ፡ ከመ፡ መሐስዕ፡
ጽጉባነ፡ ሐሊብ፡ ወይከውኑ፡ ኵሎሙ፡ መላእክተ፡ በሰማይ።
፭ ገጾሙ፡ ይበርህ፡ በፍሥሐ፡ እስመ፡ በእማንቱ፡ መዋዕል፡ ኅሬ
ይ፡ ተንሥአ፡ ወምድር፡ ትትፌሣሕ፡ ወጻድቃን፡ ዲቤሃ፡ የኀድ
ሩ፡ ወኅሩያን፡ ውስቴታ፡ የሐውሩ፡ ወያንሶስዉ።

ክፍል፡ ፺፪። ወእምድኅረ፡ እማንቱ፡ መዋዕል፡ በውእቱ፡
መካን፡ ኀበ፡ ርኢኩ፡ ኵሎ፡ ራእያተ፡ ዘኅቡእ፡ እስመ፡ ተመሠ
፪ ጥኩ፡ በነኰርኲረ፡ ነፋስ፡ ወወሰዱኒ፡ ውስተ፡ ዐረብ። ወበህ
የ፡ ርእየ፡ አዕይንትየ፡ ኅቡኣተ፡ ሰማይ፡ ኵሉ፡ ዘይከውን፡ ሀ
ሎ፡ በዲበ፡ ምድር፡ ደብረ፡ ሐፂን፤ ወደብረ፡ ፀሪቅ፤ ወደብረ፡
ብሩር፤ ወደብረ፡ ወርቅ፤ ወደብረ፡ ነጠብጣብ፤ ወደብረ፡ ዐረር።
፫ ወተስእልክዎ፡ ለመልአክ፡ ዘየሐውር፡ ምስሌየ፡ እንዘ፡ እብል፡
፬ ምንት፡ ውእቱ፡ እሉ፡ እሙንቱ፡ እለ፡ በኅቡዕ፡ ርኢኩ። ወይ
ቤለኒ፡ እሉ፡ ኵሎሙ፡ ዘርኢከ፡ ለሥልጣኑ፡ መሲሑ፡ እሙንቱ፡
፭ ይከውኑ፡ ከመ፡ ያእዝዝ፡ ወይትኃየል፡ ዲበ፡ ምድር። ወአው
ሥአኒ፡ እንዘ፡ ይብል፡ ውእቱ፡ መልአከ፡ ሰላም፡ ጽናሕ፡ ንስቲ
ተ፡ ወትሬኢ፡ ወይትከሠት፡ ለከ፡ ኵሉ፡ ዘኅቡእ፡ ዘተከለ፡

እግዚአ፡መናፍስት። ወእሉንቱ፡አድባር፡ዘርኢከ፡ደብረ፡ሐ ⟨፮⟩
ፂን፤ወደብረ፡ፀሪቅ፤ወደብረ፡ብሩር፤ወደብረ፡ወርቅ፤ወደብ
ረ፡ነጠብጣብ፤ወደብረ፡ሀረር፤እሉ፡ኵሎሙ፡ቅድሜሁ፡ለ
ኅሩይ፡ይከውኑ፡ከመ፡መዓረ፡ግራ፡ዘቅድመ፡ገጸ፡እሳት፡ወ
ከመ፡ማይ፡ዘይወርድ፡እምላዕሉ፡ዲበ፡እማንቱ፡አድባር፡
ወይከውኑ፡ድኩማነ፡በቅድመ፡እገሪሁ። ወይከውን፡በእማ ⟨፯⟩
ንቱ፡መዋዕል፡ኢይድኀኑ፡ኢበወርቅ፡ወኢበብሩር፡ወኢይክሉ፡
ድኂነ፡ወጐይየ። ወኢይከውን፡ሐፂን፡ለፀብእ፡ወኢልብስ፡ ⟨፰⟩
ለድርዐ፡እንግድዓ፡ኢይበቍዕ፡ብርት፡ወኢናዕክ፡ኢይበቍዕ፡
ወኢይትኈለቍ፡ወሀረር፡ኢይትፈቀድ። እሉ፡ኵሎሙ፡ይት ⟨፱⟩
ከሐዱ፡ወይትኀጐሉ፡ሀለው፡እምገጸ፡ምድር፡ሶበ፡ያስተር
ኢ፡ኅሩይ፡በቅድመ፡ገጹ፡ለእግዚአ፡መናፍስት።

ክፍል፡፶፫። ወበህየ፡ርእየ፡አዕይንትየ፡ቈላ፡ዕሙቀ፡
ወርኅው፡አፈሁ፡ወኵሎሙ፡እለ፡የኀድሩ፡ዲበ፡የብስ፡ወባ
ሕር፡ወደሰያት፡አምኃ፡ወአስትዓ፡ወጋዳ፡ያመጽኡ፡ሎቱ፡ወ
ዝክቱሰ፡ቈላ፡ዕሙቅ፡ኢይመልእ። ወጌጋየ፡እደዊሆሙ፡ይገ ⟨፪⟩
ብሩ፡ወኵሉ፡ዘይጻምው፡ለጌጋይ፡ኃጥአን፡ይበልዑ፡ወእም
ገጹ፡ለእግዚአ፡መናፍስት፡ይትኀጐሉ፡ኃጥኣን፡ወእምገጸ፡ለ
ምድረ፡ዚአሁ፡ይትቀወሙ፡ወኢየኀልቁ፡ለዓለመ፡ዓለም።
እስመ፡ርኢክዎሙ፡ለመላእክተ፡መቅሠፍት፡እንዘ፡የሐው ⟨፫⟩
ሩ፡ወያስተዳልው፡ኵሉ፡መባዕላተ፡ለሰይጣን። ወተስእልክ ⟨፬⟩
ዎ፡ለመልአክ፡ሰላም፡ዘየሐውር፡ምስሌየ፡እሉንተ፡መባዕ
ላተ፡ለመኑ፡ያስተዳልውዎሙ። ወይቤለኒ፡እሉንተ፡ያስተዳ ⟨፭⟩
ልውዎሙ፡ለነገሥት፡ወለኀያላን፡ዘዝንቱ፡ምድር፡ከመ፡ቦ
ቱ፡ይትሐጐሉ። ወእምድኅረ፡ዝንቱ፡ያስተርኢ፡ጻድቅ፡ወ ⟨፮⟩
ኅሩይ፡ቤተ፡ምስትጉቡአ፡ዚአሁ፡እምይእዜ፡ኢይትከልኡ፡
በስሙ፡ለእግዚአ፡መናፍስት። ወእሉ፡አድባር፡ይከውኑ፡በ ⟨፯⟩
ቅድመ፡ገጹ፡ከመ፡ምድር፡ወአውግር፡ይከውኑ፡ከመ፡ነቅ
ዐ፡ማይ፡ወያዐርፉ፡ጻድቃን፡እምጻማ፡ኃጥኣን።

ክፍል፡፶፬። ወነጸርኩ፡ወተመየጥኩ፡ካልአ፡ገጸ፡ምድ
ር፡ወርኢኩ፡ህየ፡ቈላ፡ዕሙቀ፡እንዘ፡ትነድድ፡እሳት። ወ ⟨፪⟩
አምጽእዎሙ፡ለነገሥት፡ወለኀያላን፡ወወደይዎሙ፡ውስተ፡
ዕሙቅ፡ቈላ። ወበህየ፡ርእየ፡አዕይንትየ፡ዘመባዕላቲሆሙ፡ ⟨፫⟩

እንዘ፡ይገብርዎሙ፡መዓሠርተ፡ኀፂን፡ዘአልቦ፡መድሎት።
፬ ወተስእልክዎ፡ለመልአከ፡ሰላም፡ዘየሐውር፡ምስሌየ፡እንዘ፡
፭ እብል፡እሉ፡ማእሠረተ፡መባዕላት፡ለመኑ፡ይዴለው። ወይቤ
ለኒ፡እሉ፡ይዴለው፡ለትዕይንተ፡አዛዝኤል፡ከመ፡ይትመጠ
ውዎሙ፡ወይደይዎሙ፡መትሕተ፡ኵሉ፡ደይን፡ወአእባነ፡ጠ
ዋያተ፡ይከድኑ፡መላትሒሆሙ፡በከመ፡አዘዘ፡እግዚአ፡መ
፮ ናፍስት። ሚካኤል፡ወገብርኤል፡ራፋኤል፡ወፋኑኤል፡ውእቶ
ሙ፡ያጸንዕዎሙ፡በይእቲ፡ዕለት፡ዐባይ፡በውስተ፡ዕቶነ፡
እሳት፡ዘይነድድ፡ይወድይዎሙ፡ውእተ፡ዕለተ፡ከመ፡ይትበ
ቀል፡እምኔሆሙ፡እግዚአ፡መናፍስት፡በዐመፃሆሙ፡በእንተ፡
ዘኮኑ፡ላእካነ፡ለሰይጣን፡ወአስሐትዎሙ፡ለእለ፡የኀድሩ፡
፯ ዲበ፡የብስ። ወበውእቱ፡መዋዕል፡ይወጽእ፡መቅሠፍቱ፡ለእ
ግዚአ፡መናፍስት፡ወይትረኀው፡ኵሉ፡መዛግብተ፡ማያት፡ዘ
መልዕልተ፡ሰማያት፡ወዲበ፡አንቅዕት፡እለ፡መትሕተ፡ሰማ
፰ ያት፡ወዘመትሕተ፡ምድር። ወይዴመሩ፡ኵሎሙ፡ማያት፡
ምስለ፡ማያት፡ዘመልዕልተ፡ሰማያት፡ማይሰ፡ዘመልዕልተ፡
ሰማይ፡ተባዕታይ፡ውእቱ፡ወማይ፡ዘመትሕተ፡ምድር፡አንስ
፱ ታይ፡ይእቲ። ወይደመሰሱ፡ኵሉ፡እለ፡የኀድሩ፡ዲበ፡የብስ፡
፲ ወእለ፡የኀድሩ፡መትሕተ፡አጽናፈ፡ሰማይ። ወበእንተዝ፡አ
እመርዋ፡ለዐመፃሆሙ፡እንተ፡ገብሩ፡በዲበ፡ምድር፡ወበእ
ንተዝ፡ይትኀጐሉ።

ክፍል፡፶፭። ወእምድኅረዝ፡ነስሐ፡ርእሰ፡መዋዕል፡ወይ
ቤ፡በከ፡አሕጐልክዎሙ፡ለኵሎሙ፡እለ፡ይነብሩ፡ዲበ፡የ
፪ ብስ። ወመሐለ፡በስሙ፡ዐቢይ፡ከመ፡እምይእዜ፡ኢይገብ
ር፡ከመዝ፡ለኵሎሙ፡እለ፡ይነብሩ፡ዲበ፡የብስ፡ወትእም
ርተ፡እወዲ፡በሰማያት፡ወይከውን፡ማእከሌየ፡ወማእከሌ
ሆሙ፡ሃይማኖት፡እስከ፡ለዓለም፡መጠነ፡መዋዕለ፡ሰማይ፡ዲ
፫ በ፡ምድር። ወእምዝ፡በትእዛዝየ፡ውእቱ፡ሶበ፡ፈቀድኩ፡
ከመ፡አጽንዖሙ፡በእደ፡መላእክት፡በዕለተ፡ምንዳቤ፡ወሕ
ማም፡ቅድመዝ፡መዓትየ፡ወመቅሠፍትየ፡የኀድር፡ላዕሌሆ
ሙ፡መዓትየ፡ወመቅሠፍትየ፡ይቤ፡እግዚአብሔር፡እግዚአ፡
፬ መናፍስት። ነገሥት፡ኀያላን፡እለ፡ተኀድሩ፡ውስተ፡የብስ፡
ሀለወክሙ፡ትርአይዎ፡ለኅሩየ፡ዚአየ፡ከመ፡ይነብር፡በመን

በረ፡ ስብሐትየ፡ ወይኴንኖ፡ ለአዛዝኤል፡ ወለኵሎሙ፡ ማኅበ
ረ፡ ዚአሁ፡ ወለትዕይንተ፡ ዚአሁ፡ ኵሎሙ፡ በስመ፡ ለእግዚ
አ፡ መናፍስት።

ክፍል፡ ፷፯። ወርኢኩ፡ በህየ፡ ትዕይንተ፡ መላእክት፡ ዘ
መቅሠፍት፡ እንዘ፡ የሐውሩ፡ ወእኁዛን፡ መሣግረ፡ ኀፂን፡ ወብ
ርት። ወተስእልክዎ፡ ለመልአክ፡ ሰላም፡ ዘየሐውር፡ ምስሌ ፪
የ፡ እንዘ፡ እብል፡ ለመኑ፡ የሐውሩ፡ እለ፡ ይእኅዙ። ወይቤለኒ፡ ፫
፲፲ ለኅሩያኒ፡ ዚአሆሙ፡ ወለፍቁራኒ፡ ዚአሆሙ፡ ከመ፡ ይትወ
ደዩ፡ ውስተ፡ ንቅዐተ፡ ማዕምቅት፡ ዘቈላ። ወአሜሃ፡ ይመልእ፡ ፬
ውእቱ፡ ቈላ፡ እምኒ፡ ኅሩያን፡ ወፍቁራኒ፡ ዚአሆሙ፡ ወይትዌ
ዳዕ፡ ዕለተ፡ ሕይወቶሙ፡ ወዕለተ፡ ስሕተቶሙ፡ እምይእዜ፡
ኢይትኌለቍ። ወበእማንቱ፡ መዋዕል፡ ይትጋብኡ፡ መላእክት፡ ፭
ወይወድዩ፡ አርእስቲሆሙ፡ ለምሥራቅ፡ ለኀበ፡ ሰብአ፡ ጳርቴ፡
ወሜዶ፡ የሐውስዎሙ፡ ለነገሥት፡ ወይበውእ፡ ላዕሌሆሙ፡ መ
ንፈሰ፡ ሀውክ፡ ወየሀውክዎሙ፡ እመናብርቲሆሙ፡ ወይወፅኡ፡
ከመ፡ አናብስት፡ እምስካባቲሆሙ፡ ወከመ፡ አዝእብት፡ ር
ኁባን፡ ማእከለ፡ መርዔተ፡ ዚአሆሙ። ወየዐርጉ፡ ወይኪይድዎ፡ ፮
ለምድረ፡ ኅሩያኒ፡ ዚአሆሙ፡ ወትከውን፡ ምድረ፡ ኅሩያኒ፡ ዚ
አሁ፡ በቅድሜሆሙ፡ ምኪያደ፡ ወአሰረ። ወሀገረ፡ ጻድቃኒ፡ ዚ ፯
አየ፡ ይከውን፡ ማዕቀፈ፡ ለአፍራሲሆሙ፡ ወየኀሥኡ፡ በበይና
ቲሆሙ፡ ቀትለ፡ ወትጸንዕ፡ የማኖሙ፡ ዲቤሆሙ፡ ወኢየአምሮ፡
ብእሲ፡ ለካልኡ፡ ወለእኁሁ፡ ወኢወልድ፡ ለአቡሁ፡ ወለእሙ፡
እስከ፡ ይከውን፡ ኍልቍ፡ አብድንት፡ እሞቶሙ፡ ወመቅሠፋ
ቶሙ፡ ወኢይከውን፡ በከ። ወበእማንቱ፡ መዋዕል፡ ትፈትሕ፡ ፰
አፈሃ፡ ሲኦል፡ ወይሠጠሙ፡ ውስቴታ፡ ወሐጕሎሙ፡ ሲኦል፡ ት
ውኅጦሙ፡ ለኃጥኣን፡ እምገጸ፡ ኅሩያን።

ክፍል ፷፰። ወኮነ፡ እምድኅረዝ፡ ርኢኩ፡ ካልአ፡ ትዕይንተ፡
ሠረገላት፡ እንዘ፡ ይጼአኑ፡ ሰብእ፡ ዲቤሆሙ፡ ወይመጽኡ፡ ዲ
በ፡ ነፋስ፡ እምሥራቅ፡ ወእምዕራብ፡ እስከ፡ መንፈቀ፡ ዕለ
ት። ወተሰምዐ፡ ቃለ፡ ድምፀ፡ ሰረገላቲሆሙ፡ ወሶበ፡ ኮነ፡ ዝ ፪
ሀውክ፡ ቅዱሳን፡ እምሰማይ፡ አእመሩ፡ ወዐምደ፡ ምድር፡ ተ
ሐውሰ፡ እመንበሩ፡ ወተሰምዐ፡ እምአጽናፈ፡ ምድር፡ እስ
ከ፡ አጽናፈ፡ ሰማይ፡ በአሐቲ፡ ዕለት። ወይወድቁ፡ ኵሎሙ፡ ፫

ወይሰግዱ፡ ለእግዚአ፡ መናፍስት፡ ወዝንቱ፡ ውእቱ፡ ተፈጻሜ
ተ፡ ካልእ፡ ምሳሌ፡፡

ምዕራፍ፡ ፱፡፡

ክፍል፡ ፶፰፡፡ ወአኀዝኩ፡ እበል፡ ሣልስ፡ ምሳሌ፡ በእንተ፡
፪ ጻድቃን፡ ወበእንተ፡ ኅሩያን፡፡ ብፁዓን፡ አንትሙ፡ ጻድቃን፡ ወ
፫ ኅሩያን፡ እስመ፡ ስቡሕ፡ ክፍልክሙ፡፡ ወይከውኑ፡ ጻድቃን፡
ቡብርሃነ፡ ፀሐይ፡ ወኅሩያን፡ በብርሃነ፡ ሕይወት፡ ዘለዓለም፡
ወማኅለቅት፡ አልቦቱ፡ ለመዋዕለ፡ ሕይወቶሙ፡ ወለቅዱሳን፡ ኍ
፬ ልቍ፡ መዋዕል፡ አልቦሙ፡፡ ወየኀሥሥዎ፡ ለብርሃን፡ ወይረክቡ፡
ጽድቀ፡ በኀበ፡ እግዚአ፡ መናፍስት፡ ሰላም፡ ለጻድቃን፡ በኀበ፡
፭ እግዚአ፡ ዓለም፡፡ ወእምድኅረዝ፡ ይትበሀል፡ ለቅዱሳን፡ ከመ፡
ይኅሥሡ፡ በሰማይ፡ ኅቡኣተ፡ ጽድቅ፡ ክፍለ፡ ሃይማኖት፡ እስ
፮ መ፡ ሠረቀ፡ ከመ፡ ፀሐይ፡ ዲበ፡ የብስ፡ ወጽልመት፡ ኀለፈ፡፡ ወ
ብርሃን፡ ዘኢይትኌለቍ፡ ይከውን፡ ወበኈልቈ፡ መዋዕል፡ ኢይ
በውኡ፡ እስመ፡ ቀዳሚ፡ ተሐጕለ፡ ጽልመት፡ ወብርሃን፡ ይጸን
ዕ፡ በቅድመ፡ እግዚአ፡ መናፍስት፡ ወብርሃነ፡ ርትዕ፡ ትጸንዕ፡
ለዓለም፡ በቅድመ፡ እግዚአ፡ መናፍስት፡፡

ክፍል፡ ፶፱፡፡ ወበአማንቱ፡ መዋዕል፡ ርኢየ፡ አዕይንትየ፡ ኅ
ቡኣተ፡ መባርቅት፡ ወብርሃናት፡ ወኵነኔሆሙ፡ ወይበርቁ፡ ለበረ
፪ ከት፡ ወለመርገም፡ በከመ፡ ፈቀደ፡ እግዚአ፡ መናፍስት፡፡ ወበ
ህየ፡ ርኢኩ፡ ኅቡኣተ፡ ነጐድጓድ፡ ወሶበ፡ ይደቅቅ፡ በመልዕል
ተ፡ ሰማይ፡ ወቃሉሙ፡ ይሰማዕ፡ ወማኅደራተ፡ የብስ፡ አስተር
አዩኒ፡ ወቃለ፡ ዘነጐድጓድ፡ ለሰላም፡ ወለበረከት፡ ወለእመ፡
፫ ለረጊም፡ በቃለ፡ እግዚአ፡ መናፍስት፡፡ ወእምድኅረዝ፡ ተርእ
የ፡ ሊተ፡ ኵሉ፡ ኅቡኣቲሆሙ፡ ለብርሃናት፡ ወለመባርቅት፡ ለ
በረከት፡ ወለጽጋብ፡ ይበርቁ፡፡

ምዕራፍ፡ ፲፡፡

ክፍል፡ ፷፡፡ በዓመት፡ ፭፻ ወበወርኀ፡ ሳብዕ፡ እምዐሡሩ፡
ወረቡዑ፡ ለወርኃ፡ በሕይወተ፡ ሄኖክ፡ በውእቱ፡ አምሳል፡ ርኢ
ኩ፡ ከመ፡ ታድለቀልቅ፡ ሰማየ፡ ሰማያት፡ ድልቅልቀ፡ ዐቢየ፡
ወኀይሉ፡ ለልዑል፡ ወመላእክት፡ አእላፈ፡ አእላፋት፡ ወትእል

ፈተ፡ ትእለፈት፡ ተሀውኮ፡ ዐቢየ፡ ሁከተ። ወሶቤሃ፡ ርኢኩ፡ ፪
ርእሰ፡ መዋዕል፡ ዲበ፡ መንበረ፡ ስብሐቲሁ፡ ይነብር፡ ወመላእ
ክት፡ ወጻድቃን፡ ዐውደ፡ ይቀውሙ። ወሊተ፡ ረዐድ፡ ዐቢይ፡ ፫
ነሥአኒ፡ ወፍርሀት፡ አኀዘኒ፡ ወሐቌየ፡ ተቀጽዐ፡ ወተፈትሐ፡ ወ
ኵለንታየ፡ ተመስወ፡ ወወደቁ፡ በገጽየ። ወፈነወ፡ ቅዱስ፡ ሚ ፬
ካኤል፡ ካልአ፡ መልአከ፡ ቅዱሰ፡ ፩ እምኔ፡ መላእክት፡ ቅዱሳን፡
ወአንሥአኒ፡ ወሶበ፡ አንሥአኒ፡ መንፈስየ፡ ገብአት፡ እስመ፡ ኢ
ክህልኩ፡ ተዐገሦ፡ እምርእየ፡ ዝኩ፡ ኀይል፡ ወኪያሁ፡ ሀው
ክ፡ ወአንቀልቀሉ፡ ሰማይ። ወይቤለኒ፡ ቅዱስ፡ ሚካኤል፡ በእ ፭
ንተ፡ ምንት፡ ሬኢይ፡ ዘከመዝ፡ ተሀውኮ፤ እስከ፡ ዮም፡ ሀለ
ወት፡ ዕለተ፡ ምሕረቱ፡ ወሀሉ፡ መሐረ፡ ወርኁቀ፡ መዐት፡ ላዕ
ለ፡ እለ፡ የኀድሩ፡ ዲበ፡ የብስ። ወሶበ፡ ትመጽእ፡ ዕለት፡ ወ ፮
ኀይል፡ ወመቅሠፍት፡ ወኵነኔ፡ እንተ፡ አስተዳለወ፡ እግዚአ፡ መ
ናፍስት፡ ለእለ፡ ይሰግዱ፡ ለኵነኔ፡ ጽድቅ፡ ወለእለ፡ ይክሕዱ፡
ለኵነኔ፡ ጽድቅ፡ ወለእለ፡ ያነሥኡ፡ ስሞ፡ በከ፡ ወተዳለወት፡
ይእቲ፡ ዕለት፡ ለኅሩያን፡ መሀላ፡ ወለኃጥኣን፡ ሐተታ። ወይት ፯
ከፈሉ፡ በይእቲ፡ ዕለት፡ ፪ አናብርት፡ አንበረ፡ አንስቲያዊት፡
ዘስማ፡ ሌዋታን፡ ከመ፡ ትኅድር፡ በልጐተ፡ ባሕር፡ መልዕልተ፡ አ
ንቅዕተ፡ ማያት። ወለተባዕታይ፡ ስሙ፡ ብሔሞት፡ ዘይእኅዝ፡ ፰
በእንግድዓሁ፡ በበድው፡ ዘኢያስተርኢ፡ ወስሙ፡ ዴንዳይን፡ በ
ምሥራቀ፡ ገነት፡ በነበ፡ ይነብሩ፡ ኅሩያን፡ ወጻድቃን፡ በነበ፡
ተመጠወ፡ እምሔውየ፡ ዘውእቱ፡ ሳብዕ፡ እምኔ፡ አዳም፡ ቀዳ
ሚሆሙ፡ ለሰብእ፡ ዘገብረ፡ እግዚአ፡ መናፍስት። ወተስእልክ ፱
ዎ፡ ለዝኩ፡ ካልእ፡ መልአክ፡ ከመ፡ ያርእየኒ፡ ኀይሎሙ፡ ለእ
ልክቱ፡ አናብርት፡ እፎ፡ ተሌለዩ፡ በአሐቲ፡ ዕለት፡ ወተወድዩ፡
፩ በልጐተ፡ ባሕር፡ ወ፩ በየብሰ፡ በድው። ወይቤለኒ፡ አንተ፡ ፲
ወልደ፡ ሰብእ፡ በዝየ፡ ትፈቅድ፡ ታእምር፡ ዘኅቡእ። ወይቤለ ፲፩
ኒ፡ ካልእ፡ መልአክ፡ ዘየሐውር፡ ምስሌየ፡ ወዘበኅቡእ፡ ያርእ
የኒ፡ ዘቀዳሚ፡ ወዘደኅረ፤ በሰማይ፡ በውስተ፡ ላዕሉ፤ ወበውስ
ተ፡ የብስ፡ በማዕምቅ፤ ወበአጽናፈ፡ ሰማይ፤ ወበመሠረተ፡ ሰ
ማይ፤ ወበመዛግብተ፡ ነፋሳት። ወእፎ፡ ይትከፈሉ፡ መናፍስ ፲፪
ት፡ ወእፎ፡ ይደሉ፡ ወእፎ፡ ይትኈለቁ፡ አንቀዕት፡ ወነፋሳት፡ በ
ኀይለ፡ መንፈስ፡ ወኀይሎሙ፡ ለብርሃነ፡ ወርኀ፡ ወከመ፡ ኀይለ፡

ጽድቅ ፡ ወኽፋላተ ፡ ከዋክብት ፡ በበስሞሙ ፡ ወኵሉ ፡ ክፋል ፡
፲፫ ይትከፈል ። ወነጐድጓድ ፡ በበመደቃቲሆሙ ፡ ወለኵሉ ፡ ክፋ
ል ፡ ዘይትከፈል ፡ ከመ ፡ ይብርቅ ፡ በመብረቅ ፡ ወትዕይንቶሙ ፡
፲፬ ከመ ፡ ፍጡነ ፡ ይስምዑ ። እስመ ፡ ቦቱ ፡ ለነጐድጓድ ፡ ምዕራፋ
ት ፡ በትዕግሥት ፡ ለቃለ ፡ ዚአሁ ፡ ተውህበ ፡ ወኢይትሌለዩ ፡ ኢነ
ጐድጓድ ፡ ወኢመብረቅ ፡ ወኢ ፩ በመንፈስ ፡ ክልኤሆሙ ፡ የሐው
፲፭ ሩ ፡ ወኢይትሌለዩ ። እስመ ፡ ሶበ ፡ ይበርቅ ፡ መብረቅ ፡ ነጐድጓ
ድ ፡ ቃሎ ፡ ይሁብ ፡ ወመንፈስ ፡ በጊዜሃ ፡ ያዐርፍ ፡ ወዕረየ ፡ ይከ
ፍል ፡ ማእከሎሙ ፡ እስመ ፡ መዝገበ ፡ ጊዜያቲሆሙ ፡ ዘኖፃ ፡ ው
እቱ ፡ ወ፻ እምኔሆሙ ፡ በጊዜሁ ፡ በልጓም ፡ ይትአኀዙ ፡ ወይት
መየጡ ፡ በኀይለ ፡ መንፈስ ፡ ወይትነደዕ ፡ ከመዝ ፡ በከመ ፡ ብዝ
፲፮ ኀ ፡ አድዋለ ፡ ምድር ። ወመንፈሰ ፡ ባሕር ፡ ተባዕታይ ፡ ውእቱ ፡
ወጽኑዕ ፡ ወበከመ ፡ ኀይለ ፡ ጽንዐታ ፡ በልጓም ፡ ያገብኣ ፡ ወከመ
፲፯ ዝ ፡ ትትነደዕ ፡ ወትዘረዉ ፡ በኵሉ ፡ አድባረ ፡ ምድር ። ወመን
ፈሰ ፡ አስሐትያ ፡ መልአኩ ፡ ዚአሁ ፡ ውእቱ ፡ ወመንፈሰ ፡ በረድ ፡
፲፰ መልአክ ፡ ኄር ፡ ውእቱ ። ወመንፈሰ ፡ ሐመዳ ፡ ኀደገ ፡ በእንተ ፡ ኀ
ይለ ፡ ዚአሁ ፡ ወመንፈስ ፡ ቦቱ ፡ ባሕቲቱ ፡ ወዘየዐርግ ፡ እምኔሁ ፡
፲፱ ከመ ፡ ጢስ ፡ ውእቱ ፡ ወስሙ ፡ ደደክ ። ወመንፈሰ ፡ ጊሜ ፡ ኢይ
ትኄበር ፡ ምስሌሆሙ ፡ ውስተ ፡ መዛግብቲሆሙ ፡ አላ ፡ መዝገብ ፡
ቦቱ ፡ ለባሕቲቱ ፡ እስመ ፡ ምሕዋረ ፡ ዚአሁ ፡ በስብሐት ፡ ወበ
ብርሃን ፡ ወበጽልመት ፡ ወበክረምት ፡ ወበሐጋይ ፡ ወመዝገበ ፡
፳ ዚአሃ ፡ ብርሃን ፡ ወመልአካ ፡ ውእቱ ። ወመንፈሰ ፡ ጠል ፡ ማኅደ
ሩ ፡ በአጽናፈ ፡ ሰማይ ፡ ወድሩግ ፡ ውእቱ ፡ ምስለ ፡ መዛግብተ ፡
ዝናም ፡ ወምሕዋረ ፡ ዚአሁ ፡ በክረምት ፡ ወበሐጋይ ፡ ወደመና ፡
፳፩ ዚአሁ ፡ ወደመና ፡ ጊሜ ፡ ኅቡር ፡ ወ፩ ለካልኡ ፡ ይሁብ ። ወመንፈ
ሱ ፡ ለዝናም ፡ ሶበ ፡ ይትሐወስ ፡ እምነ ፡ መዝገበ ፡ ዚአሁ ፡ ይ
መጽኡ ፡ መላእክት ፡ ወያርኅውዉ ፡ መዝገበ ፡ ወያወፅእዎ ፡ ወሶበ ፡
ይዘሬእ ፡ ዲበ ፡ ኵሉ ፡ የብስ ፡ ወሶበ ፡ ይትኄበር ፡ በኵሉ ፡ ጊዜ ፡
፳፪ ምስለ ፡ ማይ ፡ ዘዲበ ፡ የብስ ። እስመ ፡ ኮኑ ፡ ማያት ፡ ለእለ ፡ የ
ኀድሩ ፡ ዲበ ፡ የብስ ፡ እስመ ፡ ሲሳየ ፡ ለየብስ ፡ እምኀበ ፡ ልዑል ፡
ዘበሰማይ ፡ ውእቱ ፡ እስመ ፡ በእንተዝ ፡ መስፈርት ፡ ቦቱ ፡ ለዝ
፳፫ ናም ፡ ወመላእክት ፡ ይትሜጠውዎ ። እሉንተ ፡ ኵሎሙ ፡ ርኢ
፳፬ ኩ ፡ እስከ ፡ ገነተ ፡ ጻድቃን ። ወይቤለኒ ፡ መልአክ ፡ ሰላም ፡ ዘ

ምስሌየ ፡ ይሄሉ ፡ እሉ ፡ ፪ አናብርት ፡ ላዕለ ፡ ዕበይ ፡ ዘእግዚአ
ብሔር ፡ ዮልዋን ፡ ይሴሰዩ ፡ ከመ ፡ መቅሠፍቱ ፡ ለእግዚአብሔር ፡
በከ ፡ ኢይኩን ፡ ወይትቀተሉ ፡ ደቂቅ ፡ ምስለ ፡ እሞቲሆሙ ፡ ወ
ውሉድ ፡ ምስለ ፡ አበዊሆሙ ፡፡ ሶበ ፡ ታዐርፍ ፡ መቅሠፍቱ ፡ ለእ ፳፭
ግዚአ ፡ መናፍስት ፡ ዲቤሆሙ ፡ ታዐርፍ ፡ ከመ ፡ ኢትምጻእ ፡ መ
ቅሠፍቱ ፡ ለእግዚአ ፡ መናፍስት ፡ በከ ፡ ዲበ ፡ እሉ ፡ ዮጓሬ ፡ ት
ከውን ፡ ኰነኔ ፡ በምሕረቱ ፡ ወበትዕግሥቱ ፡፡

ክፍል ፡ ፷፩ ፡፡ ወርኢኩ ፡ በእማንቱ ፡ መዋዕል ፡ ተውህበ ፡ ለ
እልኩ ፡ መላእክት ፡ አሳባል ፡ ነዊኀን ፡ ወነሥኡ ፡ ሎሙ ፡ ክንፈ ፡ ወ
ሠረሩ ፡ ወሖሩ ፡ መንገለ ፡ መስዕ ፡፡ ወተስእልክዎ ፡ ለመልአክ ፡ ፪
እንዘ ፡ እብል ፡ ለምንት ፡ ነሥኡ ፡ እሉንቱ ፡ አሳባለ ፡ ነዊኃነ ፡ ወሖ
ሩ ፡ ወይቤለኒ ፡ ሖሩ ፡ ከመ ፡ ይመጥኑ ፡፡ ወይቤለኒ ፡ መልአክ ፡ ዘ ፫
ምስሌየ ፡ የሐውር ፡ እሉ ፡ እሙንቱ ፡ አምጣነ ፡ ጻድቃን ፡ ወመአ
ሠረ ፡ ጻድቃን ፡ ያመጽኡ ፡ ከመ ፡ ይትመርጐዙ ፡ በስሙ ፡ ለእግ
ዚአ ፡ መናፍስት ፡ ለዓለመ ፡ ዓለም ፡፡ ይቄጥኑ ፡ ወያኀድሩ ፡ ኅሩ ፬
ያን ፡ ምስለ ፡ ኅሩያን ፡ ወእሉ ፡ አምጣናት ፡ እለ ፡ ይትወሀቡ ፡ ለ
ሃይማኖት ፡ ወያጸንዑ ፡ ቃለ ፡ ጽድቅ ፡፡ ወእሉ ፡ አምጣናት ፡ ይ ፭
ከሥቱ ፡ ኵሉ ፡ ኅቡኣተ ፡ ለዕመቀ ፡ ምድር ፡ ወእለ ፡ ተኀጕሉ ፡ እ
ምበድው ፡ ወእለ ፡ ተበልዑ ፡ እምዐሣተ ፡ ባሕር ፡ ወእምአራዊ
ት ፡ ከመ ፡ ይገብኡ ፡ ወይትመርጐዙ ፡ በዕለተ ፡ ኅሩይ ፡ እስመ ፡ አ
ልቦ ፡ ዘይትሐጐል ፡ በቅድመ ፡ እግዚአ ፡ መናፍስት ፡ ወአልቦ ፡ ዘ
ይክል ፡ ተሐጕሎተ ፡፡ ወነሥኡ ፡ ትእዛዘ ፡ እለ ፡ በመልዕልተ ፡ ሰ ፮
ማያት ፡ ኵሎሙ ፡ ወኀይለ ፡ ፩ ወቃለ ፡ ፩ ወብርሃነ ፡ ፩ ከመ ፡ እሳ
ት ፡ ተውህበ ፡ ሎሙ ፡፡ ወለውእቱ ፡ መቅድመ ፡ ቃለ ፡ ይባርክዎ ፡ ፯
ወያሌዕልዎ ፡ ወይሴብሕዎ ፡ በጥበብ ፡ ወይጠበቡ ፡ በነገር ፡ ወ
በመንፈሰ ፡ ሕይወት ፡፡ ወእግዚአ ፡ መናፍስት ፡ ዲበ ፡ መንበረ ፡ ፰
ስብሐቲሁ ፡ አንበሮ ፡ ለኅሩይ ፡ ወይኬንን ፡ ኵሉ ፡ ግብሮሙ ፡ ለ
ቅዱሳን ፡ በመልዕልተ ፡ ሰማይ ፡ ወበመዳልው ፡ ይደሉ ፡ ምግባሮ
ሙ ፡፡ ወሶበ ፡ ያሌዕል ፡ ገጾ ፡ ከመ ፡ ይኰንን ፡ ፍኖቶሙ ፡ እንተ ፡ ፱
ኅቡኣት ፡ በነገረ ፡ ስሙ ፡ ለእግዚአ ፡ መናፍስት ፡ ወአሰረ ፡ ዚአሆ
ሙ ፡ በፍኖተ ፡ ኵነኔ ፡ ጽድቅ ፡ ዘእግዚአብሔር ፡ ልዑል ፡ ወይት
ናገሩ ፡ ኵሎሙ ፡ በ፩ቃል ፡ ወይባርኩ ፡ ወይሴብሑ ፡ ወያሌዕሉ ፡
ወይቄድሱ ፡ በስሙ ፡ ለእግዚአ ፡ መናፍስት ፡፡ ወይጼውዕ ፡ ኵ ፲

ሉ፡ ኀይለ፡ ሰማያት፡ ወኵሉ፡ ቅዱሳን፡ ዘመልዕልት፡ ወኀይለ፡
እግዚአብሔር፡ ኪሩቤል፡ ወሱራፌል፡ ወኦፋኒን፡ ወኵሉ፡ መላ
እክተ፡ ኀይል፡ ወኵሉ፡ መላእክተ፡ አጋእዝት፡ ወኅሩይ፡ ወካል
እ፡ ኀይል፡ እለ፡ ውስተ፡ የብስ፡ ዲበ፡ ማይ፡ በይእቲ፡ ዕለት፡
፲ ወይነሥኡ፡ ፩ ቃለ፡ ወይባርኩ፡ ወይሴብሑ፡ ወይዌድሱ፡ ወያ
ሌዕሉ፡ በመንፈሰ፡ ሃይማኖት፡ ወበመንፈሰ፡ ጥበብ፡ ወትዕግ
ሥት፡ ወበመንፈሰ፡ ምሕረት፡ ወበመንፈሰ፡ ኵነኔ፡ ወሰላም፡
ወበመንፈሰ፡ ኂሩት፡ ወይብሉ፡ ኵሎሙ፡ በ፩ቃል፡ ቡሩክ፡ ው
እቱ፡ ወይትባረክ፡ ስሙ፡ ለእግዚአ፡ መናፍስት፡ ለዓለም፡ ወ
፲፪ እስከ፡ ለዓለም። ይባርክዎ፡ ኵሎሙ፡ እለ፡ ኢይነውሙ፡ በ
መልዕልተ፡ ሰማይ፤ ይባርክዎ፡ ኵሎሙ፡ ቅዱሳኑ፡ እለ፡ ውስተ፡
ሰማይ፡ ወኵሎሙ፡ ኅሩያን፡ እለ፡ የኀድሩ፡ ውስተ፡ ገነተ፡ ሕ
ይወት፡ ወኵሉ፡ መንፈሰ፡ ብርሃን፡ ዘትክል፡ ባርኮቶ፡ ወሰብ
ሖቶ፡ ወአልዕሎቶ፡ ወቀድሶቶ፡ ለስምከ፡ ቅዱስ፡ ወኵሉ፡ ዘ
ሥጋ፡ ዘፈድፋደ፡ እምኀይል፡ ትሴብሕ፡ ወትባርክ፡ ለስምከ፡
፲፫ ለዓለመ፡ ዓለም። እስመ፡ ብዙኅ፡ ምሕረቱ፡ ለእግዚአ፡ መናፍ
ስት፡ ወርኁቀ፡ መዓት፡ ወኵሉ፡ ግብር፡ ወኵሉ፡ ኀይሉ፡ በአ
ምጣኑ፡ ገብረ፡ ከሠተ፡ ለጻድቃን፡ ወለኅሩያን፡ በስሙ፡ ለእግ
ዚአ፡ መናፍስት።

ክፍል፡ ፷፪። ወከመዝ፡ አዘዘ፡ እግዚእ፡ ለነገሥት፡ ወለ
አዚዛን፡ ወለልዑላን፡ ወለእለ፡ የኀድርዋ፡ ለምድር፡ ወይብል፡
ክሥቱ፡ አዕይንቲክሙ፡ ወአንሥኡ፡ አቅርንቲክሙ፡ እመ፡ ትክ
፪ ሉ፡ አእምሮቶ፡ ለኅሩይ። ወነበረ፡ እግዚአ፡ መናፍስት፡ ዲበ፡
መንበረ፡ ስብሐቲሁ፡ ወመንፈሰ፡ ጽድቅ፡ ተክዕወ፡ ዲቤሁ፡ ወ
ነገረ፡ አፉሁ፡ ይቀትል፡ ኵሎ፡ ኃጥኣነ፡ ወኵሎ፡ ዐማፅያነ፡ ወእ
፫ ምገጹ፡ ይትነገሉ። ወይቀውሙ፡ በይእቲ፡ ዕለት፡ ኵሎሙ፡
ነገሥት፡ ወአዚዛን፡ ወልዑላን፡ ወእለ፡ ይእኅዝዋ፡ ለየብስ፡ ወ
ይሬእይዎ፡ ወያአምርዎ፡ ከመ፡ ይነብር፡ ዲበ፡ መንበረ፡ ስብሐ
ቲሁ፡ ወጻድቃን፡ በጽድቅ፡ ቅድሜሁ፡ ይትኴነኑ፡ ወነገረ፡ በ
፬ ክ፡ አልቦ፡ ዘይትበሀል፡ በቅድሜሁ። ወይመጽእ፡ ዲቤሆሙ፡
ሕማም፡ ከመ፡ ብእሲት፡ እንተ፡ ውስተ፡ ማሕምም፡ ወየሀፀ
ባ፡ ወሊድ፡ ሶበ፡ ይመጽእ፡ ወልዳ፡ በአፈ፡ ማኅፀን፡ ወተሀፀበ፡
፭ በወሊድ። ወይሬእዩ፡ መንፈቆሙ፡ ለመንፈቆሙ፡ ወይደነግፁ፡

ወያቴሕቱ፡ ገጾሙ፡ ወይእኅዞሙ፡ ሕማም፡ ሶበ፡ ይሬእይዎ፡ ለ
ዝኩ፡ ወልደ፡ ብእሲት፡ እንዘ፡ ይነብር፡ ዲበ፡ መንበረ፡ ስብሐ
ቲሁ። ወይሴብሕዎ፡ ወይባርክዎ፡ ወያሌዕልዎ፡ ነገሥት፡ አዚ ፮
ዛን፡ ወኵሎሙ፡ እለ፡ ይእኅዝዋ፡ ለምድር፡ ለዘይመልክ፡ ኵ
ሉ፡ ዘኅቡእ። እስመ፡ እምቅድም፡ ኅቡአ፡ ኮነ፡ ወልደ፡ እጓ ፯
ለ፡ እመሕያው፡ ወዐቀቦ፡ ልዑል፡ በቅድመ፡ ኀይሉ፡ ወከሠቶ፡
ለኅሩያን። ወይዘራእ፡ ማኅበረ፡ ቅዱሳን፡ ወኅሩያን፡ ወይቀው ፰
ሙ፡ በቅድሜሁ፡ ኵሎሙ፡ ኅሩያን፡ በይእቲ፡ ዕለት። ወይወ ፱
ድቁ፡ ኵሎሙ፡ ነገሥት፡ አዚዛን፡ ወልዑላን፡ ወእለ፡ ይመልክ
ዋ፡ ለየብስ፡ በቅድሜሁ፡ በገጾሙ፡ ወይሰግዱ፡ ወይሴፈውዎ፡
ለዝኩ፡ ወልደ፡ እጓለ፡ እመሕያው፡ ወያስተበቍዕዎ፡ ወይስአ
ሉ፡ ምሕረተ፡ እምኀቤሁ። ወያጔጕዮሙ፡ እንከ፡ ውእቱ፡ እግ ፲
ዚአ፡ መናፍስት፡ ከመ፡ ያፍጥኑ፡ ወይፃኡ፡ እምቅድመ፡ ገጹ፡
ወገጾሙ፡ ይመልእ፡ ኀፍረተ፡ ወጽልመተ፡ ይትቄሰክ፡ ገጾሙ።
ወይትሜጠውዎሙ፡ መላእክተ፡ መቅሠፍት፡ ከመ፡ ይትፈደዩ፡ ፲፩
እምኔሆሙ፡ ዘገፍእዎሙ፡ ለደቂቁ፡ ወለኅሩያኒ፡ ዚአሁ። ወይ ፲፪
ከውኑ፡ አርአየ፡ ለጻድቃን፡ ወለኅሩያኒ፡ ዚአሁ፡ ቦሙ፡ ይትፌ
ሥሑ፡ እስመ፡ መዐቱ፡ ለእግዚአ፡ መናፍስት፡ ዲቤሆሙ፡ ታአር
ፋ፡ ወመጥባሕቱ፡ ለእግዚአ፡ መናፍስት፡ ትሰክር፡ እምኔሆሙ።
ወጻድቃን፡ ወኅሩያን፡ ይድኅኑ፡ በይእቲ፡ ዕለት፡ ወገጾሙ፡ ለኃ ፲፫
ጥኣን፡ ወለዐማፅያን፡ ኢይሬእዩ፡ እምይእዜ። ወእግዚአ፡ መ ፲፬
ናፍስት፡ ዲቤሆሙ፡ የኃድር፡ ወምስለ፡ ዝኩ፡ ወልደ፡ እጓለ፡
እመሕያው፡ የኃድሩ፡ ወይበልዑ፡ ወይሰክቡ፡ ወይትነሥኡ፡ ለ
ዓለመ፡ ዓለም። ወተንሥኡ፡ ጻድቃን፡ ወኅሩያን፡ እምድር፡ ወ ፲፭
ኀደጉ፡ አትሕቶ፡ ገጾሙ፡ ወለብሱ፡ ልብሰ፡ ሕይወት። ወውእ ፲፮
ቱ፡ ይከውን፡ ልብሰ፡ ሕይወት፡ በኀበ፡ እግዚአ፡ መናፍስት፡ ወ
አልባሲክሙኒ፡ ኢይበልዩ፡ ወስብሐቲክሙ፡ ኢየኃልቅ፡ በቅድ
መ፡ እግዚአ፡ መናፍስት።

ክፍል ፳፫። በእማንቱ፡ መዋዕል፡ ያስተበቍዑ፡ ነገሥት፡ አ
ዚዛን፡ እለ፡ ይእኅዝዋ፡ ለየብስ፡ እመላእክተ፡ መቅሠፍቱ፡
በኀበ፡ ሀለዉ፡ ምጥዋኒ፡ ከመ፡ የሀቦሙ፡ ዕረፍተ፡ ንስቲተ፡ ወ
ከመ፡ ይደቁ፡ ወይስግዱ፡ በቅድመ፡ እግዚአ፡ መናፍስት፡ ወይ
ትአመኑ፡ ኀጢአቶሙ፡ በቅድሜሁ። ወይባርክዎ፡ ወይሴብሕ ፪

ፀ፡ ለእግዚአ፡ መናፍስት፡ ወይብሉ፡ ቡሩክ፡ ውእቱ፡ እግዚአ፡
መናፍስት፡ ወእግዚአ፡ ነገሥት፡ እግዚኦሙ፡ ለአዚዛን፡ ወእግ
ዚኡ፡ ለባዕል፡ ወእግዚአ፡ ስብሐት፡ ወእግዚአ፡ ጥበብ፡ ወይ
፫ በርህ፡ ኵሉ፡ ኅቡእ። ወኀይልከ፡ ለትውልደ፡ ትውልድ፡ ወስ
ብሐቲከ፡ ለዓለመ፡ ዓለም፡ ዕሙቅ፡ ውእቱ፡ ኅቡኣተ፡ ዚአከ፡
፬ ኵሉ፡ ወኍልቍ፡ አልቦ፡ ወጽድቅ፡ ዚአከ፡ ሐሳብ፡ አልቦ። ይ
እዜ፡ አእመርነ፡ ከመ፡ ንሰብሖ፡ ወንባርኮ፡ ለእግዚአ፡ ነገሥት፡
፭ ወለዘይነግሥ፡ ዲበ፡ ኵሉሙ፡ ነገሥት። ወይብሉ፡ መኑ፡ ወሀ
በነ፡ ዕረፍተ፡ ከመ፡ ንሰብሖ፡ ወናእኵቶ፡ ወንባርኮ፡ ወንእመ
፮ ን፡ ቅድመ፡ ስብሐቲሁ። ወይእዜኒ፡ ንስቲተ፡ ዕረፍተ፡ ንትሜ
ነይ፡ ወኢንረክብ፡ ንሰደድ፡ ወኢንእኅዝ፡ ወብርሃን፡ እምቅድ
፯ ሜነ፡ ኀለፈ፡ ወጽልመት፡ ምንባሬነ፡ ለዓለመ፡ ዓለም። እስመ፡
በቅድሜሁ፡ ኢአመነ፡ ወኢሰባሕነ፡ በስሙ፡ ለእግዚአ፡ ነገሥ
ት፡ ወኢሰባሕናሁ፡ ለእግዚእ፡ በኵሉ፡ ተግባሩ፡ ወተስፋነ፡ ኮ
፰ ነ፡ ዲበ፡ በትረ፡ መንግሥትነ፡ ወስብሐቲነ። ወበዕለተ፡ ስራ
ሕነ፡ ወምንዳቤነ፡ ኢያድኅነነ፡ ወኢንረክብ፡ ዕረፍተ፡ ንእመን፡
እስመ፡ መሃይምን፡ ውእቱ፡ እግዚእነ፡ በኵሉ፡ ምግባሩ፡ ወበ
፱ ኵሉ፡ ኵነኔሁ፡ ወጽድቁ፡ ወገጸ፡ ኵነኔሁ፡ ኢይኔሥኡ። ወኀን
ልፍ፡ እምገጹ፡ በእንተ፡ ምግባሪነ፡ ወኵሉ፡ ኃጢአትነ፡ በጽ
፲ ድቅ፡ ተኈለቍ። ይእዜ፡ ይቤልዎሙ፡ ትፀገብ፡ ነፍስነ፡ እም
ንዋየ፡ ዐመፃ፡ ወኢትከልአ፡ ወረደተነ፡ እምላህባ፡ ለክበደ፡
፲፩ ሲኦል። ወእምድኅሬዝ፡ ይመልእ፡ ገጾሙ፡ ጽልመተ፡ ወኀፍረ
ተ፡ በቅድመ፡ ዝኩ፡ ወልደ፡ እጓለ፡ እመሕያው፡ ወእምቅ
ድመ፡ ገጹ፡ ይሰደዱ፡ ወሰይፍ፡ የኀድር፡ ቅድመ፡ ገጹ፡ ማእ
፲፪ ከሎሙ። ወከመዝ፡ ይቤ፡ እግዚአ፡ መናፍስት፡ ዝንቱ፡ ውእ
ቱ፡ ሥርዐቶሙ፡ ወኵነኔሆሙ፡ ለአዚዛን፡ ወለነገሥት፡ ወለልዑ
ላን፡ ወለእለ፡ ይእኅዝዋ፡ ለየብስ፡ በቅድመ፡ እግዚአ፡ መናፍ
ስት።

ክፍል፡ ፷፬። ወካልአ፡ ገጻተ፡ ርኢኩ፡ በውእቱ፡ መካን፡
፪ ኅቡኣተ። ሰማዕኩ፡ ቃሎ፡ ለመልአክ፡ እንዘ፡ ይብል፡ እሉ፡ እ
ሙንቱ፡ መላእክት፡ እለ፡ ወረዱ፡ እምሰማይ፡ ዲበ፡ ምድር፡ ወ
ዘኅቡእ፡ ከሠቱ፡ ለውሉደ፡ ሰብእ፡ ወአስሐትዎሙ፡ ለውሉ
ደ፡ ሰብእ፡ ከመ፡ ይግበሩ፡ ኃጢአተ።

ምዕራፍ፡ ፲፩።

ክፍል፡ ፷፭። ወበአሚንቱ፡ መዋዕል፡ ርእየ፡ ኖኅ፡ ምድረ፡
ከመ፡ አድነነት፡ ወከመ፡ ቅሩብ፡ ሐጕላ። ወአንሥአ፡ እገረ ፪
ሁ፡ እምህየ፡ ወሖረ፡ እስከ፡ አጽናፈ፡ ምድር፡ ወጸርኀ፡ ለእ
ምሔው፡ ሄኖክ፡ ወይቤ፡ ኖኅ፡ በቃል፡ መሪር፡ ስምዐኒ፡ ስምዐኒ፡
ስምዐኒ፡ ሠለሰ። ወይቤሉ፡ ንገረኒ፡ ምንት፡ ውእቱ፡ ዘይትገበ ፫
ር፡ በዲበ፡ ምድር፡ እስመ፡ ከመዝ፡ ሰርሐት፡ ምድር፡ ወአን
ቀልቀለት፡ ዮጊ፡ አነ፡ እትኀጐል፡ ምስሌሃ። ወበድኅረ፡ ውእ ፬
ቱ፡ ጊዜ፡ ኮነ፡ ሀውክ፡ ዐቢይ፡ ዲበ፡ ምድር፡ ወተሰምዐ፡ ቃል፡
እምሰማይ፡ ወወደቁ፡ በገጽየ። ወመጽአ፡ ሄኖክ፡ እምሔው ፭
የ፡ ወቆመ፡ ኀቤየ፡ ወይቤለኒ፡ ለምንት፡ ጸራኅከ፡ ኀቤየ፡ ጽራኀ፡
መሪረ፡ ወብካየ። ወትእዛዝ፡ ወፅአ፡ እምኀበ፡ ገጸ፡ እግዚአ፡ ፮
ዲበ፡ እለ፡ የኀድሩ፡ ውስተ፡ የብስ፡ ከመ፡ ውእቱ፡ ይኩን፡ ኅል
ቀቶሙ፡ እስመ፡ አእመሩ፡ ኵሉ፡ ኅቡኣተ፡ መላእክት፡ ወኵ
ሉ፡ ግፍዐ፡ ሰይጣናት፡ ወኵሉ፡ ኀይሎሙ፡ ኅቡአ፡ ወኵሉ፡ ኀ
ይሎሙ፡ ለእለ፡ ይገብሩ፡ ሥራያተ፡ ወኀይሎሙ፡ ለኅብረት፡ ወ
ኀይሎሙ፡ ለእለ፡ ይሠብኩ፡ ሥብኮ፡ ኵሉ፡ ምድር። ወእስ ፯
ኩ፡ እፎ፡ ይትወለድ፡ ብሩር፡ እምጸበለ፡ ምድር፡ ወእፎ፡ ይ
ከውን፡ ነጠብጣብ፡ ዲበ፡ ምድር። እስመ፡ ዐረር፡ ወናእክ፡ ኢ ፰
ይትወለድ፡ እምድር፡ ከመ፡ ቀዳሚ፡ ነቅዕ፡ ውእቱ፡ ዘይወልዶ
ሙ፡ ወመልአክ፡ ዘይቀውም፡ ውስቴታ፡ ወይበድር፡ ውእቱ፡ መ
ልአክ። ወእምድኅረዝ፡ አኀዘኒ፡ እምሔውየ፡ ሄኖክ፡ በእዴ ፱
ሁ፡ ወአንሥአኒ፡ ወይቤለኒ፡ ሑር፡ እስመ፡ ተስእልክዎ፡ ለእግ
ዚአ፡ መናፍስት፡ በእንተዝ፡ ሀውክ፡ ዘዲበ፡ ምድር። ወይቤ ፲
ለኒ፡ በእንተ፡ ዐመፃሆሙ፡ ተፈጸመት፡ ኵነኔሆሙ፡ ወኢይትኌ
ለቍ፡ በቅድሜየ፡ በእንተ፡ አውራኅ፡ ዘኀሠሡ፡ ወአእመሩ፡ ከ
መ፡ ምድር፡ ትትሐጐል፡ ወእለ፡ የኀድሩ፡ ዲቤሃ። ወለእሉ፡ ፲፩
ምግባእ፡ አልቦሙ፡ ለዓለም፡ እስመ፡ አርአይዎሙ፡ ዘኅቡእ፡
ወእለ፡ ተኰነኑ፡ ወአኮ፡ ለከ፡ አንተ፡ ወልድየ፡ አእመረ፡ እግዚ
አ፡ መናፍስት፡ እስመ፡ ንጹሕ፡ ወኄር፡ አንተ፡ እምዝ፡ ሒስ፡ ዘ
ኅቡኣት። ወአጽንዖ፡ ለስምከ፡ በማዕከለ፡ ቅዱሳን፡ ወየዐቀ ፲፪
በከ፡ እምእለ፡ የኀድሩ፡ ዲበ፡ የብስ፡ ወአጽንዖ፡ ለዘርእከ፡
በጽድቅ፡ ለነገሥት፡ ወለስብሐት፡ ዐቢያት፡ ወእምዘርእከ፡

ይወፅእ፡ ኀቅሀ፡ ጻድቃን፡ ወቅዱሳን፡ ወኈለቍ፡ አልቦሙ፡ ለዓ
ለም።

ክፍል፡ ፷፯ ። ወእምድኅረዝ፡ አርአየኒ፡ መላእክተ፡ መቅ
ሠፍት፡ እለ፡ ድልዋን፡ ከመ፡ ይምጽኡ፡ ወይፍትሑ፡ ኵሎ፡ ኃ
ይለ፡ ማይ፡ ዘመትሕተ፡ ምድር፡ ከመ፡ ይኩን፡ ለኵነኔ፡ ወለ
ሐጕል፡ ለኵሎሙ፡ እለ፡ ይነብሩ፡ ወየኀድሩ፡ ዲበ፡ የብስ።
፪ ወአዘዘ፡ እግዚእ፡ መናፍስት፡ መላእክተ፡ እለ፡ ይወፅኡ፡ ከ
መ፡ ኢያንሥኡ፡ እደወ፡ ወይዕቀቡ፡ እስመ፡ እልክቱ፡ መላእክ
፫ ት፡ ዲበ፡ ኃይለ፡ ማያት፡ ሀለዉ። ወወፃእኩ፡ እምቅድመ፡
ገጸ፡ ሄኖክ።

ክፍል፡ ፷፰ ። ወበእማንቱ፡ መዋዕል፡ ኮነ፡ ቃለ፡ እግዚአብ
ሔር፡ ኀቤየ፡ ወይቤለኒ፡ ኖኅ፡ ነሁ፡ ክፍልከ፡ ዐርገ፡ ኀቤየ፡ ክ
፪ ፍል፡ ዘአልቦቱ፡ ሒስ፡ ክፍለ፡ ፍቅር፡ ወርትዕ። ወይእዜኒ፡ ይ
ገብሩ፡ መላእክት፡ ዕፀወ፡ ወሶበ፡ ወፅኡ፡ ለውእቱ፡ መልእክ
ት፡ እወዲ፡ እዴየ፡ ዲቤሃ፡ ወአዐቅባ፡ ወትከውን፡ እምኔሃ፡ ዘ
ርአ፡ ሕይወት፡ ወተውላጠ፡ ይባእ፡ ከመ፡ ኢይንበር፡ የብስ፡ ዕ
፫ ራቀ። ወአጸንዖ፡ ለዘርእከ፡ በቅድሜየ፡ ለዓለመ፡ ዓለም፤ ወ
እዘርኦሙ፡ ለእለ፡ የኀድሩ፡ ምስሌከ፡ ውስተ፡ ገጸ፡ የብስ፡ ወ
ይትባረክ፡ ወይትባዛኅ፡ ቅድመ፡ የብስ፡ በስሙ፡ ለእግዚእ።
፬ ወየዐፅውዎሙ፡ ለእልክቱ፡ መላእክት፡ እለ፡ አርአይዋ፡ ለዐመ
ፃ፡ ውስተ፡ ይእቲ፡ ቈላ፡ እንተ፡ ትነድድ፡ እንተ፡ አርአየኒ፡ ቀ
ዳሚ፡ እምሔውየ፡ ሄኖክ፡ በዐረብ፡ በኀበ፡ አድባረ፡ ወርቅ፡
፭ ወብሩር፡ ወሐፂን፡ ወነጠብጣብ፡ ወናእክ። ወርኢክዋ፡ ለይ
እቲ፡ ቈላ፡ እንተ፡ ሀውክ፡ ዐቢይ፡ ባቲ፡ ወተሀውከ፡ ማያት።
፮ ወዝንቱ፡ ኵሉ፡ ሶበ፡ ተገብረ፡ እምውእቱ፡ ነጠብጣበ፡ እሳ
ት፡ ወሀውኮሙ፡ ዘየሀውኮሙ፡ በውእቱ፡ መካን፡ ተወልደ፡ ፄ
ና፡ ተይ፡ ወተኀብረ፡ ምስለ፡ እልኩ፡ ማያት፡ ወይእቲ፡ ቈላ፡
እንተ፡ መላእክት፡ እለ፡ አስሐቱ፡ ትነድድ፡ መትሕተ፡ ይእቲ፡
፯ ምድር። ወእንተ፡ ቈላተ፡ ዚአሃ፡ አፍላገ፡ እሳት፡ ይወፅኡ፡
በኀበ፡ ይትኴነኑ፡ እልክቱ፡ መላእክት፡ እለ፡ አስሐትዎሙ፡ ለ
፰ እለ፡ የኀድሩ፡ ዲበ፡ የብስ። ወይከውኑ፡ እልክቱ፡ ማያት፡ በ
እማንቱ፡ መዋዕል፡ ለነገሥት፡ ወለጸዚዛን፡ ወለልዑላን፡ ወለእ
ለ፡ የኀድሩ፡ ዲበ፡ የብስ፡ ለፈውሰ፡ ነፍሲ፡ ወሥጋ፡ ወለኵነኔ፡

መንፈስ፡ ወተውኔተ፡ ይመልእ፡ መንፈሶሙ፡ ከመ፡ ይትኰነኑ፡
ሥጋሆሙ፡ እስመ፡ ክህድዎ፡ ለእግዚአ፡ መናፍስት፡ ወይሬእዩ፡
ኵነኔሆሙ፡ እንተ፡ ኵሉ፡ ዕለት፡ ወኢየአምኑ፡ በስሙ። ወከ ፱
መ፡ ብዙኃ፡ ውዕየ፡ ሥጋሆሙ፡ ከመዝ፡ ቦሙ፡ ተውላጥ፡ ለመን
ፈስ፡ ለዓለመ፡ ዓለም፡ እስመ፡ አልቦ፡ በቅድመ፡ እግዚአ፡ መ
ናፍስት፡ ዘይትናገር፡ በነገረ፡ በከ። እስመ፡ ትመጽእ፡ ኵነኔ፡ ፲
ዲቤሆሙ፡ እስመ፡ የአምኑ፡ በተውኔተ፡ ሥጋሆሙ፡ ወመንፈሰ፡
እግዚእ፡ ይክህዱ። ወኪያሁ፡ ማያት፡ በውእቱ፡ መዋዕል፡ ቦ ፲፩
ሙ፡ ተውላጥ፡ እስመ፡ ሶበ፡ ይትኴነኑ፡ እልኩ፡ መላእክት፡ በ
ውእቱ፡ መዋዕል፡ ይትዌለጥ፡ ዋዕዮሙ፡ ለእልክቱ፡ አንቅዕት፡
ማያት፡ ወሶበ፡ የዐርጉ፡ መላእክት፡ ይትዌለጥ፡ ዝኩ፡ ማይ፡ ዘ
አንቅዕት፡ ወይቈርር። ወሰማዕክዎ፡ ለቅዱስ፡ ሚካኤል፡ እንዘ፡ ፲፪
ያወሥእ፡ ወይብል፡ ዛቲ፡ ኵነኔ፡ እንተ፡ ይትኴነኑ፡ መላእክት፡
ሰማዕት፡ ይእቲ፡ ለነገሥት፡ ወለአዚዛን፡ ወለእለ፡ ይእኅዝዋ፡
ለየብስ። እስመ፡ እሉ፡ ማያተ፡ ኵነኔ፡ ለፈውሰ፡ ዚአሆሙ፡ ለ ፲፫
መላእክት፡ ወለሞተ፡ ሥጋሆሙ፡ ወኢይሬእዩ፡ ወኢየአምኑ፡ ከ
መ፡ ይትመየጡ፡ እሙንቱ፡ ማያት፡ ወይከውኑ፡ እሳተ፡ ዘይነድ
ድ፡ ለዓለም፡

ክፍል፡ ፷፰ ። ወእምድኅረዝ፡ ወሀበኒ፡ ትእምርተ፡ ኵሎ
ሙ፡ ኅቡኣት፡ በመጽሐፍ፡ እምሔውየ፡ ሄኖክ፡ ወምሳሌያተ፡
ዘተውህባ፡ ሎቱ፡ ወደመሮሙ፡ ሊተ፡ በነገረ፡ መጽሐፍ፡ ዘም
ሳሌ። ወበይእቲ፡ ዕለት፡ አውሥአ፡ ቅዱስ፡ ሚካኤል፡ እንዘ፡ ፪
ይብል፡ ለሩፋኤል፡ ኀይሉ፡ ለመንፈስ፡ ይመስጠኒ፡ ወያምዕዐኒ፡
ወበእንተ፡ ዕፀቡ፡ ለኵነኔ፡ እንተ፡ ኅቡኣት፡ ለኵነኔ፡ መላእክ
ት፡ መኑ፡ ውእቱ፡ ዘይክል፡ ተዐግሦተ፡ ዕፁብ፡ ለእንተ፡ ተገብ
ረት፡ ኵነኔ፡ ወነበረት፡ ወይትመሰው፡ በቅድሜሁ። ወአውሥ ፫
አ፡ ካዕበ፡ ወይቤሎ፡ ቅዱስ፡ ሚካኤል፡ ለሩፋኤል፡ መኑ፡ ውእ
ቱ፡ ዘኢየረኅርኃ፡ ልቦ፡ ዲቤሃ፡ ወኢይትሀወክ፡ ኵልያቲሁ፡ እ
ምዛቲ፡ ቃል፤ ኵነኔ፡ ወፅአት፡ ዲቤሆሙ፡ እምኔሆሙ፡ ዘአውፅ
እዎሙ፡ ከመዝ። ወኮነ፡ ሶበ፡ ቆመ፡ በቅድመ፡ እግዚአ፡ መና ፬
ፍስት፡ ወከመዝ፡ ይቤሎ፡ ቅዱስ፡ ሚካኤል፡ ለሩፋኤል፡ ወኢ
ይከውን፡ ሎሙ፡ በውስተ፡ ዐይኔ፡ እግዚእ፡ እስመ፡ እግዚአ፡
መናፍስት፡ ተምዕዖሙ፡ እስመ፡ በአምሳለ፡ እግዚእ፡ ይገብሩ።

፭ በእንተዝ ፡ ይመጽእ ፡ ላዕሌሆሙ ፡ ኵነኔ ፡ ዘኅቡእ ፡ ለዓለመ ፡
ዓለም ፡ እስመ ፡ ኢመልአክ ፡ ወኢብእሲ ፡ ኢይትሜጠው ፡ መክ
ፈልቶ ፡ አላ ፡ እሙንቱ ፡ ባሕቲቶሙ ፡ ተመጠዉ ፡ ኵነኔ ፡ ዚአሆ
ሙ ፡ ለዓለመ ፡ ዓለም ፡፡

ክፍል ፡ ፷፱ ፡፡ ወእምድኅረዝ ፡ ኵነኔ ፡ ያደነግፅዎሙ ፡ ወያም
ዕዕዎሙ ፡ እስመ ፡ ዘንተ ፡ አርአዩ ፡ ለእለ ፡ የኀድሩ ፡ ዲበ ፡ የብስ ፡፡
፪ ወነዋ ፡ አስማቲሆሙ ፡ ለእልክቱ ፡ መላእክት ፡ ወዝንቱ ፡ ውእቱ ፡
አስማቲሆሙ ፡ ቀዳማይ ፡ ዚአሆሙ ፡ ስምያዛ ፤ ወካልኡ ፡ አርስ
ጢቂፋ ፤ ወሣልስ ፡ አርማኔን ፤ ወራብዕ ፡ ኮከባኤል ፤ ወኃምስ ፡ ጡ
ርኤል ፤ ወሳድስ ፡ ሩምያል ፤ ወሳብዕ ፡ ዳንኤል ፤ ወሳምን ፡ ኑቃኤ
ል ፤ ወታስዕ ፡ በረቅኤል ፤ ወዓሥር ፡ አዛዝኤል ፤ ፲ወ፩ አርምርስ ፤
፲ወ፪ ሰጠርያል ፤ ፲ወ፫ በሱኀኤል ፤ ፲ወ፬ አናንኤል ፤ ፲ወ፭ ጡርያ
ል ፤ ፲ወ፮ ሲሞፒሲኤል ፤ ፲ወ፯ ይተርኤል ፤ ፲ወ፰ ቱማኤል ፤ ፲ወ፱ ጡ
፫ ርኤል ፤ ፳ ሩማኤል ፤ ፳ወ፩ ኢዜዜኤል ፡፡ ወእሉ ፡ እሙንቱ ፡ አር
እስተ ፡ መላእክቲሆሙ ፡ ወአስማቲሆሙ ፡ ለመኳንንት ፡ ፻ ዚአሆ
፬ ሙ ፤ ወመኳንንት ፡ ፶ ዚአሆሙ ፤ ወመኳንንት ፡ ፲ ዚአሆሙ ፡፡ ስሙ ፡
ለቀዳማዊ ፡ ይቁን ፡ ወዝንቱ ፡ ዘአስሐተ ፡ ኵሎሙ ፡ ደቂቀ ፡ መላ
እክት ፡ ቅዱሳን ፡ ወአውረዶሙ ፡ ዲበ ፡ የብስ ፡ ወአስሐቶሙ ፡ በ
፭ አዋልደ ፡ ሰብእ ፡፡ ወካልእ ፡ ስሙ ፡ አስብኤል ፡ ዝንቱ ፡ አመ
ሮሙ ፡ ምክረ ፡ እኩየ ፡ ለደቂቀ ፡ መላእክት ፡ ቅዱሳን ፡ ወአስሐቶ
፮ ሙ ፡ ከመ ፡ ያማስኑ ፡ ሥጋሆሙ ፡ በአዋልደ ፡ ሰብእ ፡፡ ወሣልስ ፡
ስሙ ፡ ጋድርኤል ፡ ዝውእቱ ፡ ዘአርአየ ፡ ኵሎ ፡ ዝብጠታተ ፡ ሞ
ት ፡ ለውሉደ ፡ ሰብእ ፡ ወውእቱ ፡ አስሐታ ፡ ለሔዋን ፡ ወውእቱ ፡
አርአየ ፡ ንዋየ ፡ ሞት ፡ ለደቂቀ ፡ ሰብእ ፡ ወድርዐ ፡ ወወልታ ፡ ወሰ
፯ ይፈ ፡ ለቀትል ፡ ወኵሎ ፡ ንዋየ ፡ ሞት ፡ ለውሉደ ፡ ሰብእ ፡፡ ወእ
ምነ ፡ እዴሁ ፡ ወፅአ ፡ ዲቤሆሙ ፡ ለእለ ፡ የኀድሩ ፡ ዲበ ፡ የብስ ፡
፰ እምይእቲ ፡ ጊዜ ፡ ወእስከ ፡ ለዓለም ፡፡ ወራብዕ ፡ ስሙ ፡ ፔኔሙ
ዕ ፡ ዝንቱ ፡ አርአየ ፡ ለውሉደ ፡ ሰብእ ፡ መሪረ ፡ ወመዐርዒረ ፡ ወ
፱ አርአዮሙ ፡ ኵሎ ፡ ኅቡኣተ ፡ ጥበቦሙ ፡፡ ውእቱ ፡ አለበዎሙ ፡
ለሰብእ ፡ መጽሐፈ ፡ ወበማየ ፡ ሕመት ፡ ወክርታስ ፡ ወበእንተዝ ፡
ብዙኃን ፡ አለ ፡ ስሕቱ ፡ እምዓለም ፡ ወእስከ ፡ ለዓለም ፡ ወእስ
፲ ከ ፡ ዛቲ ፡ ዕለት ፡፡ እስመ ፡ ኢተወልደ ፡ ሰብእ ፡ ለዝ ፡ ከመዝ ፡
፲፩ በቀለም ፡ ወበማየ ፡ ሕመት ፡ ያጽንዑ ፡ ሃይማኖቶሙ ፡፡ እስመ ፡

ኢተፈጥረ : ሰብእ : ዘእንበለ : ከመ : መላእክት : ከመ : ይንበ
ሩ : ጻድቃነ : ወንጹሓነ : ወሞት : ዘኵሉ : ያማስን : እምኢገሰሶ
ሙ : አላ : በዝ : አእምሮቶሙ : ይትኀጐሉ : ወበዝንቱ : ኀይል :
ይበልዑኒ :: ወኀምስ : ስሙ : ከስድያዕ : ዝንቱ : አርአየ : ለው ፲፪
ሉደ : ሰብእ : ኵሎ : ዝብጠታተ : እኩየ : ዘነፍሳት : ወዘአጋን
ንት : ወዝብጠታተ : ጻእጻእ : በማኅፀን : ከመ : ይደቅ : ወዝብ
ጠታተ : ነፍስ : ንስከተ : አርዌ : ወዝብጠተ : ዘይከውን : በቀ
ትር : ወልዱ : ለአርዌ : ዘስሙ : ተባዕት :: ወዝንቱ : ውእቱ : ኍ ፲፫
ልቍ : ለኽስብኤል : ርእሰ : መሐላ : ዘአርአየ : ለቅዱሳን : ሶበ : የ
ኀድር : ልዑል : በስብሐት : ወስሙ : ቤቃ :: ወዝንቱ : ይቤሎ : ፲፬
ለቅዱስ : ሚካኤል : የርእዮሙ : ስመ : ኅቡአ : ከመ : ይርአይዎ :
ለውእቱ : ስመ : ኅቡእ : ወከመ : ይዝክርዎ : በመሐላ : ከመ :
ይርዐዱ : እምውእቱ : ስመ : ወመሐላ : እለ : አርአዩ : ለውሉደ :
ሰብእ : ኵሎ : ዘኅቡእ :: ወዝንቱ : ኀይሉ : ለዝ : መሐላ : እስ ፲፭
መ : ኀያል : ውእቱ : ወጽኑዕ : ወአንበሮ : ለዝ : መሐላ : አካዕ :
በእዴሁ : ለቅዱስ : ሚካኤል :: ወእሉ : እሙንቱ : ኅቡኣቲሁ : ለ ፲፮
ዝ : መሐላ : ወጸንዑ : በመሐላሁ : ወሰማይ : ተሰቅለ : ዘእንበ
ለ : ይትፈጠር : ዓለም : ወእስከ : ለዓለም :: ወቦቱ : ምድር : ፲፯
ተሳረረት : ዲበ : ማይ : ወእምነ : ኅቡኣተ : አድባር : ይመጽኣ :
ላህያት : ለሕያዋን : ማያት : እምፈጥረተ : ዓለም : ወእስከ :
ለዓለም :: ወበውእቱ : መሐላ : ተፈጥረት : ባሕር : ወመሠረ ፲፰
ታ : ለጊዜ : መዐት : አንበረ : ላቲ : ኆፃ : ወኢተኀልፍ : እምፈጥ
ረተ : ዓለም : ወእስከ : ለዓለም :: ወበውእቱ : መሐላ : ቀላያ ፲፱
ት : ጸንዑ : ወቆሙ : ወኢይትሐወሱ : እመካኖሙ : እምዓለም :
ወእስከ : ለዓለም :: ወበውእቱ : መሐላ : ፀሐይ : ወወርኅ : ይ ፳
ፌጽሙ : ምሕዋሮሙ : ወኢየኀልፉ : እምትእዛዞሙ : እምዓለ
ም : ወእስከ : ለዓለም :: ወበውእቱ : መሐላ : ከዋክብት : ይ ፳፩
ፌጽሙ : ምሕዋሮሙ : ወአስማቲሆሙ : ይጼውዕ : ወያወሥእ
ዎ : እምዓለም : ወእስከ : ለዓለም :: ወከመዝ : ለማይ : ነፍሳ ፳፪
ቲሆሙ : ለነፋሳት : ወለኵሎሙ : መንፈሳት : ወፍናዊቲሆሙ :
እምኵሉ : ኅብረተ : መናፍስት :: ወበህየ : ይትዐቀቡ : መዛግ ፳፫
ብተ : ቃሉ : ለነጐድጓድ : ወብርሃኑ : ለመብረቅ : ወበህየ : ይት
ዐቀብ : መዛግብተ : በረድ : ወአስሐትያ : ወመዛግብተ : ጊሜ :

፳፬ ወመዛግብተ፡ዝናም፡ወጠል፡፡ ወኵሎሙ፡እሙንቱ፡የአምኑ፡
ወያአኵቱ፡በቅድመ፡እግዚአ፡መናፍስት፡ወይሴብሑ፡በኵ
ሉ፡ኀይሎሙ፡ወሲሳዮሙ፡በኵሉ፡አኰቴት፡ይእቲ፡ወያአ
ኵቱ፡ወይሴብሑ፡ወያሌዕሉ፡በስሙ፡ለእግዚአ፡መናፍስት፡
፳፭ ለዓለመ፡ዓለም፡፡ ወዲቤሆሙ፡ጸንዐ፡ዝመሐላ፡ወይትዐቀቡ፡
ቦቱ፡ወፍናዊሆሙ፡ይትዐቀቡ፡ወምሕዋሬቲሆሙ፡ኢይማስ
፳፮ ን፡፡ ወኮነሙ፡ፍሥሐ፡ዐቢየ፡ወባረኩ፡ወሰብሑ፡ወአልዐ
ሉ፡በእንተ፡ዘተከሥተ፡ሎሙ፡ስሙ፡ለውእቱ፡ወልደ፡እጓለ፡
፳፯ እመሕያው፡፡ ወነበረ፡ዲበ፡መንበረ፡ስብሐቲሁ፡ወርእሱ፡ለ
ኵነኔ፡ተውህበ፡ሎቱ፡ለወልደ፡እጓለ፡እምሕያው፡ወያኀልፍ፡
ወያማስን፡ኃጥኣነ፡እምገጸ፡ለምድር፡ወእለ፡አስሐትዎ፡ለ
፳፰ ዓለም፡፡ በሰናስል፡ይትአሠሩ፡ወበማኅበሮሙ፡ዘሙስና፡ይ
ትዐፀዉ፡ወኵሉ፡ምግባሮሙ፡የኀልፍ፡እምቅድመ፡ገጸ፡ም
፳፱ ድር፡፡ ወእምይእዜሰ፡ኢይከውን፡ዘይማስን፡እስመ፡ውእቱ፡
ወልደ፡ብእሲ፡ተርእየ፡ወነበረ፡ዲበ፡መንበረ፡ስብሐቲሁ፡
ወኵሉ፡እኩይ፡እምቅድመ፡ገጹ፡የኀልፍ፡ወየሐውር፡ወነገ
ሩ፡ለውእቱ፡ወልደ፡ብእሲ፡ይጸንዕ፡በቅድመ፡እግዚአ፡መና
ፍስት፡፡ ዝውእቱ፡ምሳሌ፡ሠልስ፡ዘሄኖክ፡፡

መዐራፍ፡ ፲፪፡፡

ክፍል፡ ፸፡፡ ወኮነ፡እምድኅረዝ፡ተለዐለ፡ስሙ፡ሕያው፡
በኀቤሁ፡ለውእቱ፡ወልደ፡እጓለ፡እመሕያው፡በኀበ፡እግዚ
፪ አ፡መናፍስት፡እምእለ፡የኀድሩ፡ዲበ፡የብስ፡፡ ወተለዐለ፡በ
፫ ሠረገላተ፡መንፈስ፡ወወፅአ፡ስም፡በማእከሎሙ፡፡ ወእምይ
እቲ፡ዕለት፡ኢተስሕብኩ፡በማእከሎሙ፡ወአንበረኒ፡በማ
እከለ፡፪ መናፍስት፡በማእከለ፡መስዕ፡ወዐረብ፡በኀበ፡ነሥ
ኡ፡አኀባላተ፡መላእክት፡ከመ፡ይስፍሩ፡ሊተ፡መካነ፡ለኅሩ
፬ ያን፡ወለጻድቃን፡፡ ወበህየ፡ርኢኩ፡አበወ፡ቀደምት፡ወጻድ
ቃነ፡እለ፡እምዓለም፡በውእቱ፡መካን፡የኀድሩ፡፡

ክፍል፡ ፸፩፡፡ ወኮነ፡እምድኅረዝ፡ከመ፡ትትከበት፡መ
ንፈስየ፡ወትዕርግ፡ውስተ፡ሰማያት፡ርኢክዎሙ፡ለውሉደሙ፡
ለመላእክት፡ይከይዱ፡ዲበ፡ላህበ፡እሳት፡ወአልባሲሆሙ፡
፪ ፀዐዳ፡ወዐጽፈሙኒ፡ወብርሃነ፡ገጾሙ፡ከመ፡በረድ፡፡ ወርኢ

ኩ፡ ፪ አፍላገ፡ እሳት፡ ወብርሃኒ፡ ዝኩ፡ እሳት፡ ከመ፡ ያክን
ት፡ ያበርህ፡ ወወደቁ፡ በገጽየ፡ ቅድመ፡ እግዚአ፡ መናፍስት፡፡
ወሚካኤል፡ መልአክ፡ ፩ እምአርእስተ፡ መላእክት፡ አኃዘኒ፡ እ ፫
ዴየ፡ ዘየማን፡ ወአንሥአኒ፡ ወአውፅአኒ፡ ኀበ፡ ኵሉ፡ ኅቡኣተ፡
ምሕረት፡ ወኅቡኣተ፡ ጽድቅ፡፡ ወአርአየኒ፡ ኵሎ፡ ኅቡኣተ፡ አ ፬
ጽናፈ፡ ሰማይ፡ ወኵሎ፡ መዛግብተ፡ ከዋክብት፡ ወብርሃናት፡
ኵሎሙ፡ እምኀበ፡ ወፅኡ፡ ለገጸ፡ ቅዱሳን፡፡ ወከበቶ፡ መንፈ ፭
ስ፡ ለሄኖክ፡ ውስተ፡ ሰማየ፡ ሰማያት፤ ወርኢኩ፡ በህየ፡ ማእ
ከለ፡ ዝኩ፡ ብርሃን፡ ከመ፡ ቦቱ፡ ዘይትነደቅ፡ እምእብነ፡ አስ
ሐትያ፡ ወማእከለ፡ እሙንቱ፡ አእባን፡ ልሳናተ፡ እሳት፡ ሕያ
ው፡፡ ወርእየት፡ መንፈስየ፡ ዐውደ፡ ዘየዐውደ፡ ለውእቱ፡ ቤት፡ ፮
እሳት፡ እም ፬ አጽናፊሁ፡ ለውእቱ፡ አፍላግ፡ ምሉኣነ፡ እሳት፡
ሕያው፡ ወየዐውድዎ፡ ለውእቱ፡ ቤት፡፡ ወዐውዱ፡ ሱራፌል፡ ወ ፯
ኪሩቤል፡ ወኦፋኒን፡ እሉ፡ እሙንቱ፡ እለ፡ ኢይነውሙ፡ ወየዐ
ቅቡ፡ መንበረ፡ ስብሐተ፡ ዚአሁ፡፡ ወርኢኩ፡ መላእክተ፡ እ ፰
ለ፡ ኢይትኌለቁ፡ አእላፈ፡ አእላፋት፡ ወትእልፌተ፡ አእላፋት፡
የዐውድዎ፡ ለውእቱ፡ ቤት፡ ወሚካኤል፡ ወሩፋኤል፡ ወገብርኤ
ል፡ ወፋኑኤል፡ ወመላእክት፡ ቅዱሳን፡ እለ፡ መልዕልተ፡ ሰማያ
ት፡ ይበውኡ፡ ወይወፅኡ፡ በውእቱ፡ ቤት፡፡ ወወፅኡ፡ እምኔ፡ ው ፱
እቱ፡ ቤት፡ ሚካኤል፡ ወገብርኤል፡ ሩፋኤል፡ ወፋኑኤል፡ ወብዙ
ኃን፡ ቅዱሳን፡ መላእክት፡ እለ፡ አልቦሙ፡ ኍልቍ፡፡ ወምስሌሆ ፲
ሙ፡ ርእሰ፡ መዋዕል፡ ወርእሱ፡ ከመ፡ ፀምር፡ ፀዐዳ፡ ወንጹሕ፡
ወልብሱ፡ ዘኢይተረጐም፡፡ ወወደቁ፡ በገጽየ፡ ወኵሉ፡ ሥጋየ፡ ፲፩
ተመስወ፡ ወመንፈስየ፡ ተወለጠ፡ ወጸራኅኩ፡ በቃል፡ ዐቢይ፡
በመንፈሰ፡ ኃይል፡ ወባረኩ፡ ወሰባሕኩ፡ ወአልዐልኩ፡፡ ወእላ፡ ፲፪
በረከታት፡ እለ፡ ወፅኣ፡ እምኔ፡ አፉየ፡ ኮና፡ ሥሙረተ፡ በቅ
ድመ፡ ዝኩ፡ ርእሰ፡ መዋዕል፡፡ ወመጽአ፡ ውእቱ፡ ርእሰ፡ መዋ ፲፫
ዕል፡ ምስለ፡ ሚካኤል፡ ወገብርኤል፡ ሩፋኤል፡ ወፋኑኤል፡ ወአ
እላፍ፡ ወትእልፌተ፡ አእላፋት፡ መላእክት፡ እለ፡ አልቦሙ፡
ኍልቍ፡፡ ወመጽአ፡ ኀቤየ፡ ውእቱ፡ መልአክ፡ ወበቃሉ፡ አምኀ ፲፬
ኒ፡ ወይቤለኒ፡ አንተ፡ ውእቱ፡ ወልደ፡ ብእሲ፡ ዘተወለድከ፡ ለ
ጽድቅ፡ ወጽድቅ፡ ላዕሌከ፡ ኀደረ፡ ወጽድቁ፡ ለርእሰ፡ መዋዕ
ል፡ ኢየኃድገከ፡፡ ወይቤለኒ፡ ይጼውዕ፡ ለከ፡ ሰላመ፡ በስሙ፡ ፲፭

ለዓለም፡ ዘይከውን፡ እስመ፡ እምህየ፡ ወፅአ፡ ሰላም፡ እም
ፍጥረተ፡ ዓለም፡ ወከመዝ፡ ይከውን፡ ለከ፡ ለዓለም፡ ወለዓ
፲፯ ለመ፡ ዓለም። ወኵሉ፡ ዘይከውን፡ ወየሐውር፡ ዲበ፡ ፍኖትከ፡
እንዘ፡ ጽድቅ፡ ኢየኀድገከ፡ ለዓለም፡ ምስሌከ፡ ይከውን፡ ማ
ኀደርሙ፡ ወምስሌከ፡ ክፍሎሙ፡ ወእምኔከ፡ ኢይትሌለዩ፡ ለ
፲፰ ዓለም፡ ወለዓለመ፡ ዓለም። ወከመዝ፡ ይከውን፡ ኑኀ፡ መዋዕ
ል፡ ምስለ፡ ውእቱ፡ ወልደ፡ እጓለ፡ እመሕያው፡ ወሰላም፡ ይከ
ውን፡ ለጻድቃን፡ ወፍኖቱ፡ ርቱዕ፡ ለጻድቃን፡ በስመ፡ እግዚአ፡
መናፍስት፡ ለዓለመ፡ ዓለም።

ምዕራፍ፡ ፲፫።

ክፍል፡ ፸፪። መጽሐፈ፡ ሚጠተ፡ ብርሃናተ፡ ሰማይ፡ ፠
ዘከመ፡ ሀለዉ፡ በበሕዘቢሆሙ፡ ፠ በበሥልጣኖሙ፡ ወበበ
ዘመኖሙ፡ ፠ በበስሞሙ፡ ወሙላዳቲሆሙ፡ ወበበአውራኂ
ሆሙ፡ እለ፡ አርአየኒ፡ ኡርኤል፡ መልአክ፡ ቅዱስ፡ ዘሀሉ፡ ምስ
ሌየ፡ ዘውእቱ፡ መራሒሆሙ፡ ወኵሉ፡ መጽሐፈሙ፡ በከመ፡
ውእቱ፡ አርአየኒ፡ ወበከመ፡ ኵሉ፡ ዓመተ፡ ዓለም፡ ወእስከ፡
ለዓለም፡ እስከ፡ ይትገበር፡ ግብር፡ ሐዲስ፡ ዘይነብር፡ እስከ፡
፪ ለዓለም። ወዝንቱ፡ ውእቱ፡ ትእዛዝ፡ ቀዳማዊ፡ ዘብርሃናት፡
ፀሐይ፡ ብርሃን፡ ሙፃኡ፡ በኆዋኅወ፡ ሰማይ፡ እለ፡ መንገለ፡ ጽባ
፫ ሕ፡ ወምዕራቢሁ፡ በኆዋኅወ፡ ሰማይ፡ ዘምዕራብ። ወርኢኩ፡
ስሱ፡ ኆዋኅወ፡ እለ፡ እምኀበ፡ ይወፅእ፡ ፀሐይ፡ ወስሱ፡ ኆዋኅ
ወ፡ ኀበ፡ የዐርብ፡ ፀሐይ፡ ወወርኅ፡ በውእቶን፡ ኆዋኅው፡ ይሠር
ቅ፡ ወየዐርብ፡ ወመራሒሆሙ፡ ለከዋክብት፡ ምስለ፡ እለ፡ ይ
መርሕዎሙ፡ ፮ በጽባሕ፡ ወ ፮ በምዕራበ፡ ፀሐይ፡ ወኵሎሙ፡
፠ እምድኅረ፡ ካልኡ፡ ርቱዕ፡ ወመሳክው፡ ብዙኃት፡ እምየማ
፬ ኑ፡ ወእምፀጋሙ፡ ለዝኩ፡ ኆኀት። ወቀዳሚ፡ ይወፅእ፡ ብርሃን፡
ዘየዐቢ፡ ዘስሙ፡ ፀሐይ፡ ወክበቡ፡ ከመ፡ ክበበ፡ ሰማይ፡ ወ
፭ ኵለንታሁ፡ ምሉእ፡ እሳተ፡ ዘያበርህ፡ ወያውዒ። ሰረገላተ፡
በኀበ፡ የዐርግ፡ ነፋስ፡ ይነፍሕ፤ ወየዐርብ፡ ፀሐይ፡ እምሰማይ፡
ወይገብእ፡ እንተ፡ መስዕ፡ ከመ፡ ይሖር፡ ምሥራቀ፡ ወይት
መራሕ፡ ከመ፡ ይባእ፡ ኀበ፡ ዝኩ፡ ኆኀት፡ ወያበርህ፡ በገ
፮ ጸ፡ ሰማይ። ከመዝ፡ ይወፅእ፡ በወርኅ፡ ቀዳማዊ፡ በኆኀት፡

ሀገይ ፡ ወይወፅእ ፡ እንተ ፡ ይእቲ ፡ ራብዕት ፡ እምእልኩ ፡ ኆኃዋ
ው ፡ ፮ አለ ፡ መንገለ ፡ ምሥራቅ ፡ ፀሐይ ። ወበይእቲ ፡ ራብዕት ፡ ፯
ኆኅት ፡ እንተ ፡ እምኔሃ ፡ ይወፅእ ፡ ፀሐይ ፡ በወርኃ ፡ ቀዳማዊ ፡ ባ
ቲ ፡ ዐሠሩ ፡ ወክልኤ ፡ መሳክው ፡ ርኅዋት ፡ ዘእምኔሆን ፡ ይወፅ
እ ፡ ላህብ ፡ ሶበ ፡ ይትረኃዉ ፡ እምዘመኑ ፡ ዚአሆሙ ። ሶበ ፡ ፰
ይሠርቅ ፡ ፀሐይ ፡ እምሰማይ ፡ ይወፅእ ፡ እንተ ፡ ይእቲ ፡ ራብዕ
ት ፡ ኆኅት ፡ ፴ ጽባሐ ፡ ወበራብዕት ፡ ኆኅት ፡ እንተ ፡ ምዕራ
ብ ፡ ሰማይ ፡ ርቱዐ ፡ ይወርድ ። ወበእማንቱ ፡ መዋዕል ፡ ትነውኅ ፡ ፱
ዕለት ፡ እምዕለት ፡ ወተኀጽር ፡ ሌሊት ፡ እምሌሊት ፡ እስከ ፡ ፴
ጽባሕ ። ወበይእቲ ፡ ዕለት ፡ ትነውኅ ፡ ካዕበተ ፡ ዕለት ፡ እምሌ ፲
ሊት ፡ ወትከውን ፡ ዕለት ፡ ጥንቁቀ ፡ ፲ ክፍለ ፡ ወትከውን ፡ ሌሊ
ት ፡ ፰ ክፍለ ። ወይወፅእ ፡ ፀሐይ ፡ እምዝኩ ፡ ራብዕ ፡ ኆኅት ፡ ፲፩
ወየዐርብ ፡ በራብዕት ፡ ወይገብእ ፡ ውስተ ፡ ኃምስት ፡ ኆኅት ፡ እ
ንተ ፡ ጽባሕ ፡ ፴ ጽባሐ ፡ ወይወፅእ ፡ እምኔሃ ፡ ወየዐርብ ፡ ውስ
ተ ፡ ኃምስት ፡ ኆኅት ። አሜሃ ፡ ይነውኅ ፡ ዕለት ፡ ፪ እደ ፡ ወትከ ፲፪
ውን ፡ ዕለት ፡ ፲ ወ ፩ ክፍለ ፡ ወተኀጽር ፡ ሌሊት ፡ ወትከውን ፡ ፯
ክፍለ ። ወይገብእ ፡ ፀሐይ ፡ ለጽባሕ ፡ ወይበውእ ፡ ውስተ ፡ ሳ ፲፫
ድስት ፡ ኆኅት ፡ ወይወፅእ ፡ ወየዐርብ ፡ በሳድስት ፡ ኆኅት ፡ ፴ ወ
፩ ጽባሐ ፡ በእንተ ፡ ትእምርተ ፡ ዚአሃ ። ወበይእቲ ፡ ዕለት ፡ ት ፲፬
ነውኅ ፡ ዕለት ፡ እምሌሊት ፡ ወትከውን ፡ ዕለት ፡ ካዕበተ ፡ ሌሊ
ት ፡ ወትከውን ፡ ዕለት ፡ ፲ ወ ፪ ክፍለ ፡ ወተኀጽር ፡ ሌሊት ፡ ወት
ከውን ፡ ፮ ክፍለ ። ወይትነሣእ ፡ ፀሐይ ፡ ከመ ፡ ትኀጽር ፡ ዕለ ፲፭
ት ፡ ወትኑኅ ፡ ሌሊት ፡ ወይገብእ ፡ ፀሐይ ፡ ለጽባሕ ፡ ወይበውእ ፡
ውስተ ፡ ሳድስት ፡ ኆኅት ፡ ወይሠርቅ ፡ እምኔሃ ፡ ወየዐርብ ፡ ፴
ጽባሐ ። ወሶበ ፡ ተፈጸመ ፡ ፴ ጽባሕ ፡ ተሐፀፀ ፡ መዓልት ፡ ፩ ክ ፲፮
ፍለ ፡ ጥንቁቀ ፡ ወትከውን ፡ ዕለት ፡ ፲ ወ ፩ ክፍለ ፡ ወሌሊት ፡ ፯
ክፍለ ። ወይወፅእ ፡ ፀሐይ ፡ እምነ ፡ ምዕራብ ፡ እምይእቲ ፡ ሳ ፲፯
ድስት ፡ ኆኅት ፡ ወየሐውር ፡ ምሥራቀ ፡ ወይሠርቅ ፡ በኃምስ ፡
ኆኅት ፡ ፴ ጽባሐ ፡ ወየዐርብ ፡ በምዕራብ ፡ ካዕበ ፡ በኃምስ ፡ ኆ
ኅት ፡ እንተ ፡ ምዕራብ ። በይእቲ ፡ ዕለት ፡ ተሐፀፀ ፡ ዕለት ፡ ፪ ክ ፲፰
ፍለ ፡ ወትከውን ፡ ዕለት ፡ ፲ ክፍለ ፡ ወሌሊት ፡ ፰ ክፍለ ። ወይ ፲፱
ወጽእ ፡ ፀሐይ ፡ እምይእቲ ፡ ኃምስ ፡ ኆኅት ፡ ወየዐርብ ፡ በኃም
ስ ፡ ኆኅት ፡ እንተ ፡ ምዕራብ ፡ ወይሠርቅ ፡ በራብዕት ፡ ኆኅት ፡

በእንተ : ትእምርተ : ዚአሃ : ፴ወ፩ ጽባሐ : ወየዐርብ : በም
፳ ዕራብ :: በይእቲ : ዕለት : ይትዔሬይ : መዓልት : ምስለ : ሌሊ
ት : ወይከውን : ዕሩየ : ወትከውን : ሌሊት : ፱ ክፍለ : ወመዓ
፳፩ ልት : ፱ ክፍለ :: ወይወፅእ : ፀሐይ : እምይእቲ : ኆኅት : ወየዐር
ብ : በምዕራብ : ወይገብእ : በጽባሕ : ወይወፅእ : በሣልስት :
ኆኅት : ፴ ጽባሐ : ወየዐርብ : በምዕራብ : በሣልስት : ኆኅት ::
፳፪ ወበይእቲ : ዕለት : ትነውኅ : ሌሊት : እምዕለት : እስከ : ፴ ጽ
ባሕ : ወተኀጽር : ዕለት : እምዕለት : እስከ : ፴ ዕለት : ወትከ
፳፫ ውን : ሌሊት : ፲ ክፍለ : ጥንቁቀ : ወመዓልት : ፰ ክፍለ :: ወይወ
ፅእ : ፀሐይ : እምይእቲ : ሣልስት : ኆኅት : ወየዐርብ : በሣል
ስት : ኆኅት : በዐረብ : ወይገብእ : ውስተ : ምሥራቅ : ወይወ
ፅእ : ፀሐይ : ውስተ : ካልእ : ኆኅተ : ምሥራቅ ፴ ጽባሐ : ወከ
፳፬ መዝ : የዐርብ : በካልእ : ኆኅት : በምዕራበ : ሰማይ :: ወበይእ
ቲ : ዕለት : ትከውን : ሌሊት : ፲ወ፩ ክፍለ : ወዕለት : ፯ ክፍ
፳፭ ለ :: ወይወፅእ : ፀሐይ : በይእቲ : ዕለት : እምይእቲ : ካልእት :
ኆኅት : ወየዐርብ : በምዕራብ : በካልእ : ኆኅት : ወይገብእ : በ
ምሥራቅ : በአሐቲ : ኆኅት : ፴ወ፩ ጽባሐ : ወየዐርብ : በምዕ
፳፮ ራብ : በአሐቲ : ኆኅት :: ወበይእቲ : ዕለት : ትነውኅ : ሌሊት :
ወትከውን : ካዕበታ : ለመዓልት : ወትከውን : ሌሊት : ፲ወ፪ ክ
፳፯ ፍለ : ጥንቁቀ : ወመዓልት : ፮ ክፍለ :: ወፈጸመ : ፀሐይ : አርእ
ስቲሁ : ወዳግመ : የዐውድ : ዲበ : እሉ : አርእስቲሁ : ወይበው
እ : በውእቱ : ኆኅት : ፴ ጽባሐ : ወበምዕራብኒ : በአንጻሪሁ : የ
፳፰ ዐርብ :: ወበይእቲ : ዕለት : ተኀጽር : ሌሊት : እምኑኃ : ፩ አደ :
ዝውእቱ : ክፍል : ፩ ወትከውን : ፲ወ፩ ክፍለ : ወመዓልት : ፯ ክ
፳፱ ፍለ :: ወገብአ : ፀሐይ : ወቦአ : ውስተ : ካልእ : ኆኅት : እንተ :
ምሥራቅ : ወይገብእ : ዲበ : ዝኩ : አርእስቲሁ : ፴ ጽባሐ : ይ
፴ ሠርቅ : ወየዐርብ :: ወበይእቲ : ዕለት : ተኀጽር : ሌሊት : እምኑ
፴፩ ኃ : ወትከውን : ሌሊት : ፲ ክፍለ : ወመዓልት : ፰ ክፍለ :: ወበይ
እቲ : ዕለት : ይወፅእ : ፀሐይ : እምይእቲ : ካልእት : ኆኅት : ወ
የዐርብ : በምዕራብ : ወይገብእ : ምሥራቀ : ወይሠርቅ : በሣል
፴፪ ስ : ኆኅት : ፴ወ፩ ጽባሐ : ወየዐርብ : በምዕራበ : ሰማይ :: ወ
በይእቲ : ዕለት : ተሐፀፀ : ሌሊት : ወትከውን : ፱ ክፍለ : ወዕ
ለት : ትከውን : ፱ ክፍለ : ወይትዔረይ : ሌሊት : ምስለ : መዓል

ት፡ ወይከውን፡ ዓመት፡ ጥንቁቀ፡ መዋዕለ፡ ፫፻ ወ ፷ ወረቡዑ፡፡
ወኑኃ፡ ለዕለት፡ ወለሌሊት፡ ወኅጸሩ፡ ለዕለት፡ ወለሌሊት፡ በ ፴፫
ምሕዋረ፡ ፀሐይ፡ ውእቱ፡ ይትሌለይ፡፡ በእንቲአሁ፡ ይነውኅ፡ ፴፬
ምሕዋሪሁ፡ ዕለት፡ እምዕለት፡ ወሌሊት፡ እምሌሊት፡ ይቀር
ብ፡፡ ወዝውእቱ፡ ትእዛዙ፡ ወምሕዋሩ፡ ለፀሐይ፡ ወምግባኡ፡ ፴፭
ሶበ፡ ይገብእ፡ ለእንተ፡ ፷ ይገብእ፡ ወይወፅእ፡ ዘውእቱ፡ ብር
ሃን፡ ሀቢይ፡ ዘለዓለም፡ ዘይሰመይ፡ ፀሐየ፡ ለዓለመ፡ ዓለም፡፡
ወዝንቱ፡ ውእቱ፡ ዘይወፅእ፡ ብርሃን፡ ሀቢይ፡ ዘይሰመይ፡ በአ ፴፮
ርኢየ፡ ዚአሁ፡ በከመ፡ አዘዘ፡ እግዚእ፡፡ ወከመዝ፡ ይወፅእ፡ ፴፯
ወይበውእ፡ ወኢየሐፅፅ፡ ወኢየሀርፍ፡ አላ፡ ይረውጽ፡ መዓልተ፡
ወሌሊተ፡ በሰረገላ፡ ወብርሃኖ፡ ዚአሁ፡ ፯ እደ፡ ያበርህ፡ እም
ዘወርኃ፡ ወአምጣኒሆሙ፡ ለ ፪ ኤሆሙ፡ ዘውግ፡፡

ምዕራፍ፡ ፲፬፡፡

ክፍል፡ ፸፫፡፡ ወድኅሬሁ፡ ለዝ፡ ትእዛዝ፡ ርኢኩ፡ ካልአ፡
ትእዛዘ፡ ለብርሃን፡ ንኡስ፡ ዘስሙ፡ ወርኅ፡፡ ወክበቡ፡ ከመ፡ ፪
ክበበ፡ ሰማይ፡ ወሰረገላ፡ ዚአሁ፡ በኀበ፡ ይጼአን፡ ነፋስ፡ ይነ
ፍኅ፡ ወበመስፈርት፡ ይትወሀብ፡ ሎቱ፡ ብርሃን፡፡ ወበኵሉ፡ ፫
ወርኅ፡ ሙጻኢሁ፡ ወሙባኢሁ፡ ይትዌለጥ፡ ወመዋዕሊሁ፡ ከመ፡
መዋዕለ፡ ፀሐይ፡ ወሶበ፡ ይኤሪ፡ ከዊኖ፡ ብርሃኑ፡ ይከውን፡ ብ
ርሃኑ፡ ሳብዓየ፡ እደ፡ እምብርሃኖ፡ ፀሐይ፡ ወከመዝ፡ ይሠር
ቅ፡፡ ወርእሱ፡ ዘመንገለ፡ ጽባሕ፡ ይወጽእ፡ በ ፴ ጽባሕ፡ ወበ ፬
ይእቲ፡ ዕለት፡ ያስተርኢ፡ ወይከውን፡ ለክሙ፡ ርእሰ፡ ወርኅ፡
፴ ጽባሐ፡ ምስለ፡ ጸሐይ፡ በኆኅት፡ እንተ፡ ይወጽእ፡ ፀሐይ፡፡
ወመንፈቁ፡ ርኁቅ፡ ፯ እደ፡ ፩ ወኵሉ፡ ክበበ፡ ዚአሁ፡ በክ፡ ዘ ፭
አልቦ፡ ብርሃን፡ ዘእንበለ፡ ሳብዒት፡ እደ፡ ዚአሁ፡ እም፡ ፲ ወ ፬
እደ፡ ብርሃኑ፡፡ ወበዕለተ፡ ይነሥእ፡ ሳብዓየ፡ እደ፡ ወመንፈቀ፡ ፮
ብርሃኑ፡ ይከውን፡ ብርሃኑ፡ ፯ ወ ፯ እደ፡ አሐቲ፡ ወመንፈቃ፡ የ
ሀርብ፡ ምስለ፡ ጸሐይ፡፡ ወሶበ፡ ይሠርቅ፡ ጸሐይ፡ ይሠርቅ፡ ወ ፯
ርኅ፡ ምስሌሁ፡ ወይነሥእ፡ መንፈቀ፡ እደ፡ ብርሃን፡ ወበይእቲ፡
ሌሊት፡ በርእሰ፡ ጽባሐ፡ ዚአሁ፡ በቅድመ፡ ዕለቱ፡ ለወርኅ፡ የ
ሀርብ፡ ወርኅ፡ ምስለ፡ ጸሐይ፡ ወይጸልም፡ በይእቲ፡ ሌሊት፡
፯ ወ ፯ እደ፡ ወንፍቃ፡፡ ወይሠርቅ፡ በይእቲ፡ ዕለት፡ ሳብዓየ፡ ፰

እደ : ጥንቁቀ : ወይወፅእ : ወይጸንን : እምሥራቀ : ጸሐይ : ወ
ያበርህ : በተረፈ : ዕለቱ : ፯ ወ ፯ እደ ::

ክፍል : ፸፬ :: ወካልአ : ምሕዋረ : ወትእዛዘ : ርኢኩ : ሎ
ቱ : እንተ : በውእቱ : ትእዛዝ : ይገብር : ምሕዋሮ : ዘአውራኅ ::
፪ ወኲሎ : አርአየኒ : ኡርኤል : መልአክ : ቅዱስ : ዘውእቱ : መራኂ
ሆሙ : ለኲሎሙ : ወምንባሬሆሙ : ጸሐፍኩ : በከመ : አርአየ
ኒ : ወጸሐፍኩ : አውራኂሆሙ : በከመ : ሀለዉ : ወርእየ : ብር
፫ ሃኖሙ : እስከ : ተፈጸመ : ፲ ወ ፭ መዋዕል :: በ ፩ : ፯፯ እድ : ይ
ፌጽም : ኲሎ : ብርሃኖ : በምሥራቅ : ወበበ : ፯፯ እድ : ይፌ
፬ ጽም : ኲሎ : ጽልመቶ : በምዕራብ :: ወበአውራኅ : እሙራት :
ይዌልጥ : ምዕራባተ : ወበአውራኅ : እሙራት : የሐውር : ምሕ
፭ ዋሬሁ : ፩፩ :: ወበ ፪ ወርኃ : የዐርብ : ምስለ : ጸሐይ : በእሉ : ፪
፮ ኆዋኆው : እለ : በማእከል : በሣልስ : ወበራብዕ : ኖኃት :: ይወ
ፅእ : ፯ መዋዕለ : ወየአውድ : ወይገብእ : ካዕበ : በኖኃት : እን
ተ : ይወፅእ : ፀሐይ ፤ ወበውእቱ : ይፌጽም : ኲሎ : ብርሃኖ :
ወይጸንን : እምጸሐይ : ወይበውእ : ስሙነ : መዋዕለ : በኃድስ
፯ ት : ኖኃት : እንተ : እምኔሃ : ይወፅእ : ጸሐይ :: ወሶበ : ይወፅ
እ : ጸሐይ : እምራብዕት : ኖኃት : ይወፅእ : ሰቡዐ : መዋዕለ :
እስከ : ይወፅእ : እምኔ : ኃምስት : ወካዕበ : ይገብእ : ሰቡዐ :
መዋዕለ : በኖኃት : ራብዕ : ወይፌጽም : ኲሎ : ብርሃኖ : ወይጸ
፰ ንን : ወይበውእ : በቀዳሚት : ኖኃት : ስሙነ : መዋዕለ :: ወካዕ
በ : ይገብእ : ሰቡዐ : መዋዕለ : በራብዕት : ኖኃት : እንተ : እም
፱ ኔሃ : ይወፅእ : ጸሐይ :: ከመዝ : ርኢኩ : ምንባሮሙ : በከመ :
፲ ሥርዐተ : አውራኂሆሙ : ይሠርቅ : ወየዐርብ : ጸሐይ :: ወበእማ
ንቱ : መዋዕል : ይትቄሰክ : ፭ ዓመት : ወይበጽሖ : ለጸሐይ : ፴
መዋዕል : ወኲሎሙ : መዋዕላት : ይበጽሕዎ : ለ ፩ ዓመት : እም
እሉኩ : ፭ ዓመት : ተመሊኦሙ : ይከውኑ : ፫፻ ወ ፷ ወ ፬ መዋዕ
፲፩ ል :: ወይበጽሖ : ምብጻሒሆሙ : ለጸሐይ : ወለከዋክብት : ስ
ሱ : መዋዕል : እም : ፭ ዓመታት : በበስሱ : ይበጽሖሙ : ፴ ዕለ
ት : ወየሐጽጽ : እምፀሐይ : ወእምከዋክብት : ወርኅ : ፴ መዋ
፲፪ ዕለ :: ወወርኅ : ያመጽኦሙ : ለዓመታት : ጥንቁቀ : ኲሎሙ : ከመ :
ምንባሮሙ : ለዓለም : ኢይበድሩ : ወኢይዴኅሩ : አሐተ : ዕለተ :
አላ : ይዌልጡ : ዓመተ : በጽድቅ : ጥንቁቀ : በበ ፫፻ ወ ፷ ወ ፬ መ

ዋዕለ ። ለ፫ዓም : መዋዕሊሁ : ፲፻ወ፺ወ፪ ወለ፭ዓመት : ፲ወ ፲፫
፰፻ወ፳ መዋዕለ : ከመ : ይኩን : ለ፰ዓመት : ፳ወ፱፻ወ፲ወ፪
መዋዕለ ። ለወርኅ : ለባሕቲቱ : ይበጽሕ : መዋዕሊሁ : ለ፫ዓም : ፲፬
፲፻ወ፷ወ፪ መዋዕለ : ወለ፭ዓመት : የሐፅፅ : ፶መዋዕለ : እስ
መ : በጸአቱ : ይትዌሰኽ : ዲበ : ፷ወ፪ መዋዕለ ። ወይከውን : ለ ፲፭
፭ዓም : ፲ወ፯፻ወ፸ መዋዕለ : ከመ : ይኩን : ለወርኅ : ለ፰ዓመ
ት : መዋዕሊሁ : ፳፻ወ፰፻ወ፴ወ፪ መዋዕለ ። እስመ : ሕፀፁ : ፲፮
ለ፰ዓመት : መዋዕሊሁ : ፹ ወኵሎሙ : መዋዕለ : ዘሐፅፅ : እም :
፰ዓም : መዋዕለ : ፹ ። ወይትፌጸም : ዓመት : በጽድቅ : በከ ፲፯
መ : መንበረ : ዚአሆሙ : ወመንበረ : ጸሐይ : እለ : ይሠርቁ : እ
ምኔ : ኆኅት : እለ : እምኔሆሙ : ይሠርቅ : ወየዐርብ : መዋዕለ :
፴ ።

ክፍል : ፸፭ : ወመራኅይኒሆሙ : ለአርእስተ : አእላፍ : እለ :
ዲበ : ኵሉ : ፍጥረት : ወዲበ : ኵሉ : ከዋክብት : ወምስለ :
፬ እለ : ይትዌሰኩ : ወኢይትሌለዩ : እምንባሮሙ : በከመ : ኵ
ሉ : ሐሳበ : ዓመት : ወእሉ : ይትቀነዩ : ፬ መዋዕለ : እለ : ኢይ
ትሐሰቡ : በሐሳበ : ዓመት ። ወበእንቲአሆሙ : ይጌግዩ : ቦሙ : ፪
ሰብእ : እስመ : እሙንቱ : ብርሃናት : ይትቀነዩ : በጽድቅ : በም
ንባረ : ዓለም ፤ ፩ በቀዳሚ : ኆኅት : ወ፩ በሣልስ : ኆኅት : ወ፩
በራብዕ : ኆኅት : ወ፩ በሳድስ : ኆኅት : ወይትፌጸም : ጥንቃ
ቄ : ዓለም : በበ፫፻ወ፷ወ፬ መንበረ : ዓለም ። እስመ : ለትእ ፫
ምርት : ወለአዝማን : ወለዓመታት : ወለመዋዕል : አርአየኒ : ኡር
ኤል : መልአክ : ዘአንበሮ : እግዚአ : ስብሐት : ዘለዓለም : ዲበ :
ኵሎሙ : ብርሃናተ : ሰማይ : በሰማይ : ወበዓለም : ከመ : ይም
ልኩ : በገጸ : ሰማይ : ወይትረአዩ : ዲበ : ምድር : ወይኩኑ : መ
ራኅይነ : ለመዓልት : ወለሌሊት : ፀሐይ : ወወርኅ : ወከዋክብት :
ወኵሉ : ቀንያታት : እለ : የአውዱ : በኵሎሙ : ሰረገላተ : ሰማ
ይ ። ከመዝ : ፲ወ፪ ኆዋኀወ : ርኅዋተ : አርአየኒ : ኡርኤል : በክበ ፬
ብ : ሰረገላት : ዘጸሐይ : በሰማይ : እለ : እምኔሆሙ : ይወጽኡ :
አገሬሃ : ለጸሐይ : ወእምኔሆሙ : ይወጽእ : ሞቅ : ዲበ : ምድ
ር : ሶበ : ይትረኀው : በአዝማን : እለ : እሙራን : ቦሙ ። ወለነ ፭
ፋሳት : ወለመንፈስ : ጠል : ሶበ : ይትረኀው : በአዝማን : ርኅዋ
ተ : በሰማያት : ዲበ : አጽናፍ ። ፲ወ፪ ኆዋኀወ : ርኢኩ : በሰማ ፮

ይ : በአጽናፈ : ምድር : እለ : እምኔሆሙ : ይወጽኡ : ፀሐይ : ወ
ወርኅ : ወከዋክብት : ወኵሉ : ግብረተ : ሰማይ : እምነ : ምሥራ
፯ ቅ : ወእምነ : ምዕራብ :: ወመሳክው : ርኅዋት : ብዙኃት : እም
ፀጋሙ : ወእምየማኑ : ወአሐቲ : መስኮት : በዘመነ : ዚአሃ : ታ
መውቅ : ሞቀ : ዘከመ : እሉኩ : ኆኃው : እለ : ይወጽኡ : እምኔ
ሆሙ : ከዋክብት : በከመ : አዘዞሙ : ወእለ : ቦሙ : የሀርቡ :
፰ በከመ : ኍልቆሙ :: ወርኢኩ ፡ ሰረገላተ : በሰማይ ፡ እንዘ : ይረ
ውፁ : በዓለም : እመልዕልቶሙ : ወእመትሕቶሙ : ለእሉኩ : ኆ
ኃው : እለ : ቦሙ : ይትመየጡ : ከዋክብት : እለ : ኢየሀርቡ ::
፱ ወ ፫ የሀብዎሙ : ለኵሎሙ : ወውእቱ : የአውዶ : ለኵሉ : ዓ
ለም ::

ምዕራፍ : ፲ወ፭ ::

ክፍል : ፸፮ :: ወበአጽናፈ : ምድር : ርኢኩ : ፲ወ፪ ኆኃወ :
ርኅዋተ : ለኵሎሙ : ነፋሳት : እለ : እምኔሆሙ : ይወጽኡ : ነፋ
፪ ሳት : ወይነፍሱ : ዲበ : ምድር :: ፫ እምኔሆሙ : ርኅዋት : በገጸ :
ሰማይ : ወ ፫ በምዕራብ : ወ ፫ በየማነ : ሰማይ : ወ ፫ በፀጋም ::
፫ ወ ፫ ቀዳምያት : እለ : መንገለ : ጽባሕ : ወ ፫ መንገለ : መስዕ :
ወ ፫ በድኅር : እለ : በጸጋም : ለመንገለ : አዜብ : ወ ፫ በዓረብ ::
፬ በ ፬ እምኔሆሙ : ይወጽኡ : ነፋሳተ : በረከት : ወሰላም : ወእ
ምእሉኩ : ፰ ይወጽኡ : ነፋሳተ : መቅሠፍት : ሶበ : ይትፌነው :
ይደመስስዋ : ለኵላ : ምድር : ወለማይ : ዘዲቤሃ : ወለኵሎሙ :
እለ : የኃድሩ : ዲቤሃ : ወኵሉ : ዘሀሉ : ውስተ : ማይ : ወዲበ :
፭ የብስ :: ወይወጽእ : ቀዳማይ : ነፋስ : እምእሉኩ : ኆኃው : ዘ
ስሙ : ጽባሓይ : በቀዳሚት : ኆኅት : እንተ : መንገለ : ጽባሕ : እ
ንተ : ታጸንን : ለአዜብ : ይወጽእ : እምኔሃ : ድምሳሴ : የብስ :
፮ ወሞቅ : ወሐጕል :: ወበካልእት : ኆኅት : ማእከላይት : ይወጽ
እ : ርትዕ : ወይወጽእ : እምኔሃ : ዝናም : ወፋሬ : ወሰላም : ወ
ጠል ፤ ወበሣልስት : ኆኅት : እንተ : መንገለ : መስዕ : ይወጽእ :
፯ ቍር : ወየብስ :: ወእምድኅረ : እሉ : ነፋሳት : በመንገለ : አዜ
ብ : ይወጽእ : በ ፫ ኆኃት ፤ ቀዳምያት : በቀዳሚት : ኆኅት : እም
ኔሆን : እንተ : ትጸንን : ለመንገለ : ምሥራቅ : ይወጽእ : ነፋስ :
፰ ሞቅ :: ወበኆኃት : እንተ : ኀቤሃ : ማእከላይት : ይወጽእ : እ

ምኔሃ ፡ መሀዛ ፡ ሠናይ ፡ ወጠል ፡ ወዝናም ፡ ወሰላም ፡ ወሕይወ
ት ። ወበሣልስት ፡ ኆኅት ፡ እንተ ፡ መንገለ ፡ ምዕራብ ፡ ይወፅእ ፡ ፱
እምኔሃ ፡ ጠል ፡ ወዝናም ፡ ወአናኵዕ ፡ ወድምሳሴ ። ወእምድ ፲
ኅረ ፡ እሉ ፡ ነፋሳት ፡ ዘመንገለ ፡ መስዕ ፡ [ዘስሙ ፡ ባሕር ፡] እም ፡
[፫] ሳብዓይ ፡ ኆኅት ፡ እንተ ፡ መንገለ ፡ ምሥራቅ ፡ ዘታጸንን ፡ መ
ንገለ ፡ አዜብ ፡ ይወፅእ ፡ እምኔሃ ፡ ጠል ፡ ወዝናም ፡ አናኵዕ ፡ ወ
ድምሳሴ ። ወእማእከላይት ፡ ኆኅት ፡ ርትዕት ፡ ይወፅእ ፡ እምኔ ፲፩
ሃ ፡ ዝናም ፡ ወጠል ፡ ወሕይወት ፡ ወሰላም ፡ ወበሣልስት ፡ ኆኅ
ት ፡ እንተ ፡ መንገለ ፡ ምዕራብ ፡ እንተ ፡ ታጸንን ፡ ለመስዕ ፡ ይወፅ
እ ፡ እምኔሃ ፡ ጊሜ ፡ ወአስሐትያ ፡ ወሐመዳ ፡ ወዝናም ፡ ወጠል ፡
ወአናኵዕ ። ወእምድኅረ ፡ እሉ ፡ [፬] ነፋሳት ፡ እለ ፡ መንገለ ፡ ፲፪
ምዕራብ ፡ በቀዳሚት ፡ ኆኅት ፡ እንተ ፡ ታጸንን ፡ ለመንገለ ፡ መስ
ዕ ፡ ወእምኔሃ ፡ ይወፅእ ፡ ጠል ፡ ወዝናም ፡ ወአስሐትያ ፡ ወቍር ፡
ወሐመዳ ፡ ወደደክ ። ወእምነ ፡ ኆኅት ፡ ማእከላይት ፡ ይወፅእ ፡ ፲፫
ጠል ፡ ወዝናም ፡ ሰላም ፡ ወበረከት ፡ ወበደኃሪት ፡ ኆኅት ፡ እንተ ፡
መንገለ ፡ አዜብ ፡ ይወፅእ ፡ እምኔሃ ፡ የብስ ፡ ወድምሳሴ ፡ ዋዕ
ይ ፡ ወሐጕል ። ወተፈጸማ ፡ ፲ወ፪ ኆዋኅው ፡ ዘ ፬ ኆዋኅወ ፡ ሰማ ፲፬
ይ ፡ ወኵሉ ፡ ትእዛዞሙ ፡ ወኵሉ ፡ መቅሠፍቶሙ ፡ ወሰላሞሙ ፡
አርአይኩከ ፡ ወልድየ ፡ ማቱሳላ ።

ክፍል ፡ ፸፯ ። ይጼውዕዎ ፡ ለነፋስ ፡ ቀዳማዊ ፡ ጽባሓዊ ፡ እ
ስመ ፡ ቀዳማዊ ፡ ውእቱ ፡ ወይጼውዕዎ ፡ ለካልእ ፡ አዜብ ፡ እስ
መ ፡ ልዑል ፡ ህየ ፡ ይወርድ ፡ ወፈድፋደ ፡ ህየ ፡ ይወርድ ፡ ቡሩክ ፡
ለዓለም ። ወለነፋስ ፡ ዘእምዕራብ ፡ ስሙ ፡ ንቱግ ፡ እስመ ፡ በህ ፪
የ ፡ የሐፅፁ ፡ ኵሉ ፡ ብርሃናተ ፡ ሰማይ ፡ ወይወርዱ ። ወራብዕ ፡ ነ ፫
ፋስ ፡ ዘስሙ ፡ መስዕ ፡ ይትከፈል ፡ ፫ ክፍለ ፡ ፩ እምኔሆሙ ፡ ማ
ኅደር ፡ ለሰብእ ፡ ወካልእ ፡ ለአብሕርተ ፡ ማያት ፡ ወበቀላያት ፡
ወበኦም ፡ ወበአፍላግ ፡ ወበጽልመት ፡ ወበጊሜ ፡ ወሣልስ ፡ ክ
ፍል ፡ በገነተ ፡ ጽድቅ ። ፯ አድባረ ፡ ነዋኃነ ፡ ርኢኩ ፡ እለ ፡ ይነው ፬
ኁ ፡ እምኵሉ ፡ አድባር ፡ እለ ፡ ውስተ ፡ ምድር ፡ ወእምኔሆሙ ፡
ይወፅእ ፡ አስሐትያ ፡ ወየኀልፍ ፡ ወየሐውር ፡ መዋዕል ፡ ወዘመን ፡
ወዓመት ። ፯ አፍላገ ፡ ዲበ ፡ ምድር ፡ ርኢኩ ፡ ዐቢየተ ፡ እምኵ ፭
ሎሙ ፡ አፍላግ ፡ ፩ እምኔሆሙ ፡ ይመጽእ ፡ እምዓረብ ፡ ውስተ ፡
ባሕር ፡ ዐቢይ ፡ ይክዑ ፡ ማዮ ። ወእለክቱ ፡ ፪ ይመጽኡ ፡ እመስዕ ፡ ፮

እስከ : ባሕር : ወይከዕው : ማዮሙ : በባሕረ : ኤርትራ : እም
፯ ሥራቅ :: ወእለ : ተርፉ : ፬ ይወፅኡ : በገቦ : መስዕ : እስከ : ባ
ሕረ : ዚአሆሙ : ባሕረ : ኤርትራ : ወ ፪ በባሕር : ዐቢይ : ይሰወ
፰ ጡ : በህየ : ወይቤሉ : መድበራ :: ሰቡዐ : ደሰያት : ዐቢያት :
ርኢኩ : በባሕር : ወበምድር : ፪ በምድር : ወ ፭ በባሕር : ዐ
ቢይ ::

ክፍል : ፸፰ :: አስማቲ : ለፀሐይ : ከመዝ : ፩ ኦርያሬስ : ወ
፪ ካልኡ : ቶማስ :: ወለወርኃ : ፬ አስማት : ሎቱ : ፩ ስሙ : አሶንያ :
፫ ወካልእ : እብላ : ወሣልስ : ብናሴ : ወራብዕ : ኤራዕ :: እሉ : አ
ሙንቱ : ፪ ብርሃናት : ዐቢያት : ክበቦሙ : ከመ : ክበበ : ሰማ
፬ ይ : ወአምጣኒሆሙ : ለክልኤሆሙ : ዕሩያን :: በክበበ : ፀሐይ :
፯ ክፍለ : ብርሃን : ዘይትዌሰክ : ሎቱ : እምወርኃ : ወበመስፈር
፭ ት : ትትወደይ : እስከ : ያኀልፍ : ሳብዕ : ክፍለ : ፀሐይ :: ወየዐ
ርቡ : ወይበውኡ : ውስተ : ኆኀው : ምዕራብ : ወየዐውዱ : እን
ተ : መስዕ : ወእንተ : ኆኀው : ምሥራቅ : ይወፅኡ : ዲበ : ገጸ :
፮ ሰማይ :: ወሶበ : ይትነሣእ : ወርኃ : ያስተርኢ : በሰማይ : ወመን
ፈቀ : ሳብዕ : እደ : ብርሃን : ይከውን : ሎቱ : ወበዐሡር : ወረቡ
፯ ዕ : ይፌጽም : ኵሉ : ብርሃኖ :: ወ ፫ ትኅምስተ : ብርሃን : ይት
ወደይ : ውስቴታ : እስከ : ዐሡር : ወኃምስ : ይትፌጸም : ብር
ሃኑ : ዚአሁ : ለትእምርተ : ዓመት : ወይከውን : ፫ ትኅምስተ :
፰ ወይከውን : ወርኃ : በመንፈቀ : ሳብዕት : እዴ :: ወበሕፀፀ : ዚ
አሁ : በቀዳሚት : ዕለት : የሐፅፅ : ፲ወ፬ እደ : ብርሃኑ : ዚአሁ :
ወበሳኒታ : የሐፅፅ : ፲ወ፫ እደ : ወበሣልስ : የሐፅፅ : ፲ወ፪ እደ :
ወበራብዕ : የሐፅፅ : ፲ወ፩ ክፍለ : ወበኃምስ : የሐፅፅ : ፲ ክፍ
ለ : ወበሳድስ : የሐፅፅ : ፱ ክፍለ : ወበሳብዕ : የሐፅፅ : ፰ ክፍ
ለ : ወበሳምን : የሐፅፅ : ፯ ክፍለ : ወበታስዕ : የሐፅፅ : ፮ ክፍ
ለ : ወበዓሥር : የሐፅፅ : ፭ ክፍለ : ወበ ፲ወ፩ የሐፅፅ : ፬ ክፍ
ለ : ወበ ፲ወ፪ የሐፅፅ : ፫ ክፍለ : ወበ ፲ወ፫ የሐፅፅ : ፪ ወበ ፲ወ
፬ የሐፅፅ : መንፈቀ : ፯ እዴ : ወኵሉ : ብርሃኑ : በ ፲ወ፭ ዕለት :
፱ ይትዌደዕ : ዘተርፈ : እምኵሉ :: ወበአውራኃ : እሙራት : ይከ
፲ ውን : በበ : ፳ወ፱ መዋዕል : ለወርኃ : ወቦ : ጊዜ : ፳ወ፰ :: ወካ
ልእተ : ሥርዐተ : አርአየኒ : ኡርኤል : ሶበ : ይትወደይ : ብርሃን :
፲፩ ውስተ : ወርኃ : ወእምነበ : ይትወደይ : እምፀሐይ :: ኵሉ : ዘ

መኒ : ዘተሐውር : ወርኃ : በብርሃኒ : ዚአሃ : ትወዲ : በቅድመ :
ፀሐይ : እስከ : ፲ወ፬ መዋዕል : ይትፌጸም : ብርሃና : ውስተ : ሰ
ማይ : ወሶበ : ይውዒ : ኵሉ : ይትፌጸም : ብርሃኑ : ውስተ : ሰ
ማይ ። ወቀዳሚት : ዕለት : ሠርቀ : ትሰመይ : እስመ : በይእቲ : ፲፪
ዕለት : ይትነሣእ : ላዕሌሃ : ብርሃን ። ወይትፌጸም : ጥንቁቀ : ፲፫
በዕለተ : ይወርድ : ፀሐይ : ውስተ : ዓረብ : ወእምኒ : ምሥራቅ :
የዐርግ : በሌሊት : ወያበርህ : ወርኃ : በኵሉ : ሌሊት : እስከ : ይ
ሠርቅ : ፀሓይ : በቅድሜሁ : ወይትረአይ : ወርኃ : በቅድመ : ጸ
ሐይ ። እምኒበ : ይወጽእ : ብርሃኑ : ለወርኃ : እምህየ : ካዕበ : ፲፬
የሐፅፅ : እስከ : ይትቄደዕ : ኵሉ : ብርሃኑ : ወየኀልፋ : መዋዕ
ለ : ወርኃ : ወይነብር : ክበቡ : ቦከ : ዘእንበለ : ብርሃን ። ወ ፫ ፲፭
ወርኃ : ይገብር : ፴ መዋዕለ : በዘመኒ : ዚአሁ : ወ ፫ ወርኃ : ይገ
ብር : በበ : ፳ ወ ፱ መዋዕል : እለ : ቦሙ : ይገብር : ታሕፃፂተ :
ዚአሁ : በዘመን : ቀዳማዊ : ወበኆኅት : ቀዳማዊ : በመዋዕል :
፻ ወ ፸ ወ ፯ ። ወበዘመኒ : ሙፃኡ : ፫ ወርኃ : ያስተርኢ : በበ ፴ ፲፮
መዋዕል : ወ ፫ ወርኃ : ያስተርኢ : በበ ፳ ወ ፱ መዋዕል ። በሌሊ ፲፯
ት : ያስተርኢ : በበ : ፳ ከመ : ብእሲ : ወመዓልተ : ከመ : ሰማ
ይ : እስመ : ካልእ : ምንትኒ : አልቦቱ : ዘእንበለ : ብርሃኒ : ዚ
አሃ ።

ክፍል : ፸፱ ። ወይእዜኒ : ወልድየ : ማቱሳላ : አርአይኩከ :
ኵሎ : ወተፈጸመ : ኵሉ : ሥርዐተ : ከዋክብት : ዘሰማይ ። ወ ፪
አርአየኒ : ኵሎ : ሥርዐቶሙ : ለእሉ : እንተ : በኵሉ : መዋዕል :
ወበኵሉ : ዘመን : ዘበኵሉ : ሥልጣን : ወበኵሉ : ዓመት : ወ
በሙፃኡ : ወበትእዛዙ : በኵሉ : ወርኃ : ወበኵሉ : ሰንበታት ።
ወኀፀፀ : ወርኃ : ዘይትገበር : በሳድስት : ኆኅት : እስመ : በዛቲ : ፫
ኆኅት : ሳድስት : ይትፌጸም : ብርሃኒ : ዚአሁ : ወእምኔሁ : ይከ
ውን : ርእሰ : ወርኃ ። ወታኅፅፂት : ዘይትገበር : በኆኅት : ቀዳሚት : ፬
በዘመኒ : ዚአሁ : እስከ : ይትፌጸም : መዋዕል : ፻ ወ ፸ ወ ፯ ወበሥ
ርዐተ : ሰንበት : ፳ ወ ፭ ወ ፪ መዋዕል ። ወዘየሐፅፅ : እምፀሐይ : ፭
ወበሥርዐተ : ከዋክብት : ኃሙሰ : መዋዕለ : በዘመን : ፩ ጥንቁ
ቀ : ወሶበ : ይትፌጸም : ዝመካን : ዘትሬኢ ። ከመዝ : አርአ ፮
ያ : ወአምሳለ : እምኵሉ : ብርሃን : ዘአርአየኒ : ኡርኤል : መልአ
ክ : ዐቢይ : ዘውእቱ : መራሒሆሙ ።

ክፍል : ፹ :: ወበውእቱ : መዋዕል : አውሥአኒ : ኡርኤል : ወ
ይቤለኒ : ነዋ : አርአይኩከ : ኲሉ : ኦሄኖክ : ወኲሉ : ከሠት
ኩ : ለከ : ትርአይ : ለዝ : ፀሐይ : ወለዝ : ወርኅ : ወለእለ : ይ
መርህወሙ : ለከዋክብተ : ሰማይ : ወለኲሎሙ : እለ : ይመይ
፪ ጥወሙ : ግብሮሙ : ወአዝማኖሙ : ወሙፃኢሆሙ :: ወበመዋዕ
ለ : ኃጥኣን : ክረማት : የሐፅራ : ወዘርአ : ዚአሆሙ : ይከውን :
ደኀሬዊ : በምድሮሙ : ወበሙፋሮሙ : ወኲሉ : ግብር : ዘዲበ :
ምድር : ይትመየጥ : ወኢያስተርኢ : በዘመኑ : ወዝናም : ይት
፫ ከላእ : ወሰማይ : ታቀውም :: ወበውእቱ : አዝማን : ፍሬ : ም
ድር : ደኀሬዊ : ይከውን : ወኢይበቍል : በዘመኑ : ወፍሬ : ዕፅ :
፬ ይትከላእ : በዘመኑ : ዚአሁ :: ወወርኅ : ይዌልጥ : ሥርዐቶ : ወ
፭ ኢይትረአይ : በዘመኑ : ዚአሁ :: ወበእማንቱ : መዋዕል : ይትረአ
ይ : ሰማይ : ወይበጽሕ : ሀጋር : በጽንፈ : ሰረገላት : ሀቢይ : በ
፮ ምዕራብ : ወይበርህ : ፈድፋደ : እምሥርዐተ : ብርሃን :: ወይስ
ሕቱ : ብዙኃን : አርእስቲሆሙ : ለከዋክብተ : ትእዛዝ : ወእ
ሉ : ይመይጡ : ፍናዊሆሙ : ወግብሮሙ : ወኢይትረአዩ : በአዝ
፯ ማኒ : ዚአሆሙ : እለ : ተአዘዙ : ሎሙ :: ወኲሉ : ሥርዐተ : ከዋ
ክብት : ይትዐፀዉ : ላዕለ : ኃጥኣን : ወሕሊናሆሙ : ለእለ : ይኀ
ብሩ : ዲበ : ምድር : ይስሕቱ : ዲቤሆሙ : ወይትመየጡ : እም
ኲሉ : ፍናዊሆሙ : ወይስሕቱ : ወይመስልዎሙ : አማልክተ ::
፰ ወይበዝኅ : ላዕሌሆሙ : እኪይ : ወመቅሠፍት : ይመጽእ : ዲቤ
ሆሙ : ከመ : ያኅጕሎሙ : ለኲሎሙ ::

ክፍል : ፹፩ :: ወይቤለኒ : ኦሄኖክ : ነጽር : መጽሐፈ : ጸፋ
ጸፈ : ሰማይ : ወአንብብ : ዘጽሑፍ : ዲቤሆሙ : ወአእምር :
፪ ኲሉ : ፩፩ :: ወነጸርኩ : ኲሉ : ዘጸፋጸፈ : ሰማይ : ወአንበብ
ኩ : ኲሉ : ዘጽሑፍ : ወአእመርኩ : ኲሉ : ወአንበብኩዋ : ለ
መጽሐፍ : ወኲሉ : ዘጽሑፍ : ውስቴታ : ኲሉ : ምግባሮሙ :
ለሰብእ : ወኲሉ : ውሉደ : ሥጋ : ዘዲበ : ምድር : እስከ : ትው
፫ ልደ : ዓለም :: ወእምዝ : ሶቤሃ : ባረክዎ : ለእግዚእ : ለንጉሠ :
ስብሐት : ዘለዓለም : በከመ : ገብረ : ኲሉ : ግብረ : ዓለም :
ወሰባሕክዎ : ለእግዚእ : በእንተ : ትእግሥቱ : ወባረኩ : ዲበ :
፬ ውሉደ : ዓለም :: ወይእተ : ጊዜ : እቤ : ብፁዕ : ብእሲ : ዘይመ
ውት : እንዘ : ጻድቅ : ወኄር : ወኲሉ : መጽሐፈ : ሀመፃ : ዘኢተ

ጽሕፈ፡ ዲቤሁ፡ ወኢተረክበ፡ ጌጋይ፡ ላዕሌሁ :: ወእሙንቱ፡ ፫ ቅዱሳን፡ አቅረቡኒ፡ ወአንበሩኒ፡ ውስተ፡ ምድር፡ በቅድመ፡ ኆኅተ፡ ቤትየ፡ ወይቤሉኒ፡ አይድዕ፡ ኵሎ፡ ለማቱሳላ፡ ወልድከ፡ ወአርኢ፡ ለኵሎሙ፡ ውሉድከ፡ ከመ፡ ኢይጸድቅ፡ ኵሉ፡ ዘሥጋ፡ በቅድመ፡ እግዚእ፡ እስመ፡ ውእቱ፡ ፈጠሮሙ :: ፩ ዓመተ፡ ናኀድገከ፡ በኀበ፡ ውሉድከ፡ እስከ፡ ካዕበ፡ ትኤዝዝ፡ ከመ፡ ትምህሮሙ፡ ለውሉድከ፡ ወትጽሐፉ፡ ሎሙ፡ ወታስምዕ፡ ሎሙ፡ ለኵሎሙ፡ ውሉድከ፤ ወበካልእ፡ ዓም፡ ይነሥኡከ፡ እማእከሎሙ :: ይጽናዕ፡ ልብከ፡ እስመ፡ ኄራን፡ ለኄራን፡ የየ ድው፡ ጽድቀ፡ ጻድቅ፡ ምስለ፡ ጻድቅ፡ ይትፌሣሕ፡ ወይትአ ምኑ፡ በበይናቲሆሙ :: ወኃጥእ፡ ምስለ፡ ኃጥእ፡ ይመውት፡ ወ ምዩጥ፡ ምስለ፡ ምዩጥ፡ ይሠጠም :: ወእለ፡ ይገብሩ፡ ጽድቀ፡ ይመውቱ፡ በእንተ፡ ምግባረ፡ ሰብእ፡ ወይትጋብኡ፡ በእንተ፡ ም ግባሮሙ፡ ለረሲዓን :: ወበእማንቱ፡ መዋዕል፡ ፈጸሙ፡ እንዘ፡ ይ ትናገሩ፡ ምስሌየ፡ ወቦእኩ፡ ኀበ፡ ሰብእየ፡ እንዘ፡ እባርኮ፡ ለ እግዚእ፡ ዓለማት :: ፭ ፮ ፯ ፰ ፱ ፲

ክፍል፡ ፺፪ :: ወይእዜኒ፡ ወልድየ፡ ማቱሳላ፡ ኵሉ፡ እላን ተ፡ ለከ፡ እነግር፡ ወእጽሕፉ፡ ለከ፡ ወኵሉ፡ ከሠትኩ፡ ለከ፡ ወወሀብኩከ፡ መጻሕፍቲሆሙ፡ ለእሉ፡ ኵሎሙ፤ ዕቀብ፡ ወ ልድየ፡ ማቱሳላ፡ መጻሕፍተ፡ እዴሁ፡ ለአቡከ፡ ወከመ፡ ተሀብ፡ ለትውልደ፡ ዓለም :: ጥበበ፡ ወሀብኩ፡ ለከ፡ ወለውሉድከ፡ ወለእለ፡ ይከውኑ፡ ለከ፡ ውሉደ፡ ከመ፡ የሀቡ፡ ለውሉደሙ፡ ለትውልዳት፡ እስከ፡ ለዓለም፡ ለዛ፡ ጥበብ፡ ዲበ፡ ሕሊናሆ ሙ :: ወኢይነውሙ፡ እለ፡ ይሌብውዋ፡ ወየፀምኡ፡ በእዝና ሙ፡ ከመ፡ ይትመሀርዋ፡ ለዛ፡ ጥበብ፡ ወትደልወሙ፡ እመባል ዕት፡ ሠናየት፡ ለእለ፡ ይበልዑ :: ብፁዓን፡ ጻድቃን፡ ኵሎሙ፡ ብፁዓን፡ ኵሎሙ፡ እለ፡ የሐውሩ፡ በፍኖተ፡ ጽድቅ፡ ወአልቦ ሙ፡ ኀጢአት፡ ከመ፡ ኃጥኣን፡ በኈልቈ፡ ኵሉ፡ መዋዕሊሆሙ፡ ለዘ የሐውር፡ ፀሐይ፡ በሰማይ፡ በአናቅጽ፡ ይበውእ፡ ወይወጽእ፡ ፴ ዕለተ፡ ምስለ፡ አርእስተ፡ ፲፪፡ ዘሥርዐቶሙ፡ ለከዋክብት፡ ም ስለ፡ ፬ እለ፡ ይትዌሰኩ፡ ወይሌልዩ፡ማእከለ፡ ፬ ክፍለ፡ ዓመ ት፡ እለ፡ ይመርህዎሙ፡ ወምስሌሆሙ፡ ይበውኡ፡ ፬ መዋዕለ :: በእንቲአሆሙ፡ ይጌግዩ፡ ሰብእ፡ ወኢየሐስብዎሙ፡ በሐሳበ፡ ፪ ፫ ፬ ፭

ኵሉ፡ ዓለም፡ እስመ፡ ይገግይዎሙ፡ ወኢያአምርዎሙ፡ ሰብ
፮ እ፡ ጥንቁቀ፡፡ እስመ፡ ሀለው፡ በሐሳበ፡ ዓመት፡ ወአማን፡ ልኩ
ዓን፡ እሙንቱ፡ ለዓለም፡ ፩ በቀዳሚት፡ ኆኅት፡ ወ ፩ በሣልሲ
ት፡ ወ ፩ በራብዕት፡ ወ ፩ በሳድስት፡ ወይትፌጸም፡ ዓመት፡
፯ በመዋዕል፡ ፫፻ ወ ፷ ወ ፬፡፡ ወአማን፡ ነገሩ፡ ወጥንቁቅ፡ ሐሳቡ፡
ዘልኩዕ፡ እስመ፡ ለብርሃናት፡ ወለአውራኅ፡ ወለበዓላት፡ ወለ
ክራማት፡ ወለመዋዕል፡ አርአየኒ፡ ወነፈሐ፡ ዲቤየ፡ ኡርኤል፡ ዘ
አዘዞ፡ ሊተ፡ እግዚእ፡ ኵሉ፡ ፍጥረተ፡ ዓለም፡ በኃይለ፡ ሰማ
፰ ይ፡፡ ወሥልጣን፡ ቦቱ፡ በሌሊት፡ ወበመዓልት፡ ውስተ፡ ሰማይ፡
ከመ፡ ያርኢ፡ ብርሃነ፡ ዲበ፡ ሰብእ፡ ፀሐየ፡ ወወርኀ፡ ወከዋክ
ብተ፡ ወኵሎሙ፡ ሥልጣናተ፡ ሰማይ፡ እለ፡ ይትመየጡ፡ በክ
፱ በቦሙ፡፡ ወዛቲ፡ ይእቲ፡ ሥርዐተ፡ ከዋክብት፡ እለ፡ የዐርቡ፡
በመካናቲሆሙ፡ ወበአዝማኒሆሙ፡ ወበበዓላቲሆሙ፡ ወበአ
፲ ውራኂሆሙ፡፡ ወእሉ፡ አስማቲሆሙ፡ ለእለ፡ ይመርህዎሙ፡ ለ
እለ፡ የዐቅቡ፡ ወይበውኡ፡ በአዝማኒ፡ ዚአሆሙ፡ ወበሥርዐታ
ቲሆሙ፡ ወበጊዜያቲሆሙ፡ ወበአውራኂሆሙ፡ ወበሥልጣናቲ
፲፩ ሆሙ፡ ወበመቅዋማቲሆሙ፡፡ ፬ መራሕያኒሆሙ፡ ይበውኡ፡ ቀዳ
ሚ፡ እለ፡ ይሌልዩ፡ ፬ ክፍለ፡ ዓመት፡ ወእምድኅሬሆሙ፡ ፲ወ፪
መራሕያን፡ ዘሥርዐታት፡ እለ፡ ይሌልይዎሙ፡ ለአውራኅ፡ ወለዓ
መት፡ ፫፻ወ፷ወ፬ምስለ፡ አርእስተ፡ ፲፻ እለ፡ ይፈልጥዎሙ፡ ለ
መዋዕል፡ ወለ ፬ እለ፡ ይትዌሰኩ፡ ዲቤሆሙ፡ እለ፡ ይፈልጡ፡
፲፪ መራሕያን፡ ፬ መክፈልተ፡ ዓመታት፡፡ ወእሙንቱ፡ አርእስተ፡ ፲፻
ማእከለ፡ መራሒ፡ ወተመራሒ፡ ይትዌሰክ፡ ፩ በድኅረ፡ ምቅ
፲፫ ዋም፡ ወመራሕያኒሆሙ፡ ይፈልጡ፡፡ ወእሉ፡ አስማቲሆሙ፡ ለ
መራሕያን፡ እለ፡ ይፈልጡ፡ ፬ መክፈልተ፡ ዓመት፡ እለ፡ ሥሩዓ
፲፬ ን፡ ምልክኤል፡ ወሀልእምሜሌክ፡ ወሜልኤየል፡ ወናሬል፡፡ ወአ
ስማቲሆሙ፡ ለእለ፡ ይመርህዎሙ፡ አድናርኤል፡ ወኢያሱሳኤ
ል፡ ወኢይሉሜኤል፡ እሉ፡ ፫ እለ፡ ይተልዉ፡ ድኅረሆሙ፡ ለመራ
ሕያኒ፡ ሥርዐታት፡ ወ ፩ ዘይተሉ፡ ድኅረ፡ ፫ መራሕያኒ፡ ሥርዐታ
ት፡ እለ፡ ይተልዉ፡ ድኅረ፡ እልክቱ፡ መራሕያኒ፡ ምቅዋማት፡
፲፭ እለ፡ ይፈልጡ፡ ፬ ክፍለ፡ ዓመት፡፡ በቀድመ፡ ዓመት፡ ቀዳማዊ፡
ይሠርቅ፡ ወይመልክ፡ መልክያል፡ ዘይሰመይ፡ ስሙ፡ ተመዓኒ፡ ወ
ፀሐየ፡ ወኵሎሙ፡ መዋዕላት፡ ዘበሥልጣኑ፡ ዚአሁ፡ እለ፡ ይ

መልክ፡ ፺ ወ ፩ ዕለት። ወእሉ፡ ትእምርተ፡ መዋዕል፡ እለ፡ ሀለ ፲፮
ው፡ ያስተርእዩ፡ ዲበ፡ ምድር፡ በመዋዕለ፡ ሥልጣኖ፡ ዚአሁ፡
ሐፋ፡ ወሞቅ፡ ወሐዘን፡ ወኵሎሙ፡ ዕፀው፡ ይፈርዩ፡ ወቈጽል፡
ይወጽእ፡ በኵሉ፡ ዕፀው፡ ወማእረረ፡ ሥርናይ፡ ወጽጌ፡ ረዳ፡ ወ
ኵሉ፡ ጽጌያት፡ ይጸገዩ፡ በገዳም፡ ወዕፀወ፡ ክረምት፡ ይየብሱ።
ወእሉ፡ አስማቲሆሙ፡ ለመራሕያን፡ እለ፡ መትሕቴሆሙ፡ ብር ፲፯
ክኤል፡ ዘለብሳኤል፡ ወካልእ፡ ዘይትዌሰክ፡ ርእሰ፡ ፲፪ ስሙ፡
ሄሉያሴፍ፡ ወተፈጸመ፡ መዋዕለ፡ ሥልጣኑ፡ ለዝ። ካልእ፡ መ ፲፰
ራሒ፡ ዘድኅረሆሙ፡ ህልዕምሜሌክ፡ ዘይጼውዕዎ፡ ስሞ፡ ፀሐ
የ፡ ብሩሐ፡ ወኵሉ፡ መዋዕለ፡ ብርሃኑ፡ ፺ ወ ፩ ሀለት። ወእሉ፡ ፲፱
ትእምርተ፡ መዋዕል፡ በዲበ፡ ምድር፡ ሐረር፡ ወየብስ፡ ወዕፀ
ው፡ ያወጽኡ፡ ፍሬሆሙ፡ ርሱነ፡ ወብሱለ፡ ወይሁቡ፡ ፍሬሆሙ፡
ይየብስ፡ ወአባግዕ፡ ይትለዋ፡ ወይጸንሳ፡ ወያስተጋብኡ፡ ኵሎ፡
ፍሬ፡ ምድር፡ ወኵሉ፡ ዘሀሉ፡ ውስተ፡ ገራውህ፡ ወምክያደ፡
ወይን፡ ወይከውን፡ በመዋዕለ፡ ሥልጣኑ። ወእሉ፡ እሙንቱ፡ ስ ፳
ሞሙ፡ ወሥርዐቶሙ፡ ወመራሕያኒሆሙ፡ እለ፡ መትሕቴሆሙ፡
ለእሉ፡ አርእስተ፡ ፲፪ ጌዳኤል፡ ወኬኤል፡ ወሄኤል፡ ወስሙ፡ ለ
ዘይትዌሰክ፡ ምስሌሆሙ፡ ርእሰ፡ ፲፪ አስፋኤል፡ ወተፈጸመ፡
መዋዕለ፡ ሥልጣኖ፡ ዚአሁ።

ምዕራፍ፡ ፲ወ፮።

ክፍል፡ ፹፫። ወይእዜኒ፡ አርአይኩ፡ ወልድየ፡ ማቱሳላ፡ ኵ
ሎ፡ ራእያተ፡ እለ፡ ርኢኩ፡ በቅድሜከ፡ እነግር። ክልኤተ፡ ራእ ፪
ያተ፡ ርኢኩ፡ እንበለ፡ እንሣእ፡ ብእሲተ፡ ወ፩ሂ፡ እምኔሆሙ፡
ኢይትማሰል፡ ምስለ፡ ካልኡ፡ ቀዳማየ፡ አመ፡ እትሜሐር፡ መ
ጽሐፈ፡ ወካልእ፡ ዘእንበለ፡ እንሣእ፡ እመከ፡ ርኢኩ፡ ራእየ፡
ጽኑዐ፡ ወበእንቲአሆሙ፡ አስተብቋዕክዎ፡ ለእግዚእ። ስኩ ፫
በ፡ ኮንኩ፡ በቤተ፡ መላልኤል፡ እምሔውየ፡ ርኢኩ፡ በራእይ፡
ሰማይ፡ ይትነፀኍ፡ ወይትሐየድ፡ ወይወድቅ፡ ዲበ፡ ምድር። ወ ፬
ሶበ፡ ይወድቅ፡ ዲበ፡ ምድር፡ ርኢክዋ፡ ለምድር፡ ከመ፡ ትት
ወሐጥ፡ ውስተ፡ ቀላይ፡ ዐቢይ፡ ወአድባር፡ ዲበ፡ አድባር፡ ይሰ
ቀሉ፡ ወአውግር፡ ዲበ፡ አውግር፡ ይሠጠሙ፡ ወዕፀው፡ ነዋኃን፡
ይትገዘሙ፡ እምጕንዳቲሆሙ፡ ወይትገደፉ፡ ወይሠጠሙ፡ ውስ

፭ ተ : ቀላይ :: ወእምኔሁ : ወድቀ : ፃገር : ውስተ : አፈር : ወአንሣ
፮ እኩ : እጽራሕ : ወእቤ : ተሐጕለት : ምድር :: ወመላልኤል : እ
ምሔውየ : አንሥአኒ : እንዘ : አኔ : እሰክብ : ኀቤሁ : ወይቤለኒ :
ምንት : ከመዝ : ትጸርሕ : ወልድየ : ወለምንት : ከመዝ : ተዐ
፯ ወዩ :: ወነገርክዎ : ኵሎ : ራእየ : ዘርኢኩ : ወይቤለኒ : ከመ :
ጽኑዕ : ርኢከ ; ወልድየ : ወኀያል : ርእየ : ሕልምከ : ኀቡአተ :
ኵሉ : ኀጢአተ : ምድር : ወትሰጠም : ሀለወት : ውስተ : ቀላ
፰ ይ : ወተሐጕል : ሐጕለ : ዐቢየ :: ወይእዜኒ : ወልድየ : ተንሥእ :
ወአስተብቍዕ : ለእግዚአ : ስብሐት : እስመ : መሀይምን : አን
ተ : ከመ : ይትርፍ : ትራፍ : ዲበ : ምድር : ወኢይደምስሳ : ለኵላ :
፱ ምድር :: ወልድየ : እምሰማይ : ይሄሉ : ዝኵሉ : ዲበ : ምድ
፲ ር : ወዲበ : ምድር : ይከውን : ሐጕል : ዐቢይ :: ወእምኔሁ : ተን
ሣእኩ : ወጸለይኩ : ወአስተብቋዕኩ : ወጸሎትየ : ጸሐፍኩ :
፲፩ ለትውልደ : ዓለም : ወኵሎ : አርእየከ : ወልድየ : ማቱሳላ :: ወ
ሶበ : ወጻእኩ : ታሕተ : ወርኢክዎ : ለሰማይ : ወለፀሐይ : ይወ
ጽእ : እምሥራቅ : ወወርኀ : ይወርድ : እምዕራብ : ወውሑዳ
ት : ከዋክብት : ወኵሎ : ዘአእመረ : ዲበ : ቀዳሚ : ወባረክዎ :
ለእግዚአ : ኵኔ : ወሎቱ : ወሀብኩ : ዕበየ : እስመ : አውፅአ :
ፀሐየ : እመሣክወ : ምሥራቅ : ወዐርገ : ወሠረቀ : ዲበ : ገጸ :
ሰማይ : ወተንሥአ : ወየሐውር : ፍኖተ : እንተ : ተርእየት : ሎቱ ::

ክፍል : ፹፬ :: ወአልዓልኩ : እደውየ : በጽድቅ : ወባረክዎ :
ለቅዱስ : ወለዐቢይ : ወነገርኩ : በመንፈሰ : አፈየ : ወበልሳነ :
ሥጋ : እንተ : ገብረ : አምላክ : ለውሉደ : ሰብእ : ከመ : ይትናገ
ሩ : ባቲ : ወወሀቦሙ : መንፈሰ : ወልሳነ : ወአፈ : ከመ : ይትናገ
፪ ሩ : ቦቱ :: ቡሩክ : አንተ : እግዚኦ : ንጉሥ : ወዐቢይ : ወኀያል :
በዕበየ : ዚአከ : እግዚአ : ኵሉ : ፍጥረተ : ሰማይ : ንጉሠ : ነገ
ሥት : ወአምላከ : ኵሉ : ዓለም : ወመለኮትከ : ወመንግሥት
ከ : ወዕበይከ : ይነብር : ለዓለም : ወለዓለመ : ዓለም : ወለኵ
ሉ : ትውልደ : ትውልድ : ስልጣንከ : ወኵሎሙ : ሰማያት : መን
በርከ : ለዓለም : ወኵላ : ምድር : መከየደ : እገሪከ : ለዓለም :
፫ ወለዓለመ : ዓለም :: እስመ : አንተ : ገበርከ : ወኵሎ : አንተ :
ትመልክ : ወኢይጸንዖከ : ግብር : ወ ኢ ፩ ወኢአሐቲ : ጥበብ : ኢ
ተኀልፈከ : ወኢትትመየጥ : እመንበርታ : መንባሪከ : ወኢእምገ

ጽኩ : ወአንተ : ኵሉ : ተአምር : ወትሬኢ : ወትሰምዕ : ወአልቦ :
ዘይትኀባእ : እምኔከ : እስመ : ኵሉ : ትሬኢ :: ወይእዜኒ : መላ ፭
እክተ : ሰማያቲከ : ይኤብሱ : ወዲበ : ሥጋ : ሰብእ : ትክውን :
መዐትከ : እስከ : ዕለተ : ዐባይ : ኵነኔ :: ወይእዜኒ : አምላክ : ፮
ወእግዚእ : ወንጉሥ : ዐቢይ : አስተበቍዕ : ወእስእል : ከመ : ታ
ቅም : ሊተ : ስእለትየ : ከመ : ታትርፍ : ሊተ : ደኀረተ : ውስተ :
ምድር : ወኢታጥፍእ : ኵሉ : ሥጋ : ሰብእ : ወኢታዕርቃ : ለምድ
ር : ወይክውን : ሐጕል : ለዓለም :: ወይእዜኒ : እግዚእየ : አጥ ፯
ፍእ : እምዲበ : ምድር : ሥጋ : አምዕዐተከ : ወሥጋ : ጽድቅ :
ወርትዕ : አቅም : ለተክለ : ዘርእ : ለዓለም : ወኢትሰውር : ገጸ
ከ : እምስእለተ : ገብርከ : እግዚኦ ::

ምዕራፍ : ፲ወ፰ ::

ክፍል : ፹፮ :: ወእምድኅረዝ : ካልአ : ሕልመ : ርኢኩ : ወ
ኵሉ : አርእየከ : ወልድየ :: ወአንሥአ : ሄኖክ : ወይቤ : ለወል ፪
ዱ : ማቱሳላ : ለከ : እብለከ : ወልድየ : ስማዕ : ነገርየ : ወአጽን
ን : እዝነከ : ለርእየ : ሕልመ : አቡከ :: እንበለ : እንሥኣ : ለእ ፫
ምከ : እድና : ርኢኩ : በራእይ : በምስካብየ : ወናሁ : ወጽአ :
ላህም : እምድር : ወኮነ : ዝኩ : ላህም : ፀዐዳ : ወእምድኅረ
ሁ : ወጽአት : ጣዕዋ : አንስቲያዊት : አሐቲ : ወምስሌሃ : ወጽ
አ : ካልእ : ጣዕዋ : ወ፩ እምኔሆሙ : ኮነ : ጸሊመ : ወ፩ ቀይሐ ::
ወጐድኦ : ዝኩ : ጸሊም : ጣዕዋ : ለቀይሕ : ወተለዎ : ዲበ : ም ፭
ድር : ወኢክህልኩ : እምሶቤሃ : ርእዮቶ : ለዝኩ : ቀይሕ : ጣ
ዕዋ :: ወዝኩ : ጣዕዋ : ጸሊም : ልህቀ : ወመጽአት : ምስሌሁ : ፮
እንትኩ : ጣዕዋ : አንስቲያዊት : ወርኢኩ : እምኔሁ : ዘይወጽ
ኡ : አልህምተ : ብዙኃነ : እንዘ : ይመስልዎ : ወይተልውዎ : ድኅረ
ሁ :: ወእንታክቲ : ዕጐልት : አንስቲያዊት : እንታክቲ : ቀዳሚ ፯
ት : ወጽአት : እምቅድመ : ገጸ : ዝኩ : ላህም : ቀዳሚ : ኀሠ
ሠቶ : ለውእቱ : ጣዕዋ : ቀይሕ : ወኢረከበቶ : ወአውየወት : ሶ
ቤሃ : አውያተ : ዐቢይተ : ወኀሠሠቶ :: ወርኢኩ : እስከ : መጽ ፰
አ : ዝኩ : ላህም : ቀዳማዊ : ኀቤሃ : ወአርመማ : ወእምይእቲ :
ጊዜ : ኢጸርሐት :: ወእምድኅረዝ : ወለደት : ካልአ : ላህመ : ጸ ፱
ዐዳ : ወእምድኅረሁ : ወለደት : አልህምተ : ብዙኃነ : ወዕጐልተ :

፱ ጸሊማን ፡፡ ወርኢኩ ፡ በንዋምየ ፡ ዝኩ ፡ ሶር ፡ ጸዐዳ ፡ ወከመዝ ፡
ልህቀ ፡ ወኮነ ፡ ሶረ ፡ ጸዐዳ ፡ ዐቢየ ፡ ወእምኔሁ ፡ ወጽኡ ፡ አልህም
፲ ት ፡ ብዙኃን ፡ ጸዐዳ ፡ ወይመስልወ ፡፡ ወወጠኑ ፡ እንዘ ፡ ይወልዱ ፡
አልህምተ ፡ ብዙኃነ ፡ ጸዐዳ ፡ ወእለ ፡ ይመስልዎሙ ፡ ወተለወ ፡ ፩
ለካልኡ ፡፡

ክፍል ፡ ፹፮ ፡፡ ወካዕበ ፡ ርኢኩ ፡ በአዕይንትየ ፡ እንዘ ፡ አነ
ውም ፡ ወርኢኩ ፡ ሰማየ ፡ መልዕልተ ፡ ወነዋ ፡ ፩ ኮከብ ፡ ወድቀ ፡
እምሰማይ ፡ ወይትሌዐል ፡ ወይበልዕ ፡ ወይትረዐይ ፡ ማእከለ ፡ እ
፪ ልኩ ፡ አልህምት ፡፡ ወእምዝ ፡ ርኢኩ ፡ አልህምተ ፡ ዐቢያነ ፡ ወ
ጸሊማነ ፡ ወናሁ ፡ ኩሎሙ ፡ ወለጡ ፡ ምዕያቆሙ ፡ ወመርዓዮ
ሙ ፡ ወአጣዕዋሆሙ ፡ ወአንዙ ፡ ያዓውይዉ ፡ ፩ ምስለ ፡ ካልኡ ፡፡
፫ ወካዕበ ፡ ርኢኩ ፡ በራእይ ፡ ወነጸርክዎ ፡ ለሰማይ ፡ ወነዋ ፡ ርኢ
ኩ ፡ ከዋክብተ ፡ ብዙኃነ ፡ ወወረዱ ፡ ወተገድፉ ፡ እምሰማይ ፡ ኀ
በ ፡ ዝኩ ፡ ኮከብ ፡ ቀዳማዊ ፡ ወማእከለ ፡ እልኩ ፡ ጣዕዋ ፡ ወአ
፬ ልህምት ፡ ኮኑ ፡ ምስሌሆሙ ፡ ይትረዐዩ ፡ ማእከሎሙ ፡፡ ወነጸር
ክዎሙ ፡ ወርኢኩ ፡ ወነዋ ፡ ኩሎሙ ፡ አውፅኡ ፡ ኀፍረታቲሆሙ ፡
ከመ ፡ አፍራስ ፡ ወአንዙ ፡ ይዕርጉ ፡ ዲበ ፡ እጐላተ ፡ አልህምት ፡
፭ ወፀንሳ ፡ ኩሎን ፡ ወወለዳ ፡ ነጌያተ ፡ ወአገማለ ፡ ወአዕዱገ ፡፡ ወኩ
ሎሙ ፡ አልህምት ፡ ፈርህዎሙ ፡ ወደንገፁ ፡ እምኔሆሙ ፡ ወአን
ዙ ፡ እንዘ ፡ ይኔዝሩ ፡ በስነኒሆሙ ፡ ወይውሕጡ ፡ ወይወግኡ ፡ በአ
፮ ቅርንቲሆሙ ፡፡ ወአንዙ ፡ እንከ ፡ ይብልዕዎሙ ፡ ለእልኩ ፡ አል
ህምት ፡ ወነዋ ፡ ኩሎሙ ፡ ውሉደ ፡ ምድር ፡ አንዙ ፡ ይርዐዱ ፡ ወየ
ድለቀልቁ ፡ እምኔሆሙ ፡ ወይንፍጹ ፡፡

ክፍል ፡ ፹፯ ፡፡ ወካዕበ ፡ ርኢክዎሙ ፡ ወአንዙ ፡ እንዘ ፡ ይወ
ግኡ ፡ ፩ ለካልኡ ፡ ወይውኅጡ ፡ ፩ ለካልኡ ፡ ወምድር ፡ አንዘት ፡ ት
፪ ጽራሕ ፡፡ ወአንሣእኩ ፡ አዕይንትየ ፡ ካዕበ ፡ ውስተ ፡ ሰማይ ፡
ወርኢኩ ፡ በራእይ ፡ ወነዋ ፡ ወጽኡ ፡ እምሰማይ ፡ ከመ ፡ አምሳ
ለ ፡ ሰብእ ፡ ጸዐዳ ፡ ወ፩ ወጽአ ፡ እምውእቱ ፡ መካን ፡ ወ፫ ም
፫ ስሌሁ ፡፡ ወእሙንቱ ፡ ፫ እለ ፡ ወጽኡ ፡ ድኅረ ፡ አንዙኒ ፡ በእዴየ ፡
ወአንሥኡኒ ፡ እምትውልደ ፡ ምድር ፡ ወአልዐሉኒ ፡ ዲበ ፡ መካን ፡
ነዋኅ ፡ ወአርአዩኒ ፡ ማኅፈደ ፡ ነዋኀ ፡ እምድር ፡ ወኮነ ፡ ሕፁፀ ፡ ኩ
፬ ሉ ፡ አውግር ፡፡ ወይቤሉኒ ፡ ንበር ፡ ዝየ ፡ እስከ ፡ ትሬኢ ፡ ኩሎ ፡

ዘይመጽእ ፡ ዲበ ፡ እሉ ፡ ናጌያት ፡ ወአግማል ፡ ወአዕዱግ ፡ ወዲበ ፡
ከዋክብት ፡ ወዲበ ፡ አልህምታት ፡ ኵሎሙ ።

ክፍል ፡ ፹፰ ። ወርኢኩ ፡ ፩ እምእልኩ ፡ ፬ እለ ፡ ወጽኡ ፡ እ
ምቅዳሚ ፡ ወአኀዞ ፡ ለዝኩ ፡ ኮከብ ፡ ቀዳሚ ፡ ዘወድቀ ፡ እ
ምሰማይ ፡ ወአሠሮ ፡ እደዊሁ ፡ ወእገሪሁ ፡ ወወደዮ ፡ ውስተ ፡ ማ
ዕምቅ ፡ ወዝኩ ፡ ማዕምቅ ፡ ጸቢብ ፡ ወዕሙቅ ፡ ወዕፁብ ፡ ወጽ
ልመት ። ወ ፩ እምእሉ ፡ መልሐ ፡ ሰይፈ ፡ ወወሀቦሙ ፡ ለእልኩ ፡ ፪
ናጌያት ፡ ወአግማል ፡ ወአዕዱግ ፡ ወአኀዙ ፡ እንዘ ፡ ይጐድኡ ፡ ፩ ለካ
ልኡ ፡ ወኵላ ፡ ምድር ፡ አድለቅለቀት ፡ ዲቤሆሙ ። ወሶበ ፡ ርኢ ፫
ኩ ፡ በራእይ ፡ ወናዋ ፡ እንከ ፡ ፩ እምእልክቱ ፡ ፬ እለ ፡ ወጽኡ ፡
ወገረ ፡ እምሰማይ ፡ ወአስተጋብአ ፡ ወነሥአ ፡ ኵሎ ፡ ከዋክብተ ፡
ዐቢያነ ፡ እለ ፡ ኀፍረቶሙ ፡ ከመ ፡ ኀፍረተ ፡ አፍራስ ፡ ወአሠሮሙ ፡
ለኵሎሙ ፡ በእደዊሆሙ ፡ ወበእገሪሆሙ ፡ ወወደዮሙ ፡ በንቅ
ዐተ ፡ ምድር ።

ክፍል ፡ ፹፱ ። ወ ፩ እምእልኩ ፡ ፬ ሖረ ፡ ኀበ ፡ እልኩ ፡ አልህ
ምት ፡ ጸዐዳ ፡ ወመሀሮ ፡ ምሥጢረ ፡ እንዘ ፡ ይርዕድ ፡ ውእቱ ፡ ላ
ህም ፡ ተወልደ ፡ ወኮነ ፡ ሰብአ ፡ ወፀረበ ፡ ሎቱ ፡ መስቀረ ፡ ዐቢየ ፡
ወነበረ ፡ ዲቤሃ ፡ ወ ፫ አልህምት ፡ ነበሩ ፡ ምስሌሁ ፡ በይእቲ ፡
መስቀር ፡ ወተከድነ ፡ ላዕሌሆሙ ። ወአልዐልኩ ፡ ካዕበ ፡ አዕይ ፪
ንትየ ፡ መንገለ ፡ ሰማይ ፡ ወርኢኩ ፡ ናህስ ፡ ልዑለ ፡ ወ ፯ አስረ
ብ ፡ ዲቤሁ ፡ ወእልኩ ፡ አስራብ ፡ ያውኅዙ ፡ በ ፩ ዐፀድ ፡ ማየ ፡ ብ
ዙኀ ። ወርኢኩ ፡ ካዕበ ፡ ወናዋ ፡ አንቅዕታት ፡ ተርኅወ ፡ ዲበ ፡ ም ፫
ድር ፡ በውእቱ ፡ ዐጸድ ፡ ዐቢይ ፡ ወአኀዘ ፡ ውእቱ ፡ ማይ ፡ ይፍላ
ኅ ፡ ወይትነሣእ ፡ ዲበ ፡ ምድር ፡ ወኢያርአዮ ፡ ለውእቱ ፡ ዐፀድ ፡
እስከ ፡ ኵሉ ፡ ምድሩ ፡ ተከድነ ፡ በማይ ። ወበዝኀ ፡ ዲቤሁ ፡ ፬
ማይ ፡ ወጽልመት ፡ ወጊሜ ፡ ወእሬኢ ፡ መልዕልቶ ፡ ለዝኩ ፡ ማይ ፡
ወተለዐለ ፡ ውእቱ ፡ ማይ ፡ መልዕልቶ ፡ ለውእቱ ፡ ዐጸድ ፡ ወይክዑ ፡
መልዕልቶ ፡ ለዐጸድ ፡ ወቆመ ፡ ዲበ ፡ ምድር ። ወኵሎሙ ፡ አልህ ፭
ምት ፡ እለ ፡ ውእቱ ፡ ዐጸድ ፡ ተጋብኡ ፡ እስከነ ፡ ርኢክዎሙ ፡ ይ
ሠጠሙ ፡ ወይትወሐጡ ፡ ወይትሐጐሉ ፡ በውእቱ ፡ ማይ ። ወው ፮
እቱ ፡ መስቀር ፡ ይፀቢ ፡ ዲበ ፡ ማይ ፡ ወኵሎሙ ፡ አልህምት ፡ ወና
ጌያት ፡ ወአግማል ፡ ወአዕዱግ ፡ ተሰጥሙ ፡ ውስተ ፡ ምድር ፡ ወኵ
ሉ ፡ እንስሳ ፡ ወኢክህልኩ ፡ ርእዮቶሙ ፡ ወእሙንቱ ፡ ስእኑ ፡ ወ

፯ ጺአ፡ ወተንጕሉ፡ ወተሰጥሙ፡ ውስተ፡ ቀላይ። ወኃዐበ፡ ርኢ
ኩ፡ በራእይ፡ እስከ፡ ሰሰሉ፡ እልኩ፡ አስራብ፡ እምዝኩ፡ ና
ህስ፡ ልዑል፡ ወንቅሀተ፡ ምድር፡ ሀረየ፡ ወመዓምቃት፡ ካልኣት፡
፰ ተፈትሑ። ወአንዘ፡ ማይ፡ ይረድ፡ ውስቴቶሙ፡ እስከነ፡ ተከ
ሥተ፡ ምድር፡ ወውእቱ፡ መስቀር፡ ነበረ፡ ዲበ፡ ምድር፡ ወተገኃ
፱ ሠት፡ ጽልመት፡ ወኮነ፡ ብርሃን። ወውእቱ፡ ላህም፡ ጸዐዳ፡ ዘ
ኮነ፡ ብእሴ፡ ወጽአ፡ እምዝኩ፡ መስቀር፡ ወ፫ አልህምት፡ ም
ስሌሁ፡ ወኮነ፡ ፩ ዝኩ፡ እም፡ ፫ አልህምት፡ ፀዐዳ፡ ይመስሎ፡
ለዝኩ፡ ላህም፡ ወ፩ እምኔሆሙ፡ ቀይሕ፡ ከመ፡ ደም፡ ወ፩
ጸሊም፡ ወውእቱ፡ ዝኩ፡ ላህም፡ ጸዐዳ፡ ኀለፈ፡ እምኔሆሙ።
፲ ወአንዘ፡ ይለዱ፡ አራዊተ፡ ገዳም፡ ወአዕዋፈ፡ ወኮነ፡ እምኔሆሙ፡
ዘእምኰሉሙ፡ ኅብረ፡ አሕዛብ፡ አናብስተ፡ ወአናምርተ፡ ወ
አካልብተ፡ ወአዝእብተ፡ ወአጽዕብተ፡ ወሐራውያ፡ ገዳም፡ ወ
ቈናጽለ፡ ወገሔያተ፡ ወሐንዘረ፡ ወሲሲተ፡ ወአውስተ፡ ወሆባየ፡
ወፈንቃሰ፡ ወቋዓተ፡ ወተወልደ፡ ማእከሎሙ፡ ላህም፡ ጸዐዳ።
፲፩ ወአንዘ፡ ይትናሰኩ፡ በበይናቲሆሙ፡ ፩ ምስለ፡ ካልኡ፡ ወዝ
ኩ፡ ላህም፡ ጸዐዳ፡ ዘተወልደ፡ ማእከሎሙ፡ ወለደ፡ አድገ፡ ገ
ዳም፡ ወላህመ፡ ጸዐዳ፡ ምስሌሁ፡ ወበዝኀ፡ አድገ፡ ገዳም።
፲፪ ወውእቱ፡ ላህም፡ ዘተወልደ፡ እምኔሁ፡ ወለደ፡ ሐራውያ፡ ገዳ
ም፡ ጸሊመ፡ ወበግዐ፡ ፀዐዳ፡ ወውእቱ፡ ሐራውያ፡ ገዳም፡ ወለ
ደ፡ አኅርወ፡ ብዙኃነ፡ ወውእቱ፡ በግዕ፡ ወለደ፡ ፲ወ፪ አባግዐ።
፲፫ ወሶበ፡ ልህቁ፡ እልክቱ፡ ፲ወ፪ አባግዕ፡ ለ፩ እምኔሆሙ፡ መጠ
ውዎ፡ ለአዕዱግ፡ ወእሉ፡ አዕዱግ፡ ካዕበ፡ መጠውዎ፡ ለዝኩ፡
በግዕ፡ ለአዝእብት፡ ወልህቀ፡ ዝኩ፡ በግዕ፡ ማእከለ፡ አዝእ
፲፬ ብት። ወእግዚእ፡ አምጽኦሙ፡ ለ፲ወ፩ አባግዕ፡ ከመ፡ ይኅድ
ሩ፡ ምስሌሁ፡ ወይትረዐዩ፡ ምስሌሁ፡ ማእከለ፡ አዝእብት፡
፲፭ ወበዝኁ፡ ወኮኑ፡ መራዕየ፡ ብዙኃነ፡ ዘአባግዕ። ወወጠኑ፡ አዝ
እብት፡ እንዘ፡ ይፈርህዎሙ፡ ወአጥወቅዎሙ፡ እስከ፡ ያሐል
ቁ፡ ደቂቆሙ፡ ወገደፏ፡ ደቂቆሙ፡ በውኂዘ፡ ማይ፡ ብዙኅ፡ ወእ
ልኩ፡ አባግዕ፡ ወጠኑ፡ ይጽርሑ፡ በእንተ፡ ደቂቆሙ፡ ወይሰኩ
፲፮ ዩ፡ ኀበ፡ እግዚኦሙ። ወበግዕ፡ ዘድኅነ፡ እምነ፡ አዝእብት፡ ነፈ
ጸ፡ ወኀለፈ፡ ውስተ፡ አዕዱግ፡ ገዳም፡ ወርኢክዎሙ፡ ለአባግዕ፡
እንዘ፡ የሀውዩ፡ ወይጸርሑ፡ ወይስእልዎ፡ ለእግዚኦሙ፡ በኵ

ሉ፡ ኃይሎሙ፡ እስከ፡ ወረደ፡ ዝኩ፡ እግዚአ፡ አባግዕ፡ ኀበ፡ ቀ
ሎሙ፡ ለአባግዕ፡ እምጽርሕ፡ ልዑል፡ ወበጽሐ፡ ኀቤሆሙ፡ ወር
እዮሙ። ወጸውዖ፡ ለዝኩ፡ በግዕ፡ ዘተኀጥአ፡ እምአዝእብ ፲፯
ት፡ ወተናገሮ፡ በእንተ፡ አዝእብት፡ ከመ፡ ያስምዖ፡ ላዕሌሆ
ሙ፡ ከመ፡ ኢይግሥሥዎሙ፡ ለአባግዕ። ወሖረ፡ በግዕ፡ ኀበ፡ አ ፲፰
ዝእብት፡ በቃለ፡ እግዚእ፡ ወካልእ፡ በግዕ፡ ተራከቦ፡ ለውእ
ቱ፡ በግዕ፡ ወሖረ፡ ምስሌሁ፡ ወቦኡ፡ ክልኤሆሙ፡ ኅቡረ፡ ውስ
ተ፡ ማኀበሮሙ፡ ለእልኩ፡ አዝእብት፡ ወተናገርዎሙ፡ ወአስ
ምዑ፡ ዲቤሆሙ፡ ከመ፡ እምይእዜ፡ ኢይግሥሥዎሙ፡ ለአባግ
ዕ። ወእምኔሁ፡ ርኢክዎሙ፡ ለአዝእብት፡ ወእፎ፡ ጸንዑ፡ ፈ ፲፱
ድፋደ፡ ዲበ፡ አባግዕ፡ በኵሉ፡ ኃይሎሙ፡ ወአባግዕ፡ ጸርሑ።
ወእግዚኦሙ፡ መጽአ፡ ኀቤሆሙ፡ ለአባግዕ፡ ወአኀዘ፡ ይዝብጦ ፳
ሙ፡ ለእልኩ፡ አዝእብት፡ ወአዝእብት፡ አኀዙ፡ የሀውዩ፡
ወአባግዕ፡ አርመሙ፡ ወእምሶቤሃ፡ ኢጸርሑ። ወርኢክዎሙ፡ ፳፩
ለአባግዕ፡ እስከ፡ ወጽኡ፡ እምአዝእብት፡ ወአዝእብት፡ ተጸ
ለሉ፡ አዕይንቲሆሙ፡ ወወጽኡ፡ እንዘ፡ ይተልውዎሙ፡ ለአባግ
ዕ፡ እልኩ፡ አዝእብት፡ በኵሉ፡ ኃይሎሙ። ወእግዚኦሙ፡ ለ ፳፪
አባግዕ፡ ሖረ፡ ምስሌሆሙ፡ እንዘ፡ ይመርሆሙ፡ ወኵሎሙ፡ አባ
ግዒሁ፡ ተለውዎ፡ ወገጹ፡ ስቡሕ፡ ወግሩም፡ ራእዩ፡ ወክቡር።
ወአዝእብትሰ፡ አኀዙ፡ ይትልውዎሙ፡ ለእልኩ፡ አባግዕ፡ እስ ፳፫
ከ፡ ተራከብዎሙ፡ በአሐቲ፡ አይገ፡ ማይ። ወውእቱ፡ አይገ፡ ፳፬
ማይ፡ ተሰጠ፡ ወቆመ፡ ማይ፡ እምዝየ፡ ወእምዝየ፡ በቅድመ፡
ገጾሙ፡ ወእግዚኦሙ፡ እንዘ፡ ይመርሖሙ፡ ወቆመ፡ ማእከሎ
ሙ፡ ወማእከለ፡ አዝእብት። ወዓዲሆሙ፡ እልኩ፡ አዝእብ ፳፭
ት፡ ኢርእይዎሙ፡ ለአባግዕ፡ ወሖሩ፡ ማእከለ፡ ዝኩ፡ አይገ፡
ማይ፡ ወአዝእብት፡ ተለውዎሙ፡ ለአባግዕ፡ ወሮጹ፡ ድኅሬሆሙ፡
እልኩ፡ አዝእብት፡ በውእቱ፡ አይገ፡ ማይ። ወሶበ፡ ርእይዎ፡ ፳፮
ለእግዚኦሙ፡ ለአባግዕ፡ ገብኡ፡ ከመ፡ ይጕየዩ፡ እምቅድመ፡ ገ
ጹ፡ ወዝኩ፡ አይገ፡ ማይ፡ ተጋብአ፡ ወኮነ፡ ከመ፡ ፍጥረቱ፡ ፍ
ጡነ፡ ወመልአ፡ ማይ፡ ወተለዐለ፡ እስከ፡ ከደኖሙ፡ ለእልኩ፡
አዝእብት። ወርኢኩ፡ እስከ፡ ተሐጕሉ፡ ኵሎሙ፡ አዝእብ ፳፯
ት፡ እለ፡ ተለውዎሙ፡ ለእልኩ፡ አባግዕ፡ ወተሰጥሙ። ወአባ ፳፰
ግዕሰ፡ ኀለፉ፡ እምዝኩ፡ ማይ፡ ወወጽኡ፡ ውስተ፡ በድው፡ ኀ

በ፡ አለቦ፡ ማይ፡ ወሠዐር፡ ወአንዙ፡ ይክሥቱ፡ አዕይንቲሆሙ፡ ወይ
ርአዩ፡ ወርኢኩ፡ እግዚኦሙ፡ ለአባግዕ፡ ይርእዮሙ፡ ወይሁቦሙ፡
ማየ፡ ወሠዐረ፡ ወዝኩ፡ በግዕ፡ እንዘ፡ የሐውር፡ ወይመርሖሙ።
፷፱ ወሀርገ፡ ዝኩ፡ በግዕ፡ ዲበ፡ ድማሑ፡ ለዝኩ፡ ኰኵሕ፡ ነዋኅ፡
፸ ወእግዚኦሙ፡ ለአባግዕ፡ ፈነወ፡ ኀቤሆሙ። ወእምኒሁ፡ ርኢክ
ዎ፡ ለእግዚአ፡ አባግዕ፡ ዘቆመ፡ ቅድሜሆሙ፡ ወራእዩ፡ ግሩም፡
ወኃያል፡ ወኵሎሙ፡ እልኩ፡ አባግዕ፡ ርእይዎ፡ ወፈርሁ፡ እም
፸፩ ገጹ። ወኵሎሙ፡ እልኩ፡ ይፈርሁ፡ ወይርዕዱ፡ እምኔሁ፡ ወይ
ጸርሑ፡ ድኅሬሁ፡ ለዝኩ፡ በግዕ፡ ምስሌሁ፡ ዘሀሉ፡ ለካልእ፡
በግዕ፡ ዘኮነ፡ ማእከሎሙ፡ እስመ፡ ኢንክል፡ ቅድመ፡ እግዚእ
፸፪ ነ፡ ወኢነጽርዎ። ወገብአ፡ ዝኩ፡ በግዕ፡ ዘይመርሖሙ፡ ወሀርገ፡
ቢድማሐ፡ ዝኩ፡ ኰኵሕ፡ ወአባግዕ፡ አንዙ፡ ይጸልሉ፡ አዕይን
ቲሆሙ፡ ወይስሐቱ፡ እምፍኖት፡ እንተ፡ አርአዮሙ፡ ወዝኩ፡
፸፫ በግዕ፡ ኢየአምረ። ወእግዚኦሙ፡ ለአባግዕ፡ ተምዐ፡ ዲቤሆሙ፡
ዐቢየ፡ መዐተ፡ ወአእመረ፡ ዝኩ፡ በግዕ፡ ወወረደ፡ እምነ፡ ድማ
ሑ፡ ለኰኵሕ፡ ወመጽአ፡ ኀበ፡ አባግዕ፡ ወረከበ፡ መብዝኅቶ
፸፬ ሙ፡ ዘጽሉል፡ አዕይንቲሆሙ፡ ወእለ፡ ስሕቱ፡ እምፍኖቱ። ወ
ሶበ፡ ርእይዎ፡ ፈርሁ፡ ወርዕዱ፡ እምቅድመ፡ ገጹ፡ ወፈቀደ፡ ከ
፸፭ መ፡ ይግብኡ፡ ለዐጸዳ፡ ዚአሆሙ። ወዝኩ፡ በግዕ፡ ነሥአ፡ ም
ስሌሁ፡ ባዕዳነ፡ አባግዐ፡ ወቦአ፡ ኀበ፡ እልኩ፡ አባግዕ፡ እለ፡ ስ
ሕቱ፡ ወእምዝ፡ አንዘ፡ ይቀትሎሙ፡ ወአባግዕ፡ ፈርሁ፡ እም
ገጹ፡ ወአግብኦሙ፡ ውእቱ፡ በግዕ፡ ለእልኩ፡ አባግዕ፡ እለ፡ ስ
፸፮ ሕቱ፡ ወገብኡ፡ ውስተ፡ አዕጻዲሆሙ። ወርኢኩ፡ በህየ፡ ራእ
የ፡ እስከ፡ ውእቱ፡ በግዕ፡ ኮነ፡ ብእሴ፡ ወሐነጸ፡ ቤተ፡ ለእግዚ
አ፡ አባግዕ፡ ወለኵሎሙ፡ አባግዕ፡ አቀሞሙ፡ በውእቱ፡ ቤት።
፸፯ ወርኢኩ፡ እስከ፡ ሰከበ፡ ውእቱ፡ በግዕ፡ ዘተራከቦ፡ ለዝኩ፡
በግዕ፡ ዘመርሖሙ፡ ለአባግዕ፡ ወርኢኩ፡ እስከ፡ ተኀጕሉ፡ ኵ
ሎሙ፡ አባግዕ፡ ዐቢያን፡ ወንኡሳን፡ ተንሥኡ፡ ህየንቴሆሙ፡ ወቦ
፸፰ ኡ፡ ውስተ፡ መርዔት፡ ወቀርቡ፡ ኀበ፡ ፈለገ፡ ማይ። ወዝኩ፡
በግዕ፡ ዘይመርሆሙ፡ ዘኮነ፡ ብእሴ፡ ተሌለየ፡ እምኔሆሙ፡ ወሰ
ከበ፡ ወኵሎሙ፡ አባግዕ፡ ኃሠሥዎ፡ ወጸርሑ፡ ዲቤሁ፡ ዐቢየ፡
፸፱ ጽራሐ። ወርኢኩ፡ እስከ፡ አርመሙ፡ እምጽራሑ፡ ለዝኩ፡ በ
ግዕ፡ ወኀለፉ፡ ለዝኩ፡ ውኂዘ፡ ማይ፡ ወቆሙ፡ አባግዕ፡ ኵሉ

ሙ፡ እለ፡ ይመርሕወሙ፡ ተክሉሙ፡ ለእለ፡ ሰከቡ፡ ወመርህወ
ሙ ። ወርኢኩ፡ አባግዕ፡ እስከ፡ ይበውኡ፡ ውስተ፡ መካን፡ ሠ ፵
ናይ፡ ወምድር፡ ሐዋዝ፡ ወስብሕት፡ ወርኢኩ፡ እልኩ፡ አባግ
ዕ፡ እስከ፡ ጸገቡ፡ ወውእቱ፡ ቤት፡ ማእከሎሙ፡ በምድር፡ ሐ
ዋዝ ። ወቦ፡ ኅበ፡ ይትከሠታ፡ አዕይንቲሆሙ፡ ወቦ፡ ኅበ፡ ይጼ ፵፩
ለላ፡ እስከ፡ ተንሥአ፡ ካልእ፡ በግዕ፡ ወመርሆሙ፡ ወአግብኦ
ሙ፡ ለኵሎሙ፡ ወተከሥታ፡ አዕይንቲሆሙ ። ወአኀዙ፡ አክላ ፵፪
ብ፡ ወቈናጽል፡ ወሐራውያ፡ ሐቅል፡ ይብልዕዎሙ፡ ለእልኩ፡
አባግዕ፡ እስከ፡ ተንሥአ፡ ካልእ፡ በግዕ፡ [እግዚአ፡ አባግዕ፡] ፩ እ
ምኔሆሙ፡ ሐርጌ፡ ዘይመርሆሙ ። ወዝኩ፡ ሐርጌ፡ አኀዘ፡ ይወ ፵፫
ጋዕ፡ እምዝየ፡ ወእምዝየ፡ እልክተ፡ አክላበ፡ ወቈናጽለ፡ ወ
ሐራውያ፡ ገዳም፡ እስከ፡ ለኵሎሙ፡ አኃጐሎሙ ። ወውእቱ፡ ፵፬
በግዕ፡ ተፈትሐ፡ አዕይንቲሁ፡ ወርእየ፡ ዝኩ፡ ሐርጌ፡ ዘማእከለ፡
አባግዕ፡ ዘኀደገ፡ ስብሐቶ፡ ወአኀዘ፡ ይጐድኦሙ፡ ለእሙንቱ፡
አባግዕ፡ ወኬዶሙ፡ ወሖረ፡ ዘእንበለ፡ ተድላ ። ወእግዚኦሙ፡ ፵፭
ለአባግዕ፡ ፈነወ፡ ለበግዕ፡ ኅበ፡ ካልእ፡ በግዕ፡ ወአንሥኦ፡ ከመ፡
ይኩን፡ ሐርጌ፡ ወይምርሆሙ፡ ለአባግዕ፡ ህየንተ፡ ዝኩ፡ በግዕ፡
ዘኀደገ፡ ስብሐቲሁ ። ወሖረ፡ ኀቤሁ፡ ወተናገሮ፡ ለባሕቲቱ፡ ወ ፵፮
አንሥኦ፡ ለውእቱ፡ ሐርጌ፡ ወገብሮ፡ መኰንነ፡ ወመራሔ፡ ለአባ
ግዕ፡ ወበኵሉዝ፡ እልኩ፡ አክላብ፡ ያጽዕቅዎሙ፡ ለአባግዕ ።
ወሐርጌ፡ ቀዳማዊ፡ ሰደደ፡ ለዝኩ፡ ሐርጌ፡ ዳኅራዊ፡ ወተንሥአ፡ ፵፯
ዝኩ፡ ሐርጌ፡ ዳኅራዊ፡ ወነፍጸ፡ እምቅድመ፡ ገጹ፡ ወርኢኩ፡
እስከ፡ አውደቅዎ፡ እልኩ፡ አክላብ፡ ለሐርጌ፡ ቀዳማዊ ። ወተ ፵፰
ንሥአ፡ ዝኩ፡ ሐርጌ፡ ዳኅራዊ፡ ወመርሖሙ፡ ለአባግዕ፡ ንኡሳን፡
ወዝኩ፡ ሐርጌ፡ ወለደ፡ አባግዐ፡ ብዙኃነ፡ ወሰከበ፡ ወበግዕ፡ ን
ኡስ፡ ኮነ፡ ሐርጌ፡ ህየንቴሁ፡ ወኮነ፡ መኰንነ፡ ወመራሔ፡ ለእል
ክቱ፡ አባግዕ ። ወልህቁ፡ ወበዝኁ፡ እልኩ፡ አባግዕ፡ ወኵሎሙ፡ ፵፱
አክላብ፡ ወቈናጽል፡ ወሐራውያ፡ ገዳም፡ ፈርሁ፡ ወነፍጹ፡ እ
ምኔሁ፡ ወውእቱ፡ ሐርጌ፡ ጐድአ፡ ወቀተለ፡ ኵሉ፡ አራዊተ፡ ወ
ኢክህሉ፡ ደገመ፡ እልኩ፡ አራዊት፡ ማእከለ፡ አባግዕ፡ ወምን
ተኒ፡ ግሙራ፡ ኢመሠጡ፡ እምኔሆሙ ። ወዝኩ፡ ቤት፡ ኮነ፡ ዐ ፶
ቢየ፡ ወርኂበ፡ ወተሐንጸ፡ ለእልኩ፡ አባግዕ፡ ማኅፈድ፡ ነዋኅ፡
ደበ፡ ዝኩ፡ ቤት፡ ለእግዚአ፡ አባግዕ፡ ወተትሕተ፡ ዝኩ፡ ቤ

ት ፡ ወማኅፈድሰ ፡ ተለዐለ ፡ ወኖኀ ፡ ኖዋኅ ፡ ወእግዚአ ፡ አባግዕ ፡ ቆ
መ ፡ ዲበ ፡ ውእቱ ፡ ማኅፈድ ፡ ወማእደ ፡ ምልእተ ፡ አቅረቡ ፡ በቅ
፶፩ ድሜሁ ፡፡ ወርኢክዎሙ ፡ ካዕበ ፡ ለእልክቱ ፡ አባግዕ ፡ ካዕበ ፡ ክ
መ ፡ ስሕቱ ፡ ወሖሩ ፡ በብዙኃ ፡ ፍናዋት ፡ ወኀደጉ ፡ ዝኩ ፡ ቤተ ፡
ዚአሆሙ ፡ ወእግዚኦሙ ፡ ለአባግዕ ፡ ጸውዐ ፡ እምውስቴቶሙ ፡
ለአባግዕ ፡ ወለአኮሙ ፡ ኀበ ፡ አባግዕ ፡ ወአባግዕ ፡ አኀዙ ፡ ይቅትል
፶፪ ዎሙ ፡፡ ወ ፩ እምኔሆሙ ፡ ድኅነ ፡ ወኢተቀትለ ፡ ወቀነጸ ፡ ወጸር
ሐ ፡ ዲበ ፡ አባግዕ ፡ ወፈቀዱ ፡ ይቅትልዎ ፡ ወእግዚአ ፡ አባግዕ ፡ አ
ድኀኖ ፡ እምእዴሆሙ ፡ ለአባግዕ ፡ ወአዕረጎ ፡ ኀቤየ ፡ ወአንበሮ ፡፡
፶፫ ወካልኣነ ፡ አባግዐ ፡ ብዙኃነ ፡ ፈነወ ፡ ኀቤሆሙ ፡ ለእልክቱ ፡ አባግ
፶፬ ዕ ፡ የስምዑ ፡ ወየዐውይዉ ፡ ዲቤሆሙ ፡፡ ወእምኔሁ ፡ ርኢኩ ፡ ሶ
በ ፡ ኀደጉ ፡ ቤቶ ፡ ለእግዚአ ፡ አባግዕ ፡ ወማኅፈደ ፡ እምኵሉ ፡ ስ
ሕቱ ፡ ወተጸለላ ፡ አዕይንቲሆሙ ። ወርኢኩ ፡ እግዚአ ፡ አባግዕ ፡ ክ
መ ፡ ገብረ ፡ ቀትለ ፡ ብዙኀ ፡ ዲቤሆሙ ፡ በበመራዕይሆሙ ፡ እስከ ፡
ይጼውዕዎ ፡ እልኩ ፡ አባግዕ ፡ ለዝኩ ፡ ቀትል ፡ ወአገብኦ ፡ መካኖ ፡፡
፶፭ ወኀደጎሙ ፡ ውስተ ፡ እደ ፡ አናብስት ፡ ወአናምርት ፡ ወአዝእብት ፡
ወአጽዕብት ፡ ወውስተ ፡ እደ ፡ ቈናጽል ፡ ወዲበ ፡ ኵሉ ፡ አራዊ
ት ፡ ወአኀዙ ፡ እልክቱ ፡ አራዊተ ፡ ገዳም ፡ ይምስጥዎሙ ፡ ለእል
፶፮ ኩ ፡ አባግዕ ፡፡ ወርኢኩ ፡ ከመ ፡ ኀደጎ ፡ ለዝኩ ፡ ቤተ ፡ ዚአሆሙ ፡
ወማኅፈደሙ ፡ ወወደዮሙ ፡ ለኵሎሙ ፡ ውስተ ፡ እደ ፡ አናብስ
ት ፡ ከመ ፡ ይምስጥዎሙ ፡ ወከመ ፡ ይብልዕዎሙ ፡ ውስተ ፡ እደ
፶፯ ዊሆሙ ፡ ለኵሎሙ ፡ አራዊት ፡፡ ወአነ ፡ አኀዝኩ ፡ እጽራሕ ፡ በ
ኵሉ ፡ ኀይልየ ፡ ወእጸውዖ ፡ ለእግዚአ ፡ አባግዕ ፡ ወአርአዮ ፡ በእ
ንተ ፡ አባግዕ ፡ እስመ ፡ ተበልዑ ፡ እምኵሎሙ ፡ አራዊተ ፡ ገዳም ፡፡
፶፰ ወውእቱ ፡ አርመመ ፡ እንዘ ፡ ይሬኢ ፡ ወተፈሥሐ ፡ እስመ ፡ ተበል
ዑ ፡ ወተውሕጡ ፡ ወተሐይዱ ፡ ወኀደጎሙ ፡ ውስተ ፡ እደ ፡ ኵሎ
፶፱ ሙ ፡ አራዊት ፡ ለመብልዕ ፡፡ ወጸውዐ ፡ ፲፪ ኖላውያነ ፡ ወገደፎሙ ፡
ለእልክቱ ፡ አባግዕ ፡ ከመ ፡ ይርዐይዎሙ ፡ ወይቤ ፡ ለኖላውያን ፡ ወ
ለፀማደሙ ፡ ኵሉ ፡ ፩፩ እምኔክሙ ፡ እምይእዜ ፡ ይርዐይዎሙ ፡
፷ ለአባግዕ ፡ ወኵሉ ፡ ዘእኤዝዘክሙ ፡ አነ ፡ ግበሩ ፡፡ ወእሜጥወክ
ሙ ፡ አነ ፡ በኍልቍ ፡ ወእነግረክሙ ፡ ዘይትሐጐል ፡ እምኔሆሙ ፡
ወኪያሆሙ ፡ አሕጕሉ ፡ ወመጠወ ፡ ሎሙ ፡ እልክተ ፡ አባግዐ ፡፡
፷፩ ወለካልእ ፡ ጸውዖ ፡ ወይቤሎ ፡ ለቡ ፡ ወርኢ ፡ ኵሎ ፡ ዘይገብሩ ፡

ኖሎት ፡ ዲበ ፡ እሉ ፡ አባግዕ ፡ እስመ ፡ ያሐጕሉ ፡ እምውስቴቶ
ሙ ፡ ፈድፋደ ፡ እምዘ ፡ አዘዝክዎሙ ፡፡ ወኵሉ ፡ ጽጋበ ፡ ወሐ ፷፪
ጕለ ፡ ዘይትገበር ፡ በኖሎት ፡ ጸሐፍ ፡ ሚመጠነ ፡ ያኀጕልዎሙ ፡ በ
ትእዛዝየ ፡ ወሚመጠነ ፡ ያሐጕሉ ፡ በርእሶሙ ፡ ወኵሉ ፡ ሐጕሎ
ሙ ፡ ለለ ፡ ፲፪ ኖላዊ ፡ ጸሐፍ ፡ ዲቤሆሙ ፡፡ ወበኍልቍ ፡ አንብብ ፡ ፷፫
በቅድሜየ ፡ ወሚመጠነ ፡ ያሐጕሉ ፡ በርእሶሙ ፡ ወሚመጠነ ፡ ይ
ሜጥውዎሙ ፡ ለሐጕል ፡ ከመ ፡ ይኩን ፡ ሊተ ፡ ዝንቱ ፡ ስምዐ ፡ ዲ
ቤሆሙ ፡ ከመ ፡ አእምር ፡ ኵሎ ፡ ግብሮሙ ፡ ለኖላውያን ፡ ከመ ፡
እመጥዎሙ ፡ ወእርአይ ፡ ዘይገብሩ ፡ ለእመ ፡ ይነብሩ ፡ በትእዛ
ዝየ ፡ ዘአዘዝክዎሙ ፡ ወእመ ፡ አልቦ ፡፡ ወኢያእምሩ ፡ ወኢታ ፷፬
ርእዮሙ ፡ ወኢትዝልፎሙ ፡ አላ ፡ ጸሐፍ ፡ ኵሎ ፡ ሐጕሎሙ ፡
ለኖላውያን ፡ በበጊዜሁ ፡ ለለ ፡ ፲፪ ወአዕርግ ፡ ኀቤየ ፡ ኵሎ ፡፡ ወ ፷፭
ርኢኩ ፡ እስከ ፡ ሶበ ፡ እልኩ ፡ ኖላውያን ፡ ይርዕዩ ፡ በጊዜሁ ፡ ወ
አኀዙ ፡ ይቅትሉ ፡ ወያሕጕሉ ፡ ብዙኃነ ፡ እምትእዛዞሙ ፡ ወኀደ
ጉ ፡ እልክተ ፡ አባግዐ ፡ ውስተ ፡ እደ ፡ አናብስት ፡፡ ወበልዑ ፡ ወው ፷፮
ሕጡ ፡ መብዝኃቶሙ ፡ ለእልኩ ፡ አባግዕ ፡ አናብስት ፡ ወአናም
ርት ፡ ወሐረውያ ፡ ገደም ፡ በልዑ ፡ ምስሌሆሙ ፡ ወአውዐይዎ ፡
ለዝኩ ፡ ማኅፈድ ፡ ወከረይዎ ፡ ለዝኩ ፡ ቤት ፡፡ ወኀዘንኩ ፡ ብ ፷፯
ዙኀ ፡ ጥቀ ፡ በእንተ ፡ ማኅፈድ ፡ እስመ ፡ ተከርየ ፡ ውእቱ ፡ ቤት ፡
ዘአባግዕ ፡ ወእምኔሁ ፡ ኢክህልኩ ፡ ርእዮቶሙ ፡ ለእልኩ ፡ አባግ
ዕ ፡ ለእመ ፡ ይበውኡ ፡ ኀበ ፡ ዝኩ ፡ ቤት ፡፡ ወኖላውያን ፡ ወፀማ ፷፰
ደሙ ፡ መጠውዎሙ ፡ ለእልኩ ፡ አባግዕ ፡ ለኵሉ ፡ አራዊት ፡ ከ
መ ፡ ይብልዕዎሙ ፡ ወኵሉ ፡ ፲፪ እምኔሆሙ ፡ በጊዜሁ ፡ በኍል
ቍ ፡ ይትሜጠው ፡ ወኵሉ ፡ ፲፪ እምኔሆሙ ፡ ለካልኡ ፡ በመጽሐ
ፍ ፡ ይጽሕፍ ፡ ሚመጠነ ፡ ያሐጕል ፡ እምኔሆሙ ፡ [ለካልኡ ፡ በመ
ጽሐፍ ፡] ፡፡ ወፈድፋደ ፡ እምሥርዐቶሙ ፡ ፲፪ ይቀትል ፡ ወያሐጕ ፷፱
ል ፡ ወአነ ፡ አኀዝኩ ፡ እብኪ ፡ ወአዐውዩ ፡ ብዙኀ ፡ ጥቀ ፡ በእንተ ፡
እልኩ ፡ አባግዕ ፡፡ ወከመዝ ፡ በራእይ ፡ ርኢክዎ ፡ ለዝኩ ፡ ዘይ ፸
ጽሕፍ ፡ እፎ ፡ ይጽሕፍ ፡ ፩ ዘይትሐጐል ፡ እምነ ፡ እልኩ ፡ ኖላ
ውያን ፡ በኵሉ ፡ ዕለት ፡ ወያዐርግ ፡ ወያዐርፍ ፡ ወያርኢ ፡ ኵሎ ፡
ኪያሁ ፡ መጽሐፈ ፡ ለእግዚአ ፡ አባግዕ ፡ ኵሎ ፡ ዘገብረ ፡ ወኵ
ሎ ፡ ዘአዕተተ ፡ ፲፪ እምኔሆሙ ፡ ወኵሎ ፡ ዘመጠዉ ፡ ለሐጕል ፡፡
ወመጽሐፍ ፡ ተነበ ፡ በቅድሜ ፡ እግዚአ ፡ አባግዕ ፡ ወነሥአ ፡ መ ፸፩

፸፪ ጽሐፈ ፡ በአዱ ፡ ወአንበባ ፡ ወንተሟ ፡ ወአንበሩ ፡፡ ወእምኔሁ ፡
ርኢኩ ፡ እንዘ ፡ ይርዕዩ ፡ ኖሎት ፡ ፲ወ፪ ሰዓተ ፡ ወናሁ ፡ ፫ እምእለ
ኩ ፡ አባግዕ ፡ ገብኡ ፡ ወመጽኡ ፡ ወቦኡ ፡ ወአኀዙ ፡ እንዘ ፡ የሐንጹ ፡
ኵሎ ፡ ዘወድቀ ፡ እምውእቱ ፡ ቤት ፡ ወሐራውያ ፡ ገዳም ፡ ከልእዎ
፸፫ ሙ ፡ ወኢክህሉ ፡፡ ወአኀዙ ፡ ካዕበ ፡ ይሕንጹ ፡ ከመ ፡ ቀዳሚ ፡ ወ
አንሥእዎ ፡ ለውእቱ ፡ ማኅፈድ ፡ ወይሰመይ ፡ ማኅፈደ ፡ ነዋኅ ፡ ወአ
ኀዙ ፡ ካዕበ ፡ እንዘ ፡ ያነብሩ ፡ ቅድመ ፡ ማኅፈድ ፡ ማእደ ፡ ወኵሉ ፡
፸፬ ኅብስት ፡ ዘዲቤሁ ፡ ርኩስ ፡ ወኢኮነ ፡ ንጹሐ ፡፡ ወዲበ ፡ ኵሉ ፡
እሉ ፡ አባግዕ ፡ ጽሉላን ፡ አዕይንቲሆሙ ፡ ወኢይሬእዩ ፡ ወኖሎቶ
ሙኒ ፡ ከማሁ ፡ ወይሜጥውዎሙ ፡ ለኖሎቶሙኒ ፡ ለሐጕል ፡ ፈድ
፸፭ ፋደ ፡ ወበእገሪሆሙ ፡ ኬድዎሙ ፡ ለአባግዕ ፡ ወበልዕዎሙ ፡፡ ወ
እግዚእ ፡ አባግዕ ፡ አርመመ ፡ እስከነ ፡ ተዘርዘሩ ፡ ኵሉ ፡ አባግዕ ፡
ገዳመ ፡ ወተደመሩ ፡ ምስሌሆሙ ፡ ወኢያድኅንዎሙ ፡ እምእደ ፡
፸፮ አራዊት ፡፡ ወዝኩ ፡ ዘይጽሕፍ ፡ መጽሐፈ ፡ አዕረጎ ፡ ወአርአዮ ፡
ወአንበበ ፡ ኀበ ፡ አብያተ ፡ እግዚእ ፡ አባግዕ ፡ ወያስተበቍዖ ፡ በ
እንቲአሆሙ ፡ ወይስእሎ ፡ እንዘ ፡ ያርእዮ ፡ ኵሎ ፡ ግብረ ፡ ኖሎቶ
፸፯ ሙ ፡ ወያሰምዕ ፡ በቅድሜሁ ፡ ዲበ ፡ ኵሉ ፡ ኖላውያን ፡፡ ወነሥ
ኦ ፡ አንበረ ፡ ኀቤሁ ፡ ኪያሁ ፡ መጽሐፈ ፡ ወወጽአ ፡፡

ክፍል ፡ ፲ ፡፡ ወርኢኩ ፡ እስከ ፡ ዘመን ፡ ከመ ፡ ከመዝ ፡ ይርዕ
ዩ ፡ ፴ወ፯ ኖላውያን ፡ ወፈጸሙ ፡ ኵሎሙ ፡ በበጊዜሆሙ ፡ ከመ ፡
ቀዳምያን ፡ ወባዕድያን ፡ ተመጠውዎሙ ፡ ውስተ ፡ እደዊሆሙ ፡ ከመ ፡
፪ ይርዐይዎሙ ፡ በበጊዜሆሙ ፡ ኵሉ ፡ ኖላውያን ፡ በበጊዜሁ ፡፡ ወእ
ምዝ ፡ ርኢኩ ፡ በራእይ ፡ ኵሉ ፡ አዕዋፈ ፡ ሰማይ ፡ መጽኡ ፡ አን
ስርት ፡ ወአውስት ፡ ወሆባይ ፡ ወቋዓት ፡ ወአንስርት ፡ ይመርሀዎ
ሙ ፡ ለኵሎሙ ፡ አዕዋፍ ፡ ወአኀዙ ፡ ይብልዕዎሙ ፡ ለእልኩ ፡ አ
፫ ባግዕ ፡ ወይከርዩ ፡ አዕይንቲሆሙ ፡ ወይብልዕዎ ፡ ለሥጋሆሙ ፡፡ ወ
አባግዕ ፡ ጸርሑ ፡ እስመ ፡ ተበልዐ ፡ ሥጋሆሙ ፡ እምነ ፡ አዕዋፍ ፡
ወአነ ፡ ጸራሕኩ ፡ ወዐውየውኩ ፡ በንዋምየ ፡ ዲበ ፡ ውእቱ ፡ ኖላዊ ፡
፬ ዘይርዕዮሙ ፡ ለአባግዕ ፡፡ ወርኢኩ ፡ እስከ ፡ ተበልዑ ፡ እልኩ ፡ አ
ባግዕ ፡ እምአክላብ ፡ ወእምአንስርት ፡ ወእምሆባይ ፡ ወኢኀደጉ ፡
ሎሙ ፡ ሥጋ ፡ ግሙራ ፡ ወኢማእሰ ፡ ወኢሥርወ ፡ እስከ ፡ ቆመ ፡ ባ
ሕቲቶሙ ፡ አዕጽምቲሆሙ ፡ አዕጽምቲሆሙኒ ፡ ወድቀ ፡ ዲበ ፡
፭ ምድር ፡ ወንእሱ ፡ አባግዕ ፡፡ ወርኢኩ ፡ እስከ ፡ ዘመን ፡ ይርዕዩ ፡

፴ወ፯ ኖላውያን፡ ወፈጸሙ፡ በበጊዜሆሙ፡ ፶ወ፰ ጊዜያተ።
ወንኡሳንሰ፡ መሐስዓት፡ ተወልዱ፡ እምእልኩ፡ አባግዕ፡ ጸዓድ ፮
ው፡ ወአኀዙ፡ አዕይንቲሆሙ፡ ይክሥቱ፡ ወይርአዩ፡ ወይጸርሑ፡
ኀበ፡ አባግዕ። ወአባግዕ፡ ኢጸርሕዎሙ፡ ወኢያፅምኡ፡ ዘነገር ፯
ዎሙ፡ አላ፡ ፈድፋደ፡ ተጸመሙ፡ ወተጸለሉ፡ አዕይንቲሆሙ፡
ፈድፋደ፡ ወነዮለ። ወርኢኩ፡ በራእይ፡ ቋዓተ፡ ከመ፡ ሠረሩ፡ ፰
ዲበ፡ እልኩ፡ መሐስዕ፡ ወአኀዝዎ፡ ለ፩ እምእልኩ፡ መሐስ
ዕ፡ ወቀጥቀጥዎሙ፡ ለአባግዕ፡ ወበልዕዎሙ። ወርኢኩ፡ እስ ፱
ከ፡ ወጽአ፡ ሎሙ፡ አቅርንት፡ ለእልኩ፡ መሐስዕ፡ ወቋዓት፡ ያ
ወድቅዎሙ፡ ለአቅርንቲሆሙ፡ ወርኢኩ፡ እስከ፡ በቈለ፡ ፩ ቀ
ርን፡ ዐቢይ፡ ፩ እምእልኩ፡ አባግዕ፡ ወተከሥታ፡ አዕይንቲሆሙ።
ወርእየ፡ ቦሙ፡ ወተፈትሐ፡ አዕይንቲሆሙ፡ ወጸርሐ፡ ሎሙ፡ ለ ፲
አባግዕ፡ ወዳቤላት፡ ርእይዎ፡ ወሮጹ፡ ኵሎሙ፡ ኀቤሁ። ወም ፲፩
ስለዝ፡ ኵሉ፡ እልኩ፡ አንስርት፡ ወአውስት፡ ወቋዓት፡ ወሆባ
ይ፡ እስከ፡ ይእዜ፡ ይመስጥዎሙ፡ ለአባግዕ፡ ወይሠርሩ፡ ዲቤ
ሆሙ፡ ወይበልዕዎሙ፡ ወአባግዕሰ፡ ያረምሙ፡ ወዳቤላት፡ የዐ
ወይው፡ ወይጸርሑ። ወእልኩ፡ ቋዓት፡ ይትጋደሉ፡ ወይትበአ ፲፪
ሱ፡ ምስሌሁ፡ ወፈቀዱ፡ ያእትቱ፡ ቀርኖ፡ ወኢክህልዎ። ወርኢ ፲፫
ክዎሙ፡ እስከ፡ መጽኡ፡ ኖላውያን፡ ወአንስርት፡ ወእልኩ፡ አ
ውስት፡ ወሆባይ፡ ወጸርሑ፡ ለቋዓት፡ ከመ፡ ይቀጥቅጥዎ፡ ለቀ
ርኑ፡ ለዝኩ፡ ዳቤላ፡ ወተበአሱ፡ ምስሌሁ፡ ወተቃተሉ፡ ወው
እቱ፡ ይትበአስ፡ ምስሌሆሙ፡ ወጸርሐ፡ ከመ፡ ትምጽኦ፡ ረድ
ኤቱ። ወርኢኩ፡ እስከ፡ መጽአ፡ ዝኩ፡ ብእሲ፡ ዘጸሐፈ፡ አ ፲፬
ስማቲሆሙ፡ ለኖሎት፡ ወያዐርግ፡ ቅድሜሁ፡ ለእግዚእ፡ አባግዕ፡
ወውእቱ፡ ረድኦ፡ ወአርአዮ፡ ኵሉ፡ ወረደ፡ ረድኤቱ፡ ለዝኩ፡
ዳቤላ። ወርኢኩ፡ እስከ፡ መጽአ፡ ኀቤሆሙ፡ ዝኩ፡ እግዚእ፡ ፲፭
አባግዕ፡ በመዐት፡ ወእለ፡ ርእይዎ፡ ኵሎሙ፡ ነፍጹ፡ ወወድቁ፡
ኵሎሙ፡ ውስተ፡ ጽላሎቱ፡ እምቅድመ፡ ገጹ። ኵሎሙ፡ አን ፲፮
ስርት፡ ወአውስት፡ ወቋዓት፡ ወሆባይ፡ ተጋብኡ፡ ወአምጽኡ፡
ምስሌሆሙ፡ ኵሉ፡ አባግዐ፡ ገዳም፡ ወመጽኡ፡ ኵሎሙ፡ ኅቡ
ረ፡ ወተረድኡ፡ ከመ፡ ይቀጥቅጥዎ፡ ለዝኩ፡ ቀርን፡ ዳቤላ። ወ ፲፯
ርኢክዎ፡ ለዝኩ፡ ብእሲ፡ ዘይጽሕፍ፡ መጽሐፈ፡ በቃለ፡ እግ
ዚእ፡ እስከ፡ ፈትሖ፡ ለውእቱ፡ መጽሐፈ፡ ሐጕል፡ ዘአሕጐሉ፡

እልኩ፡ ፲ወ፪ ኖሎት፡ ዳኅርያን፡ ወአርአየ፡ ከመ፡ ፈድፋደ፡ እ
፲፰ ምቅድሜሆሙ፡ አሕጐሉ፡ ቅድመ፡ እግዚአ፡ አባግዕ፡፡ ወርኢ
ኩ፡ እስከ፡ መጽአ፡ ኀቤሆሙ፡ እግዚአ፡ አባግዕ፡ ወነሥአ፡ በ
እዴ፡ በትረ፡ መዐት፡ ወዘበጣ፡ ለምድር፡ ወተሠጠት፡ ምድር፡
ወኵሎሙ፡ አራዊት፡ ወአዕዋፈ፡ ሰማይ፡ ወድቁ፡ እምእልኩ፡
፲፱ አባግዕ፡ ወተሠጥሙ፡ በምድር፡ ወተከድነት፡ ዲቤሆሙ፡፡ ወ
ርኢኩ፡ እስከ፡ ተውህበ፡ ለአባግዕ፡ ሰይፍ፡ ዐቢይ፡ ወወጽኡ፡
አባግዕ፡ ዲበ፡ እሉ፡ አራዊተ፡ ገዳም፡ ከመ፡ ይቅትልዎሙ፡ ወ
ኵሎሙ፡ አራዊት፡ ወአዕዋፈ፡ ሰማይ፡ ነፍጹ፡ እምቅድመ፡ ገ
፳ ጾሙ፡፡ ወርኢኩ፡ እስከ፡ መንበር፡ ተሐንጸ፡ በምድር፡ ሐዋ
ዝ፡ ወነበረ፡ ዲቤሁ፡ እግዚአ፡ አባግዕ፡ ወነሥአ፡ ኵሎ፡ መጻሕ
ፍተ፡ ኅቱማተ፡ ወፈትሖን፡ ለእማንቱ፡ መጻሕፍት፡ በቅድመ፡
፳፩ እግዚአ፡ አባግዕ፡፡ ወጸውዖሙ፡ እግዚእ፡ ለእልኩ፡ ፯ ጸዓድ
ው፡ ቀደማውያን፡ ወአዘዘ፡ ከመ፡ ያምጽኡ፡ ቅድሜሁ፡ እም
ኮከብ፡ ቀዳማዊ፡ ዘይቀድም፡ እምኔ፡ እልኩ፡ ከዋክብት፡ እ
ለ፡ ኀፍረቶሙ፡ ከመ፡ ኀፍረተ፡ አፍራስ፡ ወለኮከብ፡ ቀዳማ
ዊ፡ ዘወድቀ፡ ቅድመ፡ ወአምጽእዎሙ፡ ለኵሎሙ፡ ቅድሜ
፳፪ ሁ፡፡ ወይቤሎ፡ ለብእሲ፡ ዘይጽሕፍ፡ በቅድሜሁ፡ ዘ
ውእቱ፡ ፩ እምኔ፡ ፯ ጸዓድው፡ ወይቤሎ፡ ንሥአሙ፡ ለእሉ፡ ፸
ኖሎት፡ እለ፡ መጠውክዎሙ፡ አባግዐ፡ ወነሢኦሙ፡ ቀተሉ፡ ብ
፳፫ ዙኀ፡ እምዘ፡ አዘዝክዎሙ፡ እሙንቱ፡፡ ወናሁ፡ ኵሎሙ፡ እ
፳፬ ሡራን፡ ርኢኩ፡ ወቆሙ፡ ቅድሜሁ፡ ኵሎሙ፡፡ ወኮነ፡ ኮነ፡
ቅድመ፡ እምከዋክብት፡ ወተኰነኑ፡ ወኮኑ፡ ኃጥኣነ፡ ወሖሩ፡
መካነ፡ ኵነኔ፡ ወወደይዎሙ፡ ውስተ፡ ዕሙቅ፡ ወምሉእ፡ እሳ
፳፭ ተ፡ ወይልህብ፡ ወምሉእ፡ ዐምደ፡ እሳት፡፡ ወእልኩ፡ ፸ ኖላው
ያን፡ ተኰነኑ፡ ወኮኑ፡ ኃጥኣነ፡ ወተወድዩ፡ እሙንቱ፡ ውስተ፡ ዝ
፳፮ ኩ፡ ማዕምቀ፡ እሳት፡፡ ወርኢኩ፡ በውእቱ፡ ጊዜ፡ ከመ፡ ተርኅ
ወ፡ ፩ ማዕምቀ፡ ከማሁ፡ በማእከለ፡ ምድር፡ ዘምሉዕ፡ እሳ
ተ፡ ወአምጽእዎሙ፡ ለእልኩ፡ አባግዕ፡ ጽሉላን፡ ወተኰነኑ፡
ኵሎሙ፡ ወኮኑ፡ ኃጥኣነ፡ ወተወድዩ፡ ውስተ፡ ዝኩ፡ ዕመቅ፡ እ
ሳት፡ ወውዕዩ፡ ወዝንቱ፡ ማዕምቅ፡ ኮነ፡ በየማኑ፡ ለዝኩ፡ ቤ
፳፯ ት፡፡ ወርኢክዎሙ፡ ለእልኩ፡ አባግዕ፡ እንዘ፡ ይውዕዩ፡ ወአዕ
፳፰ ፅምቲሆሙ፡ ይውዒ፡፡ ወቆምኩ፡ እርአይ፡ እስከ፡ ጠምዖ፡ ለ

ዝኩ፡ ቤት፡ ብሉይ፡ ወአውጽእዎሙ፡ ለኵሎሙ፡ አዕማድ፡
ወኵሉ፡ ተክሉ፡ ወስኑ፡ ለውእቱ፡ ቤት፡ ተጠውሙ፡ ምስሌሁ፡
ወአውጽእዎ፡ ወወደይዎ፡ በ፩ መካን፡ በየማነ፡ ምድር። ወር ፷፱
ኢኩ፡ እግዚአ፡ አባግዕ፡ እስከ፡ አምጽአ፡ ቤተ፡ ሐዲሰ፡ ወዐ
ቢየ፡ ወልዑለ፡ እምነ፡ ዝኩ፡ ቀዳማይ፡ ወአቀሞ፡ ውስተ፡ መ
ካነ፡ ቀዳሚት፡ እንተ፡ ተጠብለለት፡ ወኵሎሙ፡ አዕማደ፡ ዚ
አሁ፡ ሐዲሳን፡ ወስነ፡ ሐዲስ፡ ወዐቢይ፡ እምቀዳሚት፡ ብሊ
ት፡ እንተ፡ አውጽአ፡ ወኵሎሙ፡ አባግዕ፡ ማእከላ። ወርኢክ ፸
ዎሙ፡ ለኵሎሙ፡ አባግዕ፡ እለ፡ ተርፉ፡ ወኵሎሙ፡ እንስሳ፡ ዘ
ዲበ፡ ምድር፡ ወኵሎሙ፡ አዕዋፈ፡ ሰማይ፡ ይወድቁ፡ ወይሰግ
ዱ፡ ለእልኩ፡ አባግዕ፡ ወያስተበቍዕዎሙ፡ ወይሰምዕዎሙ፡ በ
ኵሉ፡ ቃል። ወእምኒሁ፡ እልኩ፡ ፲ እለ፡ ይለብሱ፡ ጸዐዳ፡ ወ ፸፩
አኀዙኒ፡ በእዴየ፡ እለ፡ ቀዲሙ፡ አዕረጉኒ፡ ወእዴሁ፡ ለውእቱ፡
ደቤላ፡ እንዘ፡ ትእኅዘኒ፡ አዕረጉኒ፡ ወአንበሩኒ፡ ማእከሎሙ፡
ለእልኩ፡ አባግዕ፡ እንበለ፡ ትኩን፡ ኵነኔ። ወእልኩ፡ አባግዕ፡ ፸፪
ኮኑ፡ ኵሎሙ፡ ጸዐዳ፡ ወጸጉረ፡ ዚአሆሙ፡ ዐቢይ፡ ወንጹሕ።
ወኵሎሙ፡ እለ፡ ተሐጕሉ፡ ወተዘርዘሩ፡ ወኵሉ፡ አራዊተ፡ ገ ፸፫
ዳም፡ ወኵሉ፡ ኢዕዋፈ፡ ሰማይ፡ ተጋብኡ፡ በውእቱ፡ ቤት፡ ወ
እግዚኦሙ፡ ለአባግዕ፡ ተፈሥሐ፡ ዐቢየ፡ ፍሥሐ፡ እስመ፡ ኮኑ፡
ኵሎሙ፡ ኄራነ፡ ወገብኡ፡ ውስተ፡ ቤቱ። ወርኢኩ፡ እስከ፡ አ ፸፬
ስከብዎ፡ ለውእቱ፡ ሰይፍ፡ ዘተውህበ፡ ለአባግዕ፡ ወአግብእ
ዎ፡ ውስተ፡ ቤቱ፡ ወኀተማ፡ ቅድመ፡ ገጹ፡ ለእግዚእ፡ ወኵሉ
ሙ፡ አባግዕ፡ ተዐጽዉ፡ በውእቱ፡ ቤት፡ ወኢየገምሮሙ። ወአ ፸፭
ዕይንቲሆሙ፡ ለኵሎሙ፡ ተከሥታ፡ ወይኔጽሩ፡ ሠናየ፡ ወ፩ እ
ምኔሆሙ፡ ዘኢይሬኢ፡ አልቦ፡ በማእከሎሙ። ወርኢኩ፡ ከ ፸፮
መ፡ ኮነ፡ ውእቱ፡ ቤት፡ ዐቢየ፡ ወርኁበ፡ ወምሉእ፡ ፈድፋደ።
ወርኢኩ፡ ከመ፡ ተወልደ፡ ፩ ላህም፡ ጸዐዳ፡ ወአቅርንቲሁ፡ ዐ ፸፯
በይት፡ ወኵሎሙ፡ አራዊተ፡ ገዳም፡ ወኵሉ፡ አዕዋፈ፡ ሰማ
ይ፡ ይፈርህዎ፡ ወያስተበቍዕዎ፡ በኵሉ፡ ጊዜ። ወርኢኩ፡ እ ፸፰
ስከ፡ ተወለጠ፡ ኵሉ፡ አዝማዲሆሙ፡ ወኮኑ፡ ኵሎሙ፡ አልህ
ምተ፡ ጸዓድው፡ ወቀዳማዊ፡ በማእከሎሙ፡ ኮነ፡ ነገረ፡ ወው
እቱ፡ ነገር፡ ኮነ፡ አርዌ፡ ዐቢየ፡ ወቦ፡ ውስተ፡ ርእሱ፡ አቅርንት፡
ዐቢያት፡ ወጸሊማት፡ ወእግዚአ፡ አባግዕ፡ ተፈሥሐ፡ ዲቤሆሙ፡

፹፱ ወዲበ፡ ኵሎሙ፡ አልህምት፡፡ ወአነ፡ ሰከብኩ፡ ማእከሎሙ፡
፺ ወነቃሕኩ፡ ወርኢኩ፡ ኵሎ፡፡ ወዝንቱ፡ ውእቱ፡ ራእይ፡ ዘርኢ
ኩ፡ እንዘ፡ እሰክብ፤ ወነቃሕኩ፡ ወባረክዎ፡ ለእግዚአ፡ ጽድ
፺፩ ቅ፡ ወሎቱ፡ ወሀብኩ፡ ስብሐተ፡፡ ወእምዝ፡ በከይኩ፡ ዐቢ
የ፡ ብካየ፡ ወአንብዕየ፡ ኢቆመ፡ እስከ፡ ኢክህልኩ፡ ተዐግሦተ፡
ሶበ፡ እሬኢ፡ ይወርዱ፡ ዲበ፡ ዝኩ፡ ዘርኢኩ፡ እስመ፡ ኵሉ፡
ይመጽእ፡ ወይትፌጸም፡ ወኵሉ፡ በበ፡ ክፍሉ፡ ምግባረ፡ ሰብ
፺፪ እ፡ ተርእየ፡ ሊተ፡፡ ወበይእቲ፡ ሌሊት፡ ተዘከርክዎ፡ ለሕል
ምየ፡ ቀዳማዊ፡ ወበእንቲአሁ፡ በከይኩ፡ ወተሀወኩ፡ እስመ፡
ርኢኩ፡ ውእተ፡ ራእየ፡፡

ምዕራፍ፡ ፲ወ፰፡፡

ክፍል፡ ፺፩፡፡ ወይእዜኒ፡ ወልድየ፡ ማቱሳላ፡ ጸውዕ፡ ሊተ፡
ኵሎ፡ አኃዊከ፡ ወአስተጋብእ፡ ሊተ፡ ኵሎ፡ ደቂቀ፡ እምከ፡
እስመ፡ ቃል፡ ይጼውዐኒ፡ ወመንፈስ፡ ተክዕወ፡ በላዕሌየ፡ ከመ፡
፪ አርኢክሙ፡ ኵሎ፡ ዘይበጽሐክሙ፡ እስከ፡ ለዓለም፡፡ ወእ
ምዝ፡ ሖረ፡ ማቱሳላ፡ ወጸውዖሙ፡ ለኵሎሙ፡ አኃዊሁ፡ ኀቤ
፫ ሁ፡ ወአስተጋብኦሙ፡ ለአዝማደ፡ ዚአሁ፡፡ ወተናገሮሙ፡ ለኵ
ሎሙ፡ ውሉደ፡ ጽድቅ፡ ወይቤ፡ ስምዑ፡ ደቂቅየ፡ ኵሎ፡ ነገረ፡
አቡክሙ፡ ወአፅምኡ፡ በርትዕ፡ ቃለ፡ አፈየ፡ እስመ፡ አሰምዕ፡
ዲቤክሙ፡ ወእነግረክሙ፡ ፍቁራንየ፡ አፍቅርዋ፡ ለርትዕ፡ ወባ
፬ ቲ፡ ሑሩ፡፡ ወኢትቅረቡ፡ ኀበ፡ ርትዕ፡ በ፪ልብ፡ ወኢትኅበሩ፡
ምስለ፡ እለ፡ በ፪ልብ፡ አላ፡ ሑሩ፡ በጽድቅ፡ ደቂቅየ፡ ወይእ
ቲ፡ ትመርሐክሙ፡ በፍናዋት፡ ኄራት፡ ወጽድቅ፡ ይከውን፡ ለ
፭ ክሙ፡ ሱታፌ፡፡ እስመ፡ አአምር፡ ከመ፡ ይጸንዕ፡ ሀላዌ፡ ግፍ
ዕ፡ ዲበ፡ ምድር፡ ወይትፌጸም፡ መቅሠፍት፡ ዐቢይ፡ ዲበ፡ ም
ድር፡ ወትትፌጸም፡ ኵላ፡ ዐመፃ፡ ወትትገዘም፡ እምሥረዊሃ፡
፮ ወኵሉ፡ ሕንጻ፡ የሐልፍ፡፡ ወትደገም፡ ካዕበ፡ ዐመፃ፡ ወትት
ፌጸም፡ ዲበ፡ ምድር፡ ኵሉ፡ ግብረ፡ ዐመፃ፡ ወግብረ፡ ግፍዕ፡
፯ ወአበሳ፡ ካዕበተ፡፡ ወእመኒ፡ ትልህቅ፡ ዐመፃ፡ ወኀጢአት፡ ወ
ጽርፈት፡ ወግፍዕ፡ ወኵሉ፡ ግብር፡ ወትልህቅ፡ ዕልወት፡ ወአበ
ሳ፡ ወርኵስ፡ መቅሠፍት፡ ዐቢይ፡ ይከውን፡ እምሰማይ፡ ዲበ፡
እሉ፡ ኵሎሙ፡ ወይወጽእ፡ እግዚእ፡ ቅዱስ፡ በመዐት፡ ወበመ

ቅሠፋት ፡ ከመ ፡ ይገበር ፡ ኵነኔ ፡ ዲበ ፡ ምድር ፡፡ በእማንቱ ፡ መ ፰
ዋዕል ፡ ትትገዘም ፡ ገፋዕ ፡ እምኔ ፡ ሥረዊሃ ፡ ወአሥሬወ ፡ ዐመፃ ፡
ምስለ ፡ ጕሕሉት ፡ ወይትሐጐሉ ፡ እምታሕተ ፡ ሰማይ ፡፡ ወኵ ፱
ሉ ፡ ይትወሀብ ፡ ምስለ ፡ አሕዛብ ፡ ማኅፈድ ፡ በእሳት ፡ ትነድ
ድ ፡ ወያወጽእወሙ ፡ እምኵሉ ፡ ምድር ፡ ወይትገደፉ ፡ በኵነኔ ፡
እሳት ፡ ወይትኀጐሉ ፡ በመዐት ፡ ወበኵነኔ ፡ ኀያል ፡ እንተ ፡ ለዓለ
ም ፡፡ ወይትነሣእ ፡ ጻድቅ ፡ እምንዋም ፡ ወይትነሣእ ፡ ጥበብ ፡ ፲
ወይትወሀብ ፡ ሎሙ ፡፡ ወእምኔሁ ፡ ይትገዘሙ ፡ አሥሬወ ፡ ዐመ ፲፩
ፃ ፡ ወኃጥኣን ፡ ይትኀጐሉ ፡ በሰይፍ ፡ እምጽሬፋን ፡ ይትገዘሙ ፡
በኵሉ ፡ መካን ፡ ወእለ ፡ ይሔልዩዋ ፡ ለገፋዕ ፡ ወእለ ፡ ይገብርዋ ፡
ለጽርፈት ፡ ይትኀጐሉ ፡ በመጥባሕት ፡፡ ወእምድኅረዝ ፡ ትከ ፲፪
ውን ፡ ካልእት ፡ ሰንበት ፡ ሳምኒት ፡ እንተ ፡ ጽድቅ ፡ ወይትወሀ
ብ ፡ ላቲ ፡ ሰይፍ ፡ ከመ ፡ ይትገበር ፡ ኵነኔ ፡ ወጽድቅ ፡ እምእለ ፡
ይገፍዑ ፡ ወይትማጠዉ ፡ ኃጥኣን ፡ በእደዊሆሙ ፡ ለጻድቃን ፡፡ ወ ፲፫
በተፋጻሜታ ፡ ያጠርዩ ፡ አብያተ ፡ እምጽድቀ ፡ ዚአሆሙ ፡ ወይ
ትሐነጽ ፡ ቤት ፡ ለንጉሥ ፡ ዐቢይ ፡ ለስብሐት ፡ እስከ ፡ ለዓለም ፡፡
ወእምድኅረዝ ፡ በሰንበት ፡ ታስዕ ፡ ባቲ ፡ ኵነኔ ፡ ጽድቅ ፡ ትትከ ፲፬
ሠት ፡ ለኵሉ ፡ ዓለም ፡ ወኵሉ ፡ ተገባረ ፡ ረሲዓን ፡ ይወጽእ ፡ እ
ምዲበ ፡ ኵሉ ፡ ምድር ፡ ወይጸሐፍ ፡ ለሐጕል ፡ ዓለም ፡ ወኵሉ ፡
ሰብእ ፡ ይኔጽሩ ፡ ለፍኖተ ፡ ርትዕ ፡፡ ወእምድኅረ ፡ ዝንቱ ፡ በሰን ፲፭
በት ፡ ዓሠርት ፡ ፯ እድ ፡ ባቲ ፡ ኵነኔ ፡ እንተ ፡ ለዓለም ፡ ወትትገ
በር ፡ እምትጉሃን ፡ ወሰማይ ፡ ዘለዓለም ፡ ዐቢይ ፡ ዘይበቍል ፡ እ
ማእከሎሙ ፡ ለመላእክት ፡፡ ወሰማይ ፡ ቀዳማይ ፡ ይወጽእ ፡ ወ ፲፮
የኀልፍ ፡ ወሰማይ ፡ ሐዲስ ፡ ይትረአይ ፡ ወኵሉ ፡ ኃይላተ ፡ ሰማ
ያት ፡ ያበርሁ ፡ ለዓለም ፡ ፯ ምክዕቢተ ፡፡ ወእምድኅረዝ ፡ ሰን ፲፯
በታት ፡ ብዙኃት ፡ እለ ፡ አልቦን ፡ ኍልቍ ፡ ለዓለም ፡ በኂሩት ፡
ወበጽድቅ ፡ ይከውኑ ፡ ወኃጢአት ፡ እምህየ ፡ ኢትትበሀል ፡ እስ
ከ ፡ ለዓለም ፡፡ ወይእዜኒ ፡ እብለክሙ ፡ ደቂቅየ ፡ ወአርእየክ ፲፰
ሙ ፡ ፍናዌተ ፡ ጽድቅ ፡ ወፍናዌተ ፡ ገፋዕኒ ፡ ወአርእየክሙ ፡ ካ
ዕበ ፡ ከመ ፡ ታእምሩ ፡ ዘይመጽእ ፡፡ ወይእዜኒ ፡ ስምዑ ፡ ደቂቅ ፲፱
የ ፡ ወሑሩ ፡ በፍናዌተ ፡ ጽድቅ ፡ ወኢትሑሩ ፡ በፍናዌተ ፡ ገፋ
ዕ ፡ እስመ ፡ ይትሐጐሉ ፡ ለዓለም ፡ ኵሎሙ ፡ እለ ፡ የሐውሩ ፡ በ
ፍኖተ ፡ ዐመፃ ፡፡

ምዕራፍ ፡ ፲ወ፱ ።

ክፍል ፡ ፺፪ ። ዘተጽሕፈ ፡ እምሄኖክ ፡ ጸሓፌ ፡ ዝኵሉ ፡ ት
ምህርተ ፡ ጥበብ ፡ እምኵሉ ፡ ሰብእ ፡ ስቡሕ ፡ ወመኰንነ ፡ ኵ
ሉ ፡ ምድር ፡ ለኵሎሙ ፡ ውሉድየ ፡ እለ ፡ የኃድሩ ፡ ዲበ ፡ ምድ
ር ፡ ወለትውልድ ፡ ደኃራውያን ፡ እለ ፡ ይገብሩ ፡ ርትዐ ፡ ወሰላመ ።
፪ ኢትኅዝን ፡ መንፈስክሙ ፡ በእዝማን ፡ እስመ ፡ መዋዕለ ፡ ወሀበ ፡
፫ ቅዱስ ፡ ዐቢይ ፡ ለኵሉ ። ወይትነሣእ ፡ ጻድቅ ፡ እምንዋም ፡ ይ
ትነሣእ ፡ ወየንልፍ ፡ በፍኖተ ፡ ጽድቅ ፡ ወኵሉ ፡ ፍኖቱ ፡ ወምሕ
፬ ዋሪሁ ፡ ዘበኂሩት ፡ ወበሣህል ፡ ዘለዓለም ። ይሠሀሉ ፡ ለጻድ
ቅ ፡ ወሎቱ ፡ ይሁብ ፡ ርትዐ ፡ ዘለዓለም ፡ ወይሁብ ፡ ሥልጣነ ፡ ወ
ይከውን ፡ በኂሩት ፡ ወበጽድቅ ፡ ወየሐውር ፡ በብርሃን ፡ ዘለዓለ
፭ ም ። ወኀጢአት ፡ በጽልመት ፡ ትትሐጐል ፡ እስከ ፡ ለዓለም ፡ ወ
ኢትትረአይ ፡ እንከ ፡ እምይእቲ ፡ ዕለት ፡ እስከ ፡ ለዓለም ።

ክፍል ፡ ፺፫ ። ወእምድኅረዝ ፡ ኮነ ፡ ሄኖክ ፡ ወአኀዘ ፡ ይትና
፪ ገር ፡ እመጻሕፍት ። ወይቤ ፡ ሄኖክ ፡ በእንተ ፡ ውሉደ ፡ ጽድቅ ፡
ወበእንተ ፡ ኅሩያነ ፡ ዓለም ፡ ወበእንተ ፡ ተክለ ፡ ጽድቅ ፡ ወርት
ዕ ፡ እሉንተ ፡ እብለክሙ ፡ ወአየድዐክሙ ፡ ደቂቅየ ፡ አነ ፡ ውእ
ቱ ፡ ሄኖክ ፡ በዘአስተርአየኒ ፡ እምራእየ ፡ ሰማይ ፡ ወእምቃለ ፡ ቅ
ዱሳን ፡ መላእክት ፡ አእመርኩ ፡ ወእምጸፍጸፈ ፡ ሰማይ ፡ ለበ
፫ ውኩ ። ወአኀዘ ፡ እንከ ፡ ይትናገር ፡ ሄኖክ ፡ እመጻሕፍት ፡ ወይ
ቤ ፡ አነ ፡ ሳብዕ ፡ ተወለድኩ ፡ በቀዳሚት ፡ ሰንበት ፡ እስከ ፡ አ
፬ መ ፡ ኵነኔ ፡ ወጽድቅ ፡ ተዐገሠ ። ወትቀውም ፡ እምድኅሬየ ፡ በ
ካልእት ፡ ሰንበት ፡ ዐባይ ፡ እኪት ፡ ወጕሕሉት ፡ በቈለት ፡ ወባ
ቲ ፡ ትከውን ፡ ፍጻሜ ፡ ቀዳሚት ፡ ወባቲ ፡ ይድኅን ፡ ብእሲ ፡ ወእ
ምድኅረ ፡ ተፈጸመ ፡ ትልህቅ ፡ ዐመጻ ፡ ወሥርዐተ ፡ ይገብር ፡ ለኃ
፭ ጥኣን ። ወእምድኅረዝ ፡ በሣልስት ፡ ሰንበት ፡ በተፍጻሜታ ፡ ይ
ትኀረይ ፡ ብእሲ ፡ ለተክለ ፡ ኵነኔ ፡ ጽድቅ ፡ ወእምድኅሬሁ ፡ ይ
፮ መጽእ ፡ ተክለ ፡ ጽድቅ ፡ ለዓለም ። ወእምድኅረዝ ፡ በራብዕ
ት ፡ ሰንበት ፡ በተፍጻሜታ ፡ ራእያተ ፡ ቅዱሳን ፡ ወጻድቃን ፡ ይት
ረአዩ ፡ ወሥርዐት ፡ ለትውልደ ፡ ትውልድ ፡ ወዐጸድ ፡ ይትገበር ፡
፯ ሎሙ ። ወእምድኅረዝ ፡ በሰንበት ፡ ኃምስ ፡ በተፍጻሜታ ፡ ቤ
፰ ተ ፡ ስብሐት ፡ ወመንግሥት ፡ ይትሐነጽ ፡ እስከ ፡ ለዓለም ። ወ
እምድኅረዝ ፡ በሳድስት ፡ ሰንበት ፡ እለ ፡ ይከውኑ ፡ ውስቴታ ፡ ጽ

ሎላን ፡ ኵሎሙ ፡ ወይትረኃዕ ፡ ልቦሙ ፡ ለኵሎሙ ፡ እምጥበብ ፡
ወባቲ ፡ የሀርግ ፡ ብእሲ ፡ ወበተፈጸሜታ ፡ ይውዒ ፡ ቤተ ፡ መንግ
ሥት ፡ በእሳት ፡ ወባቲ ፡ ይዘረው ፡ ኵሉ ፡ ዘመደ ፡ ሥርው ፡ ኅሩ
ይ ። ወእምድኅረዝ ፡ በኅቡዕ ፡ ሰንበት ፡ ትትነሣእ ፡ ትውልድ ፡ ፱
ዕሉት ፡ ወብዙኅ ፡ ምግባራቲሃ ፡ ወኵሉ ፡ ምግባራቲሃ ፡ ዕልወ
ት ። ወበተፈጸሜታ ፡ ይትኀረዩ ፡ ኅሩያን ፡ ጻድቃን ፡ እምተክለ ፡ ፲
ጽድቅ ፡ ዘለዓለም ፡ እለ ፡ ይትወሀቡ ፡ ሎሙ ፡ ፯ ምክዕቢታተ ፡
ትምህርት ፡ ለኵሉ ፡ ፍጥረተ ፡ ዚአሁ ። እስመ ፡ መኑ ፡ ውእቱ ፡ ፲፩
ኵሉ ፡ ውሉደ ፡ ሰብእ ፡ ዘይክል ፡ ሰሚዐ ፡ ቃሎ ፡ ለቅዱስ ፡ ወኢ
ይትሀወክ ፡ ወመኑ ፡ ዘይክል ፡ ከመ ፡ የሐሊ ፡ ሕሊናሁ ፡ ወመኑ ፡
ዘይክል ፡ ነጽሮታ ፡ ለኵሉ ፡ ምግባረ ፡ ሰማይ ። ወምንት ፡ ውእ ፲፪
ቱ ፡ ዘይክል ፡ አእምሮ ፡ ግብረ ፡ ሰማይ ፡ ወከመ ፡ ይርአይ ፡ ነፍሶ ፡
ወእመ ፡ አኮ ፡ መንፈሶ ፡ ወይክል ፡ ነጊረ ፡ ወእመ ፡ አኮ ፡ ሀሪገ ፡ ወይ
ሬኢ ፡ ኵሎ ፡ አክናፊሆሙ ፡ ወይሔልዮሙ ፡ ወእመ ፡ አኮ ፡ ይገብ
ር ፡ ከማሆሙ ። ወመኑ ፡ ውእቱ ፡ ኵሉ ፡ ብእሲ ፡ ዘይክል ፡ አእ ፲፫
ምሮተ ፡ እፎ ፡ ውእቱ ፡ ራኅባ ፡ ወኑኃ ፡ ለምድር ፡ ወለመኑ ፡ ተርእ
የ ፡ አምጣነ ፡ ኵሎሙ ። ወእመ ፡ ቦቱ ፡ ኵሉ ፡ ብእሲ ፡ ዘይክል ፡ ፲፬
አእምሮተ ፡ ኑኃ ፡ ለሰማይ ፡ ወእፎ ፡ ውእቱ ፡ ልዕልናሃ ፡ ወዲበ ፡
ምንት ፡ ጸንዐት ፡ ወሚመጠን ፡ ውእቱ ፡ ኍልቆሙ ፡ ለከዋክብት ፡
ወበአይቴ ፡ የሀርፉ ፡ ኵሎሙ ፡ ብርሃናት ።

ክፍል ፡ ፳፬ ። ወይእዜኒ ፡ እብለክሙ ፡ ደቂቅየ ፡ አፍቅርዋ ፡
ለጽድቅ ፡ ወባቲ ፡ ሑሩ ፡ እስመ ፡ ፍናዊተ ፡ ጽድቅ ፡ ይደሉ ፡ ይት
ወከፍዎሙ ፡ ወፍናዊተ ፡ ዐመፃ ፡ ፍጡነ ፡ ይትሐጐሉ ፡ ወየሐፅ
ፁ ። ወለሰብእ ፡ እሙራን ፡ እምትውልድ ፡ ይትከሠቱ ፡ ፍናዊ ፪
ተ ፡ ግፍዕ ፡ ወሞት ፡ ወይርኅቁ ፡ እምኔሆሙ ፡ ወኢይተልውዎሙ ።
ወይእዜኒ ፡ ለክሙ ፡ እብል ፡ ለጻድቃን ፡ ኢትሑሩ ፡ በፍኖተ ፡ እ ፫
ኩይ ፡ ወግፍዕ ፡ ወኢበፍናዊተ ፡ ሞት ፡ ወኢትቅረቡ ፡ ኀቤሆሙ ፡
ከመ ፡ ኢትትሐጐሉ ። አላ ፡ ፍቅዱ ፡ ወኅረዩ ፡ ለክሙ ፡ ጽድቀ ፡ ፬
ወሕይወተ ፡ ኅሪተ ፡ ወሑሩ ፡ በፍናዊተ ፡ ሰላም ፡ ከመ ፡ ትሕየ
ዉ ፡ ወትደለዉ ። ወትእኀዙ ፡ በሕሊና ፡ ልብክሙ ፡ ወኢይደም ፭
ሰስ ፡ ነገርየ ፡ እምልብክሙ ፡ እስመ ፡ አአምር ፡ ከመ ፡ ያሜክር
ዎሙ ፡ ኃጥአን ፡ ለሰብእ ፡ ከመ ፡ ይግበሩ ፡ ጥበበ ፡ እኩየ ፡ ወ
ኵሉ ፡ መካን ፡ ኢይትረከብ ፡ ላቲ ፡ ወኵሉ ፡ መከራ ፡ ኢየሐፅ

፮ ዕ :: አሌ : ሎሙ : ለእለ : የሐንጽዋ : ለዐመፃ : ወለግፍዕ : ወይ
ሳርርዋ : ለጕሕሉት : እስመ : ፍጡነ : ይትነሠቱ : ወአልቦሙ : ሰ
፯ ላም :: አሌ : ሎሙ : ለእለ : የሐንጹ : አብያቶሙ : በኀጢአት :
እስመ : እምኵሉ : መሰረቶሙ : ይትነሠቱ : ወበሰይፍ : ይወድ
ቁ : ወእለ : የጥርይዎ : ለወርቅ : ወለብሩር : በኵነኔ : ፍጡነ :
፰ ይትሐጐሉ :: አሌ : ለክሙ : አብዕልት : እስመ : ዲበ : ብዕልክ
ሙ : ተወከልክሙ : ወእምነ : ብዕልክሙ : ትወጽኡ : እስመ : ለ
፱ ልዑል : ኢተዘከርክምዎ : በመዋዕለ : ብዕልክሙ :: ገበርክም
ዋ : ለጽርፈት : ወለዐመፃ : ወድልዋነ : ኮንክሙ : ለዕለተ : ክዕ
፲ ወተ : ደም : ወለዕለተ : ጽልመት : ወለዕለተ : ኵነኔ : ዐባይ :: ከ
መዝ : እብል : አነ : ወአየድዐክሙ : ከመ : ይገፈትዐክሙ : ዘፈ
ጠረክሙ : ወዲበ : ድቀትክሙ : ኢይከውን : ምሕረት : ወፈ
፲፩ ጣሪክሙ : ይትፌሣሕ : በሐጕልክሙ :: ወጻድቃነ : ዚአክሙ :
በእማንቱ : መዋዕል : ይከውኑ : ጽእለተ : ለኃጥኣን : ወለረሲዓን ::

ክፍል : ፺፭ :: መኑ : ይሁበኒ : አዕይንትየ : ከመ : ይኩና : ደ
መና : ማይ : ወእብኪ : ዲቤክሙ : ወእክዐው : አንብዕየ : ከመ :
፪ ደመና : ማይ : ወአዕርፍ : እምነዘነ : ልብየ :: መኑ : ወሀበክሙ :
ከመ : ትግበሩ : ጽልዐ : ወእከየ : ወይርከብክሙ : ለኃጥኣን :
፫ ኵነኔ :: ኢትፍርሁ : ጻድቃን : እምኃጥኣን : እስመ : ካዕበ : የገ
ብኦሙ : እግዚአብሔር : ውስተ : እዴክሙ : ከመ : ትግበሩ : ላ
፬ ዕሌሆሙ : ኵነኔ : በከመ : ፈቀድክሙ :: አሌ : ለክሙ : እለ :
ታወግዙ : ግዘታተ : ከመ : ኢትፍትሑ : ወፈውስ : ርኁቅ : እም
፭ ኔክሙ : በእንተ : ኀጢአተ : ዚአክሙ :: አሌ : ለክሙ : እለ : ት
ፈድዩ : እኩየ : ለቢጽክሙ : እስመ : ትትፈደዩ : በከመ : ምግ
፮ ባሪክሙ :: አሌ : ለክሙ : ለሰማዕታተ : ሐሰት : ወለእለ : ይደ
፯ ልውዋ : ለዐመፃ : እስመ : ፍጡነ : ትትሐጐሉ :: አሌ : ለክሙ :
ለኃጥኣን : እስመ : ለጻድቃን : ትሰድድዎሙ : እስመ : አንትሙ :
ትትሜጠዉ : ወትሰደዱ : እለ : ዐመፃ : ወይጸንዕ : በላዕሌክ
ሙ : አርኡት : ዚአሆሙ ::

ክፍል : ፺፮ :: ተሰፈዉ : ጻድቃን : እስመ : ፍጡነ : ይትሐ
ጐሉ : ኃጥኣን : እምቅድሜክሙ : ወሥልጣን : ይከውን : ለክሙ :
፪ ዲቤሆሙ : በከመ : ፈቀድክሙ :: ወበዕለተ : ምንዳቤሆሙ :
ለኃጥኣን : ይትሌዐሉ : ወይትነሥኡ : ከመ : አንስርት : እጕለ : ዚ

አክሙ፡ ወፈድፋደ፡ እሞኑ፡ አውስት፡ ይከውን፡ ምጽላሊክ
ሙ፡ ወተሀርጉ፡ ወትበውኡ፡ በንድለታተ፡ ምድር፡ ወበንቅዐታ
ተ፡ ኰኵሕ፡ ለዓለም፡ ከመ፡ ግሔ፡ እምቅድመ፡ ሀማፅያን፡ ወ
ይንዕኩ፡ ዲቤክሙ፡ ወይበክዩ፡ ከመ፡ ጼዴናታት፡፡ ወአንትሙ ፫
ሰ፡ ኢትፍርሁ፡ እለ፡ ሐመምክሙ፡ እስመ፡ ፈውስ፡ ይከውንክ
ሙ፡ ውብርሃን፡ ብሩህ፡ ያበርህ፡ ለክሙ፡ ወቃለ፡ ዕረፍት፡ ት
ሰምዑ፡ እምሰማይ፡፡ አሌ፡ ለክሙ፡ ኃጥኣን፡ እስመ፡ ብዕልክ ፬
ሙ፡ ያመስለክሙ፡ ጻድቃነ፡ ወልብክሙ፡ ይዘልፈክሙ፡ ከመ፡
ኃጥኣን፡ አንትሙ፡ ወዝንቱ፡ ነገር፡ ይከውን፡ ዲቤክሙ፡ ሰማዕ
ተ፡ ለተዝካረ፡ እኪያት፡፡ አሌ፡ ለክሙ፡ እለ፡ ትበልዑ፡ ሥብ ፭
ሐ፡ ስርናይ፡ ወትሰትዩ፡ ኃይለ፡ ሥርወ፡ ነቅዕ፡ ወትከይድዎ
ሙ፡ ለትሑታን፡ በኃይልክሙ፡፡ አሌ፡ ለክሙ፡ እለ፡ ትሰትዩ፡ ማ ፮
የ፡ በኵሉ፡ ጊዜ፡ እስመ፡ ፍጡነ፡ ትትፈደዩ፡ ወትትዌድኡ፡ ወ
ትየብሱ፡ እስመ፡ ኃደግሙ፡ ነቅዐ፡ ሕይወት፡፡ አሌ፡ ለክሙ፡ እ ፯
ለ፡ ትገብሩ፡ ዐመፃ፡ ወጕሕሉተ፡ ወጽርፈተ፡ ተዝካረ፡ ይከ
ውን፡ ዲቤክሙ፡ ለእኪይ፡፡ አሌ፡ ለክሙ፡ ኃያላን፡ እለ፡ በኃ ፰
ይል፡ ትኰርዕዎ፡ ለጻድቅ፡ እስመ፡ ትመጽእ፡ ዕለተ፡ ኀጕልክ
ሙ፡ በእማንቱ፡ መዋዕል፡ ይመጽኣ፡ ለጻድቃን፡ መዋዕል፡ ብዙ
ኃት፡ ወኄራት፡ በዕለተ፡ ኵነኔ፡ ዚአክሙ፡፡

ክፍል፡ ፺፯፡፡ ተአመኑ፡ ጻድቃን፡ እስመ፡ ለጽእለት፡ ይከ
ውኑ፡ ኃጥኣን፡ ወይትኀጐሉ፡ በዕለተ፡ ዐመፃ፡፡ እሙረ፡ ይከው ፪
ን፡ ለክሙ፡ እስመ፡ ልዑል፡ ይዜከር፡ ሐጕለክሙ፡ ወይትፌሥ
ሑ፡ መላእክት፡ ዲበ፡ ሐጕለ፡ ዚአክሙ፡፡ ምንተ፡ ትገብሩ፡ ፫
ሀለውክሙ፡ ኃጥኣን፡ ወአይቴ፡ ትጐይዩ፡ በይእቲ፡ ዕለት፡ እን
ተ፡ ኵነኔ፡ ሶበ፡ ትሰምዑ፡ ቃለ፡ ጸሎቶሙ፡ ለጻድቃን፡፡ ወአን ፬
ትሙ፡ ኢትከውኑ፡ ከማሆሙ፡ እለ፡ ሰማዕተ፡ ይከውን፡ ዲቤ
ክሙ፡ ዝንቱ፡ ነገር፡ ሱቱፋነ፡ ኮንክሙ፡ ለኃጥኣን፡፡ ወበእማን ፭
ቱ፡ መዋዕል፡ ትበጽሕ፡ ጸሎቶሙ፡ ለጻድቃን፡ ኀበ፡ እግዚእ፡
ወለክሙ፡ ይበጽሕ፡ መዋዕለ፡ ኵነኔክሙ፡፡ ወይትነበብ፡ ኵ ፮
ሉ፡ ነገረ፡ ዐመፃክሙ፡ ቅድመ፡ ዐቢይ፡ ወቅዱስ፡ ወይትኀፈር፡
ገጽክሙ፡ ወይትገደፍ፡ ኵሉ፡ ተግባር፡ ዘጸንዐ፡ በዐመፃ፡፡ አ ፯
ሌ፡ ለክሙ፡ ኃጥኣን፡ እለ፡ ማእከለ፡ ባሕር፡ ወዲበ፡ የብስ፡ እ
ለ፡ ዝክሮሙ፡ እኩይ፡ ዲቤክሙ፡፡ አሌ፡ ለክሙ፡ እለ፡ ታጠር ፰

ዩ፡ብሩረ፡ወወርቀ፡ዘኢኮነ፡በጽድቅ፡ወትብሉ፡ብዕልነ፡ብ
፱ ዕለ፡ወኮነ፡ለነ፡ንዋይ፡ወአጥረይነ፡ኵሉ፡ዘፈቀድነ። ወይ
እዜኒ፡ንገበር፡ዘሐለይነ፡እስመ፡ብሩረ፡አስተጋባእነ፡ወመላ
እነ፡መዛግብቲነ፡ወከመ፡ማይ፡ብዙኀ፡ሐረስተ፡አብያቲነ።
፲ ወከመ፡ማይ፡ይውኅዝ፡ሐሰትክሙ፡እስመ፡ኢይነብር፡ለክ
ሙ፡ብዕል፡አላ፡ፋጡነ፡የሀርግ፡እምኔክሙ፡እስመ፡ኵሉ፡
በሀመፃ፡አጥረይክሙ፡ወአንትሙ፡ለመርገም፡ዐቢይ፡ትትወ
ሀቡ።

ክፍል፡፲፰። ወይእዜኒ፡አነ፡እምሕል፡ለክሙ፡ለጠቢ
፪ ባን፡ወለአብዳን፡እስመ፡ብዙኀ፡ትሬእዩ፡ዲበ፡ምድር። እ
ስመ፡ሠነ፡ትወድዩ፡ላዕሌክሙ፡አንትሙ፡ዕደው፡ፈድፋደ፡
እምአንስት፡ወኅብረ፡ፈድፋደ፡እምድንግል፡በመንግሥት፡ወ
በዕበይ፡ወበሥልጣን፡ወበብሩር፡ወወርቅ፡ወሜላት፡ወክብ
፫ ር፡ወመባልዕት፡ከመ፡ማይ፡ይትከዐው። በእንተዝ፡ትምህ
ርት፡ወጥበብ፡አልቦሙ፡ወቦቱ፡ይትሐጐሉ፡ኅቡረ፡ምስለ፡
ንዋያቲሆሙ፡ወምስለ፡ኵሉ፡ስብሐቶሙ፡ወክብሮሙ፡ወ
በጽእለት፡ወበቀትል፡ወበንዴት፡ዐቢይ፡ትትወደይ፡መንፈሶ
፬ ሙ፡ውስተ፡እቶነ፡እሳት። መሐልኩ፡ለክሙ፡ኃጥኣን፡ከ
መ፡ኢኮነ፡ደብር፡ገብረ፡ወኢይከውን፡ወኢወግር፡ለብእሲት፡
አመተ፡ከመዝ፡ኃጢአትኒ፡ኢተፈነወት፡ዲበ፡ምድር፡አላ፡
ሰብእ፡እምርእሶሙ፡ፈጠርዋ፡ወለመርገም፡ዐቢይ፡ይከው
፭ ኑ፡እለ፡ገብርዋ። ወምክንት፡ለብእሲት፡ኢተውህበት፡አ
ላ፡በእንተ፡ግብረ፡እደዊሃ፡ትመውት፡ዘእንበለ፡ውሉድ።
፮ መሐልኩ፡ለክሙ፡ኃጥኣን፡በቅዱስ፡ወዐቢይ፡እስመ፡ኵሉ፡
ግብርክሙ፡እኩይ፡ክሡት፡ውእቱ፡በሰማያት፡ወአልብክ
፯ ሙ፡ግብረ፡ግፍዕ፡ክዱን፡ወኢኅቡእ። ወኢታምስሉ፡በመን
ፈስክሙ፡ወኢትበሉ፡በልብክሙ፡እስመ፡ኢታአምሩ፡ወኢ
ትሬእዩ፡ኵሉ፡ኃጢአተ፡በሰማይ፡ይጸሐፍ፡ሀሉ፡በኵሉ፡
፰ ዕለት፡በቅድሜሁ፡ለልዑል። እምይእዜ፡ተአምሩ፡እስመ፡
ኵሉ፡ግፍዕክሙ፡ዘትገፍዑ፡ይጸሐፍ፡በኵሉ፡ዕለት፡እስ
፱ ከ፡ዕለተ፡ኵነኔክሙ። አሌ፡ለክሙ፡አብዳን፡እስመ፡ትት
ሐጐሉ፡በእበድክሙ፡ወለጠቢባን፡ኢትሰምዕዎሙ፡ወሠና
፲ ይ፡ኢይረክበክሙ። ወይእዜኒ፡አእምሩ፡ከመ፡ድልዋን፡አ

ንትሙ ፡ ለዕለተ ፡ ሐጕል ፡ ወኢትሰፈው ፡ ከመ ፡ ተሐይው ፡ ኃጥኣን ፡
አላ ፡ ተሐውሩ ፡ ወትመውቱ ፡ እስመ ፡ ኢተአምሩ ፡ ቤዛ ፡ እስመ ፡
ተደለውክሙ ፡ ለዕለተ ፡ ኲነኔ ፡ ዐቢይ ፡ ወለዕለተ ፡ ምንዳቤ ፡ ወኀ
ሳር ፡ ዐቢይ ፡ ለመንፈስክሙ ፡፡ አሌ ፡ ለክሙ ፡ ግዙፋነ ፡ ልብ ፡ እ ፲፩
ለ ፡ ትገብሩ ፡ እኩየ ፡ ወትበልዑ ፡ ደመ ፡ እምአይቴ ፡ አንትሙ ፡ ት
በልዑ ፡ ብሡናየ ፡ ወትሰትዩ ፡ ወትጸገቡ ፡ እስመ ፡ እምኲሉ ፡
ሠናይ ፡ ዘአፈድፈደ ፡ እግዚእነ ፡ ልዑል ፡ ዲበ ፡ ምድር ፡ ወአልብ
ክሙ ፡ ሰላም ፡፡ አሌ ፡ ለክሙ ፡ እለ ፡ ታፈቅርዋ ፡ ለግብረ ፡ ዐመ ፲፪
ፃ ፡ ለምንት ፡ ለክሙ ፡ ትሴፈውዋ ፡ ለሠናይት ፡ አእምሩ ፡ ከመ ፡
ሀለወክሙ ፡ ትትወሀቡ ፡ በእደሆሙ ፡ ለጻድቃን ፡ ወይመትሩ ፡
ክሣውዲክሙ ፡ ወይቀትሉክሙ ፡ ወኢይምሕሩክሙ ፡፡ አሌ ፡ ፲፫
ለክሙ ፡ እለ ፡ ትትፌሥሑ ፡ በምንዳቤሆሙ ፡ ለጻድቃን ፡ እስ
መ ፡ መቃብር ፡ ኢይትከረይ ፡ ለክሙ ፡፡ አሌ ፡ ለክሙ ፡ እለ ፡ ታበ ፲፬
ጥሉ ፡ ነገረ ፡ ጻድቃን ፡ እስመ ፡ ኢይከውን ፡ ለክሙ ፡ ተስፋ ፡ ሕይ
ወት ፡፡ አሌ ፡ ለክሙ ፡ እለ ፡ ትጽሕፏ ፡ ነገረ ፡ ሐሰት ፡ ወነገረ ፡ ረ ፲፭
ሲዓን ፡ እስመ ፡ ውእቶሙ ፡ ይጽሕፏ ፡ ሐሰቶሙ ፡ ከመ ፡ ይስም
ዕዋ ፡ ወኢይርስእዋ ፡ ለአበድ ፡ ወኢይከውን ፡ሎሙ ፡ ሰላም ፡ አ
ላ ፡ ሞተ ፡ ይመውቱ ፡ ፍጡነ ፡፡

ክፍል ፡ ፳፱ ፡፡ አሌ ፡ ሎሙ ፡ ለእለ ፡ ይገብሩ ፡ ርስዐናተ ፡ ወለ
ነገረ ፡ ሐሰት ፡ ይሴብሑ ፡ ወየከብሩ ፡ ተሐጕልክሙ ፡ ወአልብ
ክሙ ፡ ሕይወት ፡ ሠናይት ፡፡ አሌ ፡ ለክሙ ፡ እለ ፡ ትዌልጥዎን ፡ ፪
ለነገራተ ፡ ርትዕ ፡ ወሥርዐተ ፡ እንተ ፡ ለዓለም ፡ የዐልዉ ፡ ወይረ
ስዩ ፡ ርእሶሙ ፡ ዘኢኮኑ ፡ ኃጥኣነ ፡ ዲበ ፡ ምድር ፡ ሀለዉ ፡ ይትከ
የዱ ፡፡ በእማንቱ ፡ መዋዕል ፡ ተደለዉ ፡ ጻድቃን ፡ ከመ ፡ ትንሥኡ ፡ ፫
ጸሎታቲክሙ ፡ በተዝካር ፡ ወአንበርክምዎሙ ፡ ሰማዕተ ፡ በቅ
ድመ ፡ መላእክት ፡ ከመ ፡ የንብርዎ ፡ ለኀጢአተ ፡ ኃጥኣን ፡ በቅድ
መ ፡ ልዑል ፡ ለተዝካር ፡፡ በእማንቱ ፡ መዋዕል ፡ ይትሀወኩ ፡ አሕ ፬
ዛብ ፡ ወይትነሥኡ ፡ አዝማደ ፡ አሕዛብ ፡ በዕለት ፡ እንተ ፡ ሐጕ
ል ፡፡ ወበእማንቱ ፡ መዋዕል ፡ እለ ፡ ይጼነሱ ፡ ይወጽኡ ፡ ወይመስ ፭
ጡ ፡ ደቂቆሙ ፡ ወይገድፍዎሙ ፡ ለደቂቆሙ ፡ ወእምኔሆሙ ፡ ይ
ድኅፁ ፡ ውሉደሙ ፡ ወእንዘ ፡ ይጠብዉ ፡ ይገድፍዎሙ ፡ ወኢይ
ገብኡ ፡ ኀቤሆሙ ፡ ወኢይምሕርዎሙ ፡ ለፍቁራኒሆሙ ፡፡ ካዕበ ፡ ፮
አነ ፡ እምሕል ፡ ለክሙ ፡ ለኃጥኣን ፡ እስመ ፡ ለዕለተ ፡ ደም ፡ ዘኢ

፯ የኀድዕ ፡ ተደለወት ፡ ኃጢአት ፡፡ ወይሰግዱ ፡ ለእብን ፡ ወእለ ፡ ይ
ገልፊ ፡ ምስለ ፡ ዘወርቅ ፡ ወዘብሩር ፡ ወዘዕፀ ፡ ወዘለሕኵት ፡ ወ
እለ ፡ ይሰግዱ ፡ ለነፍሳት ፡ ርኩሳት ፡ ወአጋንንት ፡ ወለኵሉ ፡ ጣ
ዖት ፡ ወበምሕራማት ፡ ወኵሉ ፡ ረድኤት ፡ ኢይትረከብ ፡ እም
፰ ኔሆሙ ፡፡ ወይትረስዑ ፡ በእንተ ፡ እበደ ፡ ልቦሙ ፡ ወይጼለላ ፡ አ
፱ ዕይንቲሆሙ ፡ በፍርሀተ ፡ ልቦሙ ፡ ወበርእየ ፡ አሕላሞሙ ፡፡ ቦ
ሙ ፡ ይረስዑ ፡ ወይፈርሁ ፡ እስመ ፡ ኵሉ ፡ ግብሮሙ ፡ በሐሰት ፡ ገ
፲ ብሩ ፡ ወሰገዱ ፡ ለእብን ፡ ወይትሐጐሉ ፡ በምዕር ፡፡ ወበእማን
ቱ ፡ መዋዕል ፡ ብፁዓን ፡ ኵሎሙ ፡ እለ ፡ ይትሜጠዉ ፡ ነገረ ፡ ጥበ
ብ ፡ ወየአምርዎ ፡ ወይገብርዎን ፡ ለፍናዊተ ፡ ልዑል ፡ ወየሐውሩ ፡
በፍኖተ ፡ ጽድቅ ፡ ወኢይረስዑ ፡ ምስለ ፡ እለ ፡ ይረስዑ ፡ እስመ ፡
፲፩ እሙንቱ ፡ ይድኅኑ ፡፡ አሌ ፡ ለክሙ ፡ እለ ፡ ትሰፍሕዋ ፡ ለእኪት ፡
፲፪ ለቢጽክሙ ፡ እስመ ፡ በሲኦል ፡ ትትቀተሉ ፡፡ አሌ ፡ ለክሙ ፡ እ
ለ ፡ ትገብርዋ ፡ ለመሠረተ ፡ ኃጢአት ፡ ወጕሕሉት ፡ ወእለ ፡ ያመ
፲፫ ርሩ ፡ ዲበ ፡ ምድር ፡ እስመ ፡ ቦቱ ፡ ይትዌድኡ ፡፡ አሌ ፡ ለክሙ ፡
እለ ፡ ትነድቁ ፡ አብያቲክሙ ፡ በጻማ ፡ ባዕድ ፡ ወኵሉ ፡ መንድ
ቅሙ ፡ ግንፋል ፡ ወእብነ ፡ ኃጢአት ፡ እብለክሙ ፡ ከመ ፡ አልብክ
፲፬ ሙ ፡ ሰላም ፡፡ አሌ ፡ ሎሙ ፡ ለእለ ፡ ይሜንኑ ፡ መሠረተ ፡ ወርስ
ተ ፡ አበዊሆሙ ፡ እንተ ፡ ለዓለም ፡ ወያተልዉ ፡ ነፍሶሙ ፡ ድኅረ ፡
፲፭ ጣዖት ፡ እስመ ፡ ኢይከውን ፡ ሎሙ ፡ ዕረፍት ፡፡ አሌ ፡ ሎሙ ፡ ለ
እለ ፡ ይገብርዋ ፡ ለዐመፃ ፡ ወይረድእዋ ፡ ለግፍዕ ፡ ወይቀትሉ ፡ ቢ
፲፮ ጾሙ ፡ እስከ ፡ ዕለተ ፡ ኵነኔ ፡ ዐቢይ ፡፡ እስመ ፡ ያወድቅ ፡ ስብሐ
ቲክሙ ፡ ወይወዲ ፡ እከየ ፡ ውስተ ፡ ልብክሙ ፡ ወያነሥእ ፡ መን
ፈሰ ፡ መዐቱ ፡ ከመ ፡ ያሕጕልክሙ ፡ ለኵልክሙ ፡ በሰይፍ ፤ ወኵ
ሎሙ ፡ ጻድቃን ፡ ወቅዱሳን ፡ ይዜከሩ ፡ ኃጢአተ ፡ ዚአክሙ ፡፡

ክፍል ፡ ፭ ፡፡ ወበእማንቱ ፡ መዋዕል ፡ በ፩ መካን ፡ አበው ፡ ም
ስለ ፡ ውሉደሙ ፡ ይትጋደዑ ፡ ወአኃው ፡ ምስለ ፡ ቢጾሙ ፡ ይወድ
ቁ ፡ በሞት ፡ እስከ ፡ ይውኅዝ ፡ ከመ ፡ ተከዚ ፡ እምደመ ፡ ዚአ
፪ ሆሙ ፡፡ እስመ ፡ ብእሲ ፡ ኢይከልእ ፡ እዴሁ ፡ እምውሉዱ ፡ ወእ
ምውሉደ ፡ ውሉዱ ፡ ምሒረ ፡ ከመ ፡ ይቅትሎ ፡ ወኃጥእ ፡ ኢይከ
ልእ ፡ እዴሁ ፡ እምነ ፡ እኁሁ ፡ ክቡር ፡ እምጎሕ ፡ እስከ ፡ ተዐርብ ፡
፫ ፀሐይ ፡ ወይትቃተሉ ፡፡ ወየሐውር ፡ ፈረስ ፡ እስከ ፡ እንግድዓሁ ፡
ውስተ ፡ ደመ ፡ ኃጥኣን ፡ ወሰረገላ ፡ እስከ ፡ መልዕልታ ፡ ትሠጠ

ም ። ወበእማንቱ ፡ መዋዕል ፡ መላእክት ፡ ይወርዱ ፡ ውስተ ፡ ም ፬
ኅባኣት ፡ ወያገብእወሙ ፡ በ ፩ መካን ፡ ለኵሎሙ ፡ እለ ፡ ይረድ
እዋ ፡ ለኃጢአት ፡ ወይትኔሣእ ፡ ልዑል ፡ በይእቲ ፡ ዕለት ፡ ከመ ፡
ይግበር ፡ ኵነኔ ፡ ዐቢየ ፡ እምኵሎሙ ፡ ኃጥኣን ። ወዐቀብተ ፡ ይ ፭
ሁብ ፡ ዲበ ፡ ኵሎሙ ፡ ጻድቃን ፡ ወቅዱሳን ፡ እመላእክት ፡ ቅዱ
ሳን ፡ የዐቅብወሙ ፡ ከመ ፡ ብንተ ፡ ዐይን ፡ እስከ ፡ ይትዌደዕ ፡ ኵ
ሉ ፡ እኪይ ፡ ወኵሉ ፡ ኃጢአት ፡ ወእመኒ ፡ ይነውሙ ፡ ጻድቃን ፡
ንዋመ ፡ ነዋኀ ፡ ወአልቦሙ ፡ ዘይፈርሁ ። ወእሙነ ፡ ይሬእዩ ፡ ሰብ ፮
እ ፡ ጠቢባን ፡ ወይሌብዉ ፡ ውሉደ ፡ ምድር ፡ ኵሉ ፡ ነገረ ፡ ዛቲ ፡
መጽሐፍ ፡ ወየአምሩ ፡ ከመ ፡ ኢይክል ፡ ብዕሎሙ ፡ አድኅኖቶ
ሙ ፡ በሙዳቀ ፡ ኃጢአቶሙ ። አሌ ፡ ለክሙ ፡ ኃጥኣን ፡ ሶበ ፡ ታ ፯
መነድብወሙ ፡ ለጻድቃን ፡ በዕለተ ፡ ጻሕብ ፡ ኀያል ፡ ወታነድድ
ዎሙ ፡ በእሳት ፡ ወትትፈደዩ ፡ በከመ ፡ ምግባሪክሙ ። አሌ ፡ ለ ፰
ክሙ ፡ ግፉቱዓነ ፡ ልብ ፡ እለ ፡ ትትጌሁ ፡ ከመ ፡ ትለብውዎ ፡ ለእ
ኩይ ፡ ወሀለወ ፡ ይርከብክሙ ፡ ፍርሀት ፡ ወአልቦ ፡ ዘይረድአክ
ሙ ። አሌ ፡ ለክሙ ፡ ኃጥኣን ፡ እስመ ፡ ዲበ ፡ ቃለ ፡ አፈክሙ ፡ ወ ፱
ዲበ ፡ ተግባረ ፡ እደዊክሙ ፡ እለ ፡ ገብረ ፡ ረሳዕክሙ ፡ በዋዕየ ፡ ላ
ህበ ፡ እሳት ፡ ትውዕዩ ። ወይእዜኒ ፡ አእምሩ ፡ ከመ ፡ መላእክ ፲
ት ፡ ይትኃሠሡ ፡ ምግባሪክሙ ፡ በሰማይ ፡ እምፀሐይ ፡ ወእም
ወርኀ ፡ ወእምከዋክብት ፡ በእንተ ፡ ኃጢአተ ፡ ዚአክሙ ፡ እስ
መ ፡ በዲበ ፡ ምድር ፡ ትገብሩ ፡ ኀበ ፡ ጻድቃን ፡ ኵነኔ ። ወያስም ፲፩
ዕ ፡ ላዕሌክሙ ፡ ኵሉ ፡ ደመና ፡ ወጊሜ ፡ ወጠለ ፡ ወዝናመ ፡ እስ
መ ፡ ሀለዉ ፡ ኵሎሙ ፡ ይትከልኡ ፡ እምኔክሙ ፡ ከመ ፡ ኢይረዱ ፡
ዲቤክሙ ፡ ወኢይሔልዩ ፡ ኀበ ፡ ኃጢአትክሙ ። ወይእዜኒ ፡ ሀ ፲፪
ቡ ፡ አምኃ ፡ ለዝናም ፡ ከመ ፡ ኢትትከላእ ፡ ወረደ ፡ ዲቤክሙ ፡
ወጠል ፡ እመ ፡ ተመጠወ ፡ እምኔክሙ ፡ ወርቀ ፡ ወብሩረ ። ሶበ ፡ ፲፫
ይወድቅ ፡ ዲቤክሙ ፡ አስሐትያ ፡ ወሐመዳ ፡ ወቍረ ፡ ዚአሆሙ ፡
ወኵሉ ፡ ነፋሳተ ፡ ሐመዳ ፡ ወኵሉ ፡ ፃዕረተ ፡ ዚአሆሙ ፡ በእማ
ንቱ ፡ መዋዕል ፡ ኢትክሉ ፡ ቀዊመ ፡ ቅድሜሆሙ ።

ክፍል ፡ ፻፩ ። ጠይቅዋ ፡ ለሰማይ ፡ ኵልክሙ ፡ ውሉደ ፡ ሰማ
ይ ፡ ወኵሉ ፡ ግብረ ፡ ልዑል ፡ ወፍርሁ ፡ እምኔሁ ፡ ወኢትግበሩ ፡ እ
ኩየ ፡ በቅድሜሁ ። እመ ፡ ዐፀወ ፡ መስኮተ ፡ ሰማይ ፡ ወከልአ ፡ ፪
ዝናመ ፡ ወጠለ ፡ ከመ ፡ ኢይረድ ፡ ዲበ ፡ ምድር ፡ በእንቲአክሙ ፡

፫ ፈሪሀለወክሙ ፡ ትገበሩ ፡፡ ወእመ ፡ ፈነወ ፡ መዐቶ ፡ ዲቤክሙ ፡ ወ
ዲበ ፡ ኵሉ ፡ ምግባሪክሙ ፡ አኮ ፡ አንትሙ ፡ እለ ፡ ታስተበቍዕ
ዎ ፡ እስመ ፡ ትትናገሩ ፡ ዲበ ፡ ጽድቁ ፡ ዚአሁ ፡ ዐቢያተ ፡ ወጽኑ
፬ ዓተ ፡ ወአልብክሙ ፡ ሰላም ፡፡ ወኢትሬእይዎሙኑ ፡ ለነገሥተ ፡ አ
ሕማር ፡ እፎ ፡ ይትሀወኩ ፡ እሞገድ ፡ ወያንቀለቅሉ ፡ እምነፋሳ
፭ ት ፡ አሕማርሙ ፡ ወይትመነደቡ ፡፡ ወበእንተ ፡ ዝንቱ ፡ ይፈርሁ ፡
እስመ ፡ ኵሉ ፡ ንዋዮሙ ፡ ሠናይ ፡ ይወጽእ ፡ ውስተ ፡ ባሕር ፡ም
ስሌሆሙ ፡ ወሠናየ ፡ ኢይሄልዩ ፡ በልቦሙ ፡ እስመ ፡ ባሕር ፡ ይው
፮ ሕጦሙ ፡ ወይትሐጐሉ ፡ ውስቴታ ፡፡ አኮኑ ፡ ኵሉ ፡ ባሕር ፡ ወኵ
ሉ ፡ ማያቲሃ ፡ ወኵሉ ፡ ሑሰታ ፡ ግብረ ፡ ልዑል ፡ ውእቱ ፡ ወውእ
፯ ቱ ፡ ኵሉ ፡ ግብረታ ፡ ሐተመ ፡ ወአሠረ ፡ ኵለንታሃ ፡ በኖፃ ፡፡ ወ
በተግሠጾ ፡ ትየብስ ፡ ወትፈርህ ፡ ወኵሉ ፡ ዓሣቲሃ ፡ ይመውቱ ፡
ወኵሉ ፡ ዘሀሎ ፡ ውስቴታ ፡ ወአንትሙ ፡ ኃጥኣን ፡ እለ ፡ ውስተ ፡
፰ ምድር ፡ ኢትፈርህዎ ፡፡ አኮኑ ፡ ውእቱ ፡ ገብረ ፡ ሰማየ ፡ ወምድ
ረ ፡ ወኵሉ ፡ ዘሀሎ ፡ ውስቴቶሙ ፡ ወመኑ ፡ ወሀበ ፡ ትምህርተ ፡
ወጥበበ ፡ ለኵሎሙ ፡ እለ ፡ ይትሐወሱ ፡ ዲበ ፡ ምድር ፡ ወለእ
፱ ለ ፡ ውስተ ፡ ባሕር ፡፡ አኮኑ ፡ ውእቶሙ ፡ ነገሥተ ፡ አሕማር ፡ ይፈ
ርህዎ ፡ ለባሕር ፡ ወኃጥኣንሰ ፡ ለልዑል ፡ ኢይፈርህዎ ፡፡

ክፍል ፡ ፻፪ ፡፡ በእማንቱ ፡ መዋዕል ፡ ለእመ ፡ ወደየ ፡ ዲቤክ
ሙ ፡ ዕፁበ ፡ እሳተ ፡ አይቴ ፡ ትነፍጹ ፡ ወበአይቴ ፡ ትድኅኑ ፡ ወሶ
በ ፡ ይወዲ ፡ ቃሎ ፡ ዲቤክሙ ፡ አኮኑ ፡ ትትመሐከው ፡ ወትፈርሁ ፡፡
፪ ወኵሎሙ ፡ ብርሃናት ፡ ይትሀወኩ ፡ በፍርሀት ፡ ዐቢይ ፡ ወኵላ ፡
፫ ምድር ፡ ትትመሐከው ፡ ወትርዕድ ፡ ወትጌጕዕ ፡፡ ወኵሎሙ ፡
መላእክት ፡ ይፌጽሙ ፡ ትእዛዞሙ ፡ ወይፈቅዱ ፡ ከመ ፡ ይትኃ
ብኡ ፡ እምቅድመ ፡ ዐቢየ ፡ ስብሐት ፡ ወይርዕዱ ፡ ደቂቀ ፡ ምድ
ር ፡ ወይትሀወኩ ፡ ወአንትሙ ፡ ኃጥኣን ፡ ርጉማን ፡ ለዓለም ፡ ወአ
፬ ልብክሙ ፡ ሰላም ፡፡ ኢትፍርሁ ፡ አንትሙ ፡ ነፍሳተ ፡ ጻድቃን ፡
፭ ወተሰፈዉ ፡ ዕለተ ፡ ሞትክሙ ፡ በጽድቅ ፡፡ ወኢትኅዝኑ ፡ እስ
መ ፡ ወረደት ፡ ነፍስክሙ ፡ ውስተ ፡ ዐቢይ ፡ ምንዳቤ ፡ ወገዓር ፡ ወ
ናእክ ፡ ወውስተ ፡ ሲኦል ፡ በሐዘን ፡ ወኢረከበ ፡ ሥጋክሙ ፡ በሕ
ይወትክሙ ፡ በከመ ፡ ኂሩትክሙ ፡ አላ ፡ እንከ ፡ በዕለት ፡ እን
ተ ፡ ባቲ ፡ ኮንክሙ ፡ ኃጥኣነ ፡ ወበዕለተ ፡ መርገም ፡ ወመቅሠፍ
፮ ት ፡፡ ወሶበ ፡ ትመውቱ ፡ ይብሉ ፡ በላዕሌክሙ ፡ ኃጥኣን ፡ ከመ ፡

ሞትነ ፡ ሞቱ ፡ ጻድቃን ፡ ወምንት ፡ ኮነ ፡ በቍዔቶሙ ፡ በምግባሮ
ሙ ፡፡ ናዋ ፡ ከማነ ፡ ሞቱ ፡ በኀዘን ፡ ወበጽልመት ፡ ወምንት ፡ ፈ ፯
ድፋደሙ ፡ እምኔነ ፡ እምይእዜ ፡ ተሀረይነ ፡፡ ወምንተ ፡ ይነሥኡ ፡ ፰
ወምንተ ፡ ይሬእዩ ፡ ለዓለም ፡ እስመ ፡ እሙንቱሂ ፡ ናዋ ፡ ሞቱ ፡ ወ
እምይእዜ ፡ ለዓለም ፡ ኢይሬእዩ ፡ ብርሃነ ፡፡ እብለክሙ ፡ አንት ፱
ሙ ፡ ኃጥኣን ፡ አክለክሙ ፡ በሊዕ ፡ ወሰትይ ፡ ወአዕርቆተ ፡ ሰብ
እ ፡ ወሐይድ ፡ ወኀጢአት ፡ ወአጥርዮተ ፡ ንዋይ ፡ ወርእዮተ ፡ መ
ዋዕል ፡ ሠናይ ፡፡ ርኢክሙዎሙኑ ፡ ለጻድቃን ፡ እፎ ፡ ኮነ ፡ ተፍጻ ፲
ሜቶሙ ፡ ሰላመ ፡ እስመ ፡ ኵሉ ፡ ግፍዕ ፡ ኢተረክበ ፡ በላዕሌሆ
ሙ ፡ እስከ ፡ ዕለተ ፡ ሞቶሙ ፡፡ ወተሐጕሉ ፡ ወኮኑ ፡ ከመ ፡ ዘ ፲፩
ኢኮኑ ፡ ወወረዱ ፡ ውስተ ፡ ሲኦል ፡ ነፍሳቲሆሙ ፡ በምንዳቤ ፡፡

ክፍል ፡ ፻፫ ፡፡ ወይእዜኒ ፡ አነ ፡ እምሕል ፡ ለክሙ ፡ ለጻድቃ
ን ፡ በሀቢይ ፡ ስብሐቱ ፡ ወክብረ ፡ ወበክቡር ፡ መንግሥቱ ፡ ወበ
ዕበዩ ፡ እምሕል ፡ ለክሙ ፡ እስመ ፡ አነ ፡ አአምር ፡ ዘንተ ፡ ምሥ ፪
ጢረ ፡ ወአንበብኩ ፡ በጸፍጸፈ ፡ ሰማይ ፡ ወርኢኩ ፡ ጽሕፈተ ፡
ቅዱሳን ፡ ወረከብኩ ፡ ጽሑፈ ፡ ውስቴቱ ፡ ወልኩሀ ፡ በእንቲአሆ
ሙ ፡፡ እስመ ፡ ኵሉ ፡ ሠናይ ፡ ወፍሥሓ ፡ ወክብር ፡ ተደለወ ፡ ሎ ፫
ሙ ፡ ወተጽሕፈ ፡ ለመናፍስቲሆሙ ፡ ለእለ ፡ ሞቱ ፡ በጽድቅ ፡ ወ
ቡብዙኃ ፡ ሠናይ ፡ ይትወሀብ ፡ ለክሙ ፡ ተክለ ፡ ጻማክሙ ፡ ወ
ክፍልክሙ ፡ ፈድፋደ ፡ እምክፍለ ፡ ሕያዋን ፡፡ ወየሐይዉ ፡ መ ፬
ንፈስክሙ ፡ ለእለ ፡ ሞትክሙ ፡ በጽድቅ ፡ ወይትፌሥሑ ፡ ወይ
ትሐሠዩ ፡ መናፍስቲሆሙ ፡ ወተዝካሮሙ ፡ እምቅድመ ፡ ገጹ ፡ ለ
ሀቢይ ፡ ለኵሉ ፡ ትውልደ ፡ ዓለም ፡ ወይእዜኒ ፡ ኢትፍርህዎ ፡ ለ
ኀሣሮሙ ፡፡ አሌ ፡ ለክሙ ፡ ኃጥኣን ፡ ሶበ ፡ ትመውቱ ፡ በኀጢአት ፭
ክሙ ፡ ወይብሉ ፡ እሉ ፡ እለ ፡ ከማክሙ ፡ ዴቤክሙ ፡ ብፁዓን ፡
እሙንቱ ፡ ኃጥኣን ፡ ኵሎ ፡ መዋዕሎሙ ፡ ርእዩ ፡፡ ወይእዜኒ ፡ ሞ ፮
ቱ ፡ በሠናይ ፡ ወበብዕል ፡ ወምንዳቤ ፡ ወቀትለ ፡ ኢርእዩ ፡ በሕይ
ወቶሙ ፡ ወበስብሐት ፡ ሞቱ ፡ ወኵነኔ ፡ ኢተገብረ ፡ ሎሙ ፡ በሕ
ይወቶሙ ፡፡ ተአምርዎሙ ፡ እስመ ፡ ውስተ ፡ ሲኦል ፡ ያወርድዎ ፯
ሙ ፡ ለነፍሳቲሆሙ ፡ ወእኩያተ ፡ ይከውና ፡ ወምንዳቤሆሙ ፡ ሀ
ቢያ ፡፡ ወበጽልመት ፡ ወበመርበብት ፡ ወበላህብ ፡ ዘይነድድ ፡ ኅ ፰
በ ፡ ኵነኔ ፡ ዐባይ ፡ ትበውእ ፡ መንፈስክሙ ፡ ወኵነኔ ፡ ዐባይ ፡ ት
ከውን ፡ ለኵሉ ፡ ትውልድ ፡ እስከ ፡ ለዓለም ፡ አሌ ፡ ለክሙ ፡ እ

፱ ስመ፡ አልብክሙ፡ ሰላም ፡፡ ኢትበልዎሙ፡ ለጻድቃን፡ ወለኄረ
ን፡ እለ፡ ሀለዉ፡ ውስተ፡ ሕይወት፡ በመዋዕለ፡ ስራሕነ፡ ጻማ፡
ጻመውነ፡ ወኵሎ፡ ስራሐ፡ ርኢነ፡ ወእኪያተ፡ ብዙኀ፡ ረከብ
፲ ነ፡ ወተወደዕነ፡ ወውሕድነ፡ ወንዕስት፡ መንፈስነ ፡፡ ወተሐጐልነ፡
ወአልቦ፡ ዘረድአነ፡ በነገር፡ ወበምግባር፡ ስእነ፡ ወኢምንተኒ፡
ኢረከብነ፡ ወተፀዐርነ፡ ወተሐጐልነ፡ ወኢተሰፈውነ፡ ከመ፡ ንር
፲፩ አይ፡ ሕይወተ፡ ዕለተ፡ እምዕለት ፡፡ ወተሰፈውነ፡ ንኩን፡ ርእ
ሰ፡ ወኮነ፡ ዘነበ፤ ጻመውነ፡ እንዘ፡ ንትጌበር፡ ወኢሰለጥነ፡ ዲ
በ፡ ጻማነ፡ ወኮነ፡ መባልዕተ፡ ለኃጥኣን፡ ወሀማፅያን፡ አክበዱ፡
፲፪ ላዕሌነ፡ አርዑተ፡ ዚአሆሙ ፡፡ ወተሰልጡ፡ ዲቤነ፡ እለ፡ ይጸልሁ
ነ፡ ወእለ፡ ይድጉጹነ፡ ወለእለ፡ ይጸልሁነ፡ አትሐትነ፡ ክሳደነ፡
፲፫ ወኢመሐሩነ ፡፡ ወፈቀድነ፡ ንሑር፡ እምኔሆሙ፡ ከመ፡ ንንፍጽ፡
ወናዕርፍ፡ ወኢረከብነ፡ ኀበ፡ ንጐይይ፡ ወንድኀን፡ እምኔሆሙ ፡፡
፲፬ ወሰከይናሆሙ፡ ኀበ፡ መላእክት፡ በምንዳቤነ፡ ወጸራሕነ፡ ዲ
በ፡ እለ፡ ይበልዑነ፡ ወጽራሐ፡ ዚአነ፡ ኢይረኤዩ፡ ወኢይፈቅዱ፡
፲፭ ከመ፡ ይስምዑ፡ ቃለነ ፡፡ ወይረድእዎሙ፡ ለእለ፡ የሀይዱነ፡ ወ
ይበልዑነ፡ ወለእለ፡ አውሐዱነ፡ ወየኀብኡ፡ ግፍዖሙ፡ ወኢየወ
ጽኡ፡ እምኔነ፡ አርኡቶሙ፡ አላ፡ ይበልዑነ፡ ወይዘርዝሩነ፡ ወይ
ቀትሉነ፡ ወየኀብኡ፡ ቀትለነ፡ ወኢተዘከሩ፡ ከመ፡ አንሥኡ፡ እ
ደዊሆሙ፡ ላዕሌነ ፡፡

ክፍል፡ ፻፬ ፡፡ እምሕል፡ ለክሙ፡ ጻድቃን፡ እስመ፡ በሰማ
ይ፡ ይዜክሩ፡ መላእክት፡ በእንቲአክሙ፡ ለሠናይ፡ በቅድመ፡
ስብሐቲሁ፡ ለዐቢይ፤ አስማቲክሙ፡ ይጸሐፉ፡ በቅድመ፡ ስብ
፪ ሐቲሁ፡ ለዐቢይ ፡፡ ተሰፈዉ፡ እስመ፡ በቀዳሚ፡ ኀሰርክሙ፡ በ
እኪይ፡ ወበስራሕ፡ ወይእዜኒ፡ ትበርሁ፡ ከመ፡ ብርሃናተ፡ ሰ
፫ ማይ፡ ወትትረአዩ፡ ወኆኅተ፡ ሰማይ፡ ይትረኀው፡ ለክሙ ፡፡ ወ
ጽራሐ፡ ዚአክሙ፡ ኰንኔ፡ ጽርሑ፡ ወያስተርኢ፡ ለክሙ፡ እስ
መ፡ እምነ፡ መላእክት፡ ይትኀሠሥ፡ ኵሉ፡ ምንዳቤክሙ፡ ወ
፬ እምኵሎሙ፡ እለ፡ አርድእዎሙ፡ ለእለ፡ የሀይዱክሙ ፡፡ ተሰ
ፈዉ፡ ወኢትኅድጉ፡ ተስፋክሙ፡ እስመ፡ ትከውን፡ ለክሙ፡
፭ ፍሥሓ፡ ዐቢይ፡ ከመ፡ መላእክተ፡ ሰማይ ፡፡ እንተ፡ ሀለወክ
ሙ፡ ትገበሩ፡ አኮ፡ ትትኀብኡ፡ ሀለወክሙ፡ በዕለተ፡ ኰንኔ፡ ዐ
ባይ፡ ወኢትትረከቡ፡ ከመ፡ ኃጥኣን፡ ወኰንኔ፡ እንተ፡ ለዓለም፡

ትክበውን : እምኔክሙ : ለኵሉ : ትውልደ : ዓለም :: ወይእዜኒ : ፮
ኢትፍርሁ : ጻድቃን : ሶበ : ትሬእይዎሙ : ለኃጥኣን : ይጸንዑ :
ወይዴልዉ : በፍትወቶሙ : ወኢትኩኑ : ሱቱፋነ : ምስሌሆሙ :
አላ : ረኃቁ : እምግፍዖ : ዚአሆሙ : እስመ : ለሐራ : ሰማይ : ሀለወ
ክሙ : ትኩኑ : ሱቱፋነ :: እስመ : ትብሉ : አንትሙ : ኃጥኣን : ኢ ፯
ትኃሥሡ : ወኢይጸሐፉ : ኵሉ : ኃጢአትነ : ይጽሕፍ : ሀለዉ :
ኵሎ : ኃጢአተክሙ : በኵሉ : ዕለት :: ወይእዜኒ : አነ : አርኢ ፰
የክሙ : እስመ : ብርሃን : ወጽልመት ፤ ዕለት : ወሌሊት : ይሬእዩ :
ኵሎ : ኃጢአተክሙ :: ኢትርስዑ : በልብክሙ : ወኢተሐስዉ : ፱
ወኢትሚጥዎ : ለነገረ : ርትዕ : ወኢታሐስውዎ : ለነገረ : ቅዱስ :
ወዐቢይ : ወኢትሰብሕዎ : ለጣዖትክሙ : እስመ : ኢኮነት : ኵ
ላ : ሐሰትክሙ : ወኵሉ : ርስዓንክሙ : ለጽድቅ : አላ : ለኃጢ
አት : ዐባይ :: ወይእዜኒ : አነ : አአምር : ለዝ : ምሥጢር : እስ ፲
መ : ነገረ : ርትዕ : ይመይጡ : ወየዐልዉ : ብዙኃን : ኃጥኣን : ወይ
ትናገሩ : ነገራተ : እኩያተ : ወይሔስዉ : ወይፈጥሩ : ፍጥረተ :
ዐቢያተ : ወመጻሕፍተ : ይጽሕፉ : ዲበ : ነገራቲሆሙ :: ወሶበ ፲፩
ሰ : ኵሉ : ነገርየ : ይጽሕፉ : በርትዕ : ዲበ : ልሳናቲሆሙ : ወኢ
ይዌልጡ : ወኢያሐፅፁ : እምነገራትየ : አላ : ኵሎ : በርትዕ : ይ
ጽሕፉ : ኵሎ : ዘቀዳሚ : አስማዕኩ : በእንቲአሆሙ :: ወካል ፲፪
አ : ምሥጢረ : አአምር : እስመ : ለጻድቃን : ወለጠቢባን : ይት
ወሀባ : መጻሕፍታት : ለፍሥሓ : ወለርትዕ : ወለጥበብ : ብዙ
ኅ :: ወሎሙ : ይትወሀባ : መጻሕፍት : ወየአምኑ : ቦሙ : ወይት ፲፫
ፌሥሑ : ቦሙ : ወይትዐሠዩ : ኵሎሙ : ጻድቃን : እለ : እምኔሆ
ሙ : አእመሩ : ኵሎ : ፍናዊተ : ርትዕ ::

ክፍል : ፻፭ :: ወበእማንቱ : መዋዕል : ይቤ : እግዚእ : ከመ :
ይጸውዑ : ወያስምዑ : ለውሉደ : ምድር : በጥበቦሙ : አርእዩ :
ሎሙ : እስመ : አንትሙ : መራሕያኒሆሙ : ወዕሤያተ : ዲበ : ኵ
ላ : ምድር :: እስመ : አነ : ወወልድየ : ንዴመር : ምስሌሆሙ : ለ ፪
ዓለም : በፍናዊተ : ርትዕ : በሕይወቶሙ : ወሰላም : ይከውን :
ለክሙ ፤ ተፈሥሑ : ውሉደ : ርትዕ : በአማን ::

ምዕራፍ : ፳ ::

ክፍል : ፻፮ :: ወእምድኅረ : መዋዕል : ነሥአ : ወልድየ : ማቱ

ሳላ፡ ለወልዱ፡ ላሜክ፡ ብእሲተ፡ ወፀንሰት፡ እምኔሁ፡ ወወለ
፪ ደት፡ ወልደ። ወኮነ፡ ሥጋሁ፡ ጸዐዳ፡ ከመ፡ አስሐትያ፡ ወቀይ
ሕ፡ ከመ፡ ጽጌ፡ ረዳ፡ ወፀጕረ፡ ርእሱ፡ ከመ፡ ፀምር፡ ጸዐዳ፡ ወ
ድምድማሁ፡ ወሠናይ፡ አዕይንቲሁ፡ ወሶበ፡ ከሠተ፡ አዕይንቲ
ሁ፡ አብርሃ፡ ኵላ፡ ቤተ፡ ከመ፡ ፀሐይ፡ ወፈድፋደ፡ በርሀ፡ ኵ
፫ ሉ፡ ቤት። ወሶበ፡ ተንሥአ፡ እምእዴሃ፡ ለመወልዲት፡ ከሠተ፡
፬ አፉሁ፡ ወተናገረ፡ ለእግዚአ፡ ጽድቅ። ወፈርሀ፡ ላሜክ፡ አቡ
፭ ሁ፡ እምኔሁ፡ ወጐየ፡ ወመጽአ፡ ኀበ፡ አቡሁ፡ ማቱሳላ። ወይ
ቤሎ፡ አነ፡ ወለድኩ፡ ወልደ፡ ውሉጠ፡ ኢኮነ፡ ከመ፡ ሰብእ፡ አ
ላ፡ ይመስል፡ ደቂቀ፡ መላእክተ፡ ሰማይ፡ ወፍጥረቱ፡ ካልእት፡
ወኢኮነ፡ ከማነ፡ ወአዕይንቲሁ፡ ከመ፡ እገረሁ፡ ለጸሐይ፡ ገጹ፡
፮ ስቡሕ። ወይመስለኒ፡ ከመ፡ ኢኮነ፡ እምኔየ፡ አላ፡ እመላእክ
ት፡ ውእቱ፡ ወእፈርህ፡ ከመ፡ ኢይትገበር፡ መንክር፡ በመዋዕሊ
፯ ሁ፡ ዲበ፡ ምድር። ወይእዜኒ፡ ሀለውኩ፡ አቡየ፡ አስተበቍዐ
ከ፡ ወእስእል፡ እምኀቤከ፡ ከመ፡ ትሖር፡ ኀበ፡ ሄኖክ፡ አቡነ፡
ወትስማዕ፡ እምኀቤሁ፡ አማነ፡ እስመ፡ ውእቱ፡ ምስለ፡ መላእ
፰ ክት፡ ምንባሩ። ወሶበ፡ ሰምዐ፡ ማቱሳላ፡ ነገረ፡ ወልዱ፡ መጽ
አ፡ ኀቤየ፡ ውስተ፡ አጽናፈ፡ ምድር፡ እስመ፡ ሰምዐ፡ ከመ፡ ሀ
የ፡ ሀሎኩ፡ ወጸርሐ፡ ወሰማዕኩ፡ ቃሎ፡ ወመጻእኩ፡ ኀቤሁ፡
ወእቤሎ፡ ናሁ፡ ሀለውኩ፡ ወልድየ፡ እስመ፡ መጻእከ፡ ኀቤየ።
፱ ወአውሥአኒ፡ ወይቤ፡ በእንተ፡ ነገር፡ ዐቢይ፡ መጻእኩ፡ ኀቤከ፡
፲ ወበእንተ፡ ራእይ፡ ዕፁብ፡ በዘቀረብኩ። ወይእዜኒ፡ አቡየ፡ ስ
ምዐኒ፡ እስመ፡ ተወልደ፡ ለላሜክ፡ ወልድየ፡ ወልድ፡ ዘኢኮነ፡
አምሳሉ፡ ወፍጥረቱ፡ ከመ፡ ፍጥረተ፡ ሰብእ፡ ወኅብሩ፡ ይጸዐ
ዱ፡ እምአስሐትያ፡ ወይቀይሕ፡ እምጽጌ፡ ረዳ፡ ወፀጕረ፡ ርእ
ሱ፡ ይጸዐዱ፡ እምጸምር፡ ጸዐዳ፡ ወአዕይንቲሁ፡ ከመ፡ እገረ
ሁ፡ ለፀሐይ፡ ወከሠተ፡ አዕይንቲሁ፡ ወአብርሃ፡ ኵላ፡ ቤተ።
፲፩ ወተንሥአ፡ እምውስተ፡ እዴሃ፡ ለመወልዲት፡ ወፈትሐ፡ አፉ
፲፪ ሁ፡ ወባረኮ፡ ለእግዚአ፡ ሰማይ። ወፈርሐ፡ አቡሁ፡ ላሜክ፡ ወ
ጐየ፡ ኀቤየ፡ ወኢአምነ፡ ከመ፡ እምኔሁ፡ ውእቱ፡ አላ፡ አምሳ
ሉ፡ እመላእክተ፡ ሰማይ፡ ወናሁ፡ መጻእኩ፡ ኀቤከ፡ ከመ፡ ታ
፲፫ ይድዐኒ፡ ጽድቀ። ወአውሣእኩ፡ አነ፡ ሄኖክ፡ ወእቤሎ፡ ይሔ
ድስ፡ እግዚእ፡ ሐዲሳተ፡ ዲበ፡ ምድር፡ ወዘንተ፡ ወዳዕኩ፡

ወርኢኩ፡ በራእይ፡ ወአይደዕኩከ፡ እስመ፡ በትውልዱ፡ ለያሬ
ድ፡ አቡየ፡ አኅለፉ፡ ነገረ፡ ለእግዚአ፡ እመልዕልተ፡ ሰማይ፡፡ ወ ፲፬
ናዮሙ፡ ይገብሩ፡ ኀጢአተ፡ ወየኀልፉ፡ ሥርዐተ፡ ወምስለ፡ አን
ስት፡ ተደመሩ፡ ወምስሌሆን፡ ይገብሩ፡ ኀጢአተ፡ ወአውሰቡ፡
እምኔሆን፡ ወእምኔሆን፡ ወለዱ፡ ደቂቀ፡፡ ወሐጕል፡ ዐቢይ፡ ይከ ፲፭
ውን፡ ዲበ፡ ኵሉ፡ ምድር፡ ወማየ፡ አይኅ፡ ይከውን፡ ወሐጕል፡
ዐቢይ፡ በ፩ ዓመት፡ ይከውን፡፡ ዝውእቱ፡ ወልድ፡ ዘተወልደ፡ ፲፮
ለክሙ፡ ውእቱ፡ ይተርፍ፡ ዲበ፡ ምድር፡ ወ፫ ደቂቁ፡ ይድኅኑ፡
ምስሌሁ፡ ሶበ፡ ይመውቱ፡ ኵሉ፡ ሰብእ፡ ዘዲበ፡ ምድር፡ ይድ
ኅን፡ ውእቱ፡ ወደቂቁ፡፡ ይወልዱ፡ ዲበ፡ ምድር፡ እለ፡ ያርብሕ፡ ፲፯
አኮ፡ ዘመንፈስ፡ አላ፡ ዘሥጋ፡ ወይከውን፡ መቅሠፍት፡ ዐቢይ፡
ዲበ፡ ምድር፡ ወትትሐፀብ፡ ምድር፡ እምኵሉ፡ ሙስና፡፡ ወ ፲፰
ይእዜኒ፡ አይድዕ፡ ለወልድከ፡ ላሜክ፡ እስመ፡ ዘተወልደ፡ ወል
ዱ፡ ውእቱ፡ በጽድቅ፡ ወጸውዕ፡ ስሞ፡ ኖኅ፡ እስመ፡ ውእቱ፡ ይ
ከውን፡ ለክሙ፡ ተረፈ፡ ወውእቱ፡ ወደቂቁ፡ ይድኅኑ፡ እሙስና፡
እንተ፡ ትመጽእ፡ ዲበ፡ ምድር፡ እምኵሉ፡ ኀጢአት፡ ወእም
ኵሉ፡ ዐመፃ፡ እንተ፡ ሀለወት፡ ትትፌጸም፡ ዲበ፡ ምድር፡ በ
መዋዕሊሁ፡፡ ወእምድኅሬዝ፡ ትከውን፡ ዐመፃ፡ ፈድፋደ፡ እም ፲፱
እንተ፡ ተፈጸመት፡ ቀዳሚ፡ ዲበ፡ ምድር፡ እስመ፡ አአምር፡ ም
ሥጢራተ፡ ቅዱሳን፡ እስመ፡ ውእቱ፡ እግዚአ፡ አርአየኒ፡ ወአይ
ድዐኒ፡ ወበጸፍጸፈ፡ ሰማይ፡ አንበብኩ፡፡

ክፍል፡ ፻፯፡፡ ወርኢኩ፡ ጽሑፈ፡ በላዕሌሆሙ፡ እስመ፡ ት
ውልድ፡ እምትውልድ፡ ትኤብስ፡ እስከ፡ ትትነሣእ፡ ትውልደ፡
ጽድቅ፡ ወአበሳ፡ ትትሐጐል፡ ወኀጢአት፡ ትትገሐስ፡ እምዲ
በ፡ ምድር፡ ወኵሉ፡ ሠናይ፡ ይመጽእ፡ ዲቤሃ፡፡ ወይእዜኒ፡ ወ ፪
ልድየ፡ ሑር፡ አይድዖ፡ ለወልድከ፡ ላሜክ፡ እስመዝ፡ ወልድ፡
ዘተወልደ፡ ወልደ፡ ዚአሁ፡ ውእቱ፡ አማን፡ ወኢኮነ፡ ሐሰተ፡፡
ወሶበ፡ ሰምዐ፡ ማቱሳላ፡ ነገረ፡ አቡሁ፡ ሄኖክ፡ እስመ፡ ዘኅቡ ፫
እ፡ አርአዮ፡ ኵሎ፡ ግብረ፡ ወገብአ፡ ርእዮ፡ ወሰመዮ፡ ስሞ፡ ለ
ውእቱ፡ ወልድ፡ ኖኅ፡ እስመ፡ ውእቱ፡ ያስተፌሥሓ፡ ለምድር፡
እምኵሉ፡ ኀጕል፡፡

ክፍል፡ ፻፰፡፡ ካልእ፡ መጽሐፍ፡ ዘጸሐፈ፡ ሄኖክ፡ ለወል
ዱ፡ ማቱሳላ፡ ወለእለ፡ ይመጽኡ፡ እምድኅሬሁ፡ ወየዐቅቡ፡ ሥ

፪ ርሆተ፡ በደኅረ፡ መዋዕለ፡፡ እለ፡ ገበርክሙ፡ ወትጸንሑ፡ በእ
ሉ፡ መዋዕል፡ እስከ፡ ይትፌጸም፡ እለ፡ ይገብሩ፡ እኩየ፡ ወይ
፫ ትፌጸም፡ ኀይሎሙ፡ ለመአብሳን ፤ አንትሙሰ፡ ጽንሑ፡ እስ
ከ፡ ተሐልፋ፡ ኀጢአት፡ እስመ፡ ሀሉ፡ ስሞሙ፡ ይደመሰስ፡ እ
መጻሕፍተ፡ ቅዱሳን፡ ወዘርኦሙ፡ ይትሐጐል፡ ለዓለም፡ ወመና
ፍስቲሆሙ፡ ይትቀተሉ፡ ወይጸርሑ፡ ወየሀወይዉ፡ በመካን፡ በ
ድው፡ ዘኢያስተርኢ፡ ወበእሳት፡ ይነድዱ፡ እስመ፡ ኢሀሉ፡ ህ
፬ የ፡ ምድር፡፡ ወርኢኩ፡ ህየ፡ ከመ፡ ደመና፡ ዘኢይትረአይ፡ እስ
መ፡ እምዕመቁ፡ ኢክህልኩ፡ ላዕለ፡ ነጽሮ፡ ወላህበ፡ እሳቱ፡ ር
ኢኩ፡ እንዘ፡ ይነድድ፡ ስቡሕ፡ ወይትከበቡ፡ ከመ፡ አድባር፡
፭ ስቡሓን፡ ወይትሀወኩ፡ ለፌ፡ ወለፌ፡፡ ወተስእልክዎ፡ ለ ፩ እ
መላእክት፡ ቅዱሳን፡ እለ፡ ምስሌየ፡ ወእቤሎ፡ ምንት፡ ውእቱ፡
ዝስቡሕ፡ እስመ፡ ኢኮነ፡ ሰማየ፡ አላ፡ ላህበ፡ እሳት፡ ባሕቲ
ቱ፡ ዘይነድድ፡ ወቃለ፡ ጽራሕ፡ ወብካይ፡ ወአውያት፡ ወሕማ
፮ ም፡ ኀያል፡፡ ወይቤለኒ፡ ዝንቱ፡ መካን፡ ዘትሬኢ፡ በህየ፡ ይትወ
ደዩ፡ መናፍስተ፡ ኃጥኣን፡ ወፅረፋን፡ ወእለ፡ ይገብሩ፡ እኩየ፡
ወእለ፡ ይመይጡ፡ ኵሎ፡ ዘነገረ፡ እግዚአብሔር፡ በአፈ፡ ነቢያ
፯ ት፡ እለ፡ ሀለው፡ ይትገበሩ፡፡ እስመ፡ ሀለው፡ እምኔሆሙ፡ ጽ
ሑፋን፡ ወልኩዓን፡ ላዕለ፡ በሰማይ፡ ከመ፡ ያንብብዎሙ፡ መላ
እክት፡ ወያእምሩ፡ ዘሀሉ፡ ይብጽሖሙ፡ ለኃጥኣን፡ ወለመናፍ
ስተ፡ ትሑታን፡ ወእለ፡ አሕመሙ፡ ሥጋሆሙ፡ ወተፈድዩ፡ እም
፰ ኀበ፡ አምላክ፡ ወእለ፡ ኀሰሩ፡ እምእኩያን፡ ሰብእ ፤ እለ፡ አ
ፍቀርዎ፡ ለአምላክ፡ ኢወርቀ፡ ወኢብሩረ፡ ኢያፍቀሩ፡ ወኢኵ
ሉ፡ ሠናየ፡ ዘውስተ፡ ዓለም፡ አላ፡ ወሀቡ፡ ሥጋሆሙ፡ ለጻዕር፤
፱ ወእለ፡ እምአመ፡ ኮኑ፡ ኢፈተዉ፡ መባልዕተ፡ ዘውስተ፡ ምድ
ር፡ አላ፡ ረሰዩ፡ ርእሶሙ፡ ከመ፡ መንፈስ፡ እንተ፡ ኀለፈት፡ ወ
ዘንተ፡ ዐቀቡ፡ ወብዙኀ፡ አመከሮሙ፡ እግዚእ፡ ወተረክቡ፡ መ
፲ ንፈሳቲሆሙ፡ በንጽሕ፡ ከመ፡ ይባርክዎ፡ ለስሙ፡፡ ወኵሎ፡ በ
ረከቶሙ፡ ነገርኩ፡ በመጻሕፍት፡ ወዐሰዮሙ፡ ለአርእስቲሆሙ፡
እስመ፡ እሉ፡ ተረክቡ፡ ያፈቅርዎ፡ ለሰማይ፡ እምእስትንፋሶ
ሙ፡ ዘለዓለም፡ ወእንዘ፡ ይትከየዱ፡ እምእኩያን፡ ሰብእ፡ ወ
ሰምዑ፡ እምኀቤሆሙ፡ ትዕይርተ፡ ወጽርፈተ፡ ወኀሰረ፡ እንዘ፡
፲፩ ይባርኩኒ፡፡ ወይእዜኒ፡ እጼውዕ፡ መናፍስቲሆሙ፡ ለኄራን፡ እ

ዮትውልድ፡ እንተ፡ ብርሃን፡ ወእፄልጥ፡ ለእለ፡ ተወልዱ፡ በጽ
ልመት፡ እለ፡ በሥጋሆሙ፡ ኢተፈድዩ፡ ክብረ፡ በከመ፡ ይደሉ፡
ለሃይማኖቶሙ። ወአወጽኦሙ፡ በብሩህ፡ ብርሃን፡ ለእለ፡ ያ ፲፪
ፈቅርዎ፡ ለስምየ፡ ቅዱስ፡ ወአነብር፡ ዐዐ ውስተ፡ መንበረ፡ ክ
ብር፡ ክብረ፡ ዚአሁ። ወይትወነውኑ፡ በአዝማን፡ ዘአልቦ፡ ኍ ፲፫
ልቍ፡ እስመ፡ ጽድቅ፡ ኰነኔሁ፡ ለአምላክ፡ እስመ፡ ለመሃይም
ናን፡ ሃይማኖተ፡ ይሁብ፡ በማኅደረ፡ ፍናዋት፡ ርቱዓት። ወይሬ ፲፬
እይዎሙ፡ ለእለ፡ ተወልዱ፡ በጽልመት፡ ይትወደዩ፡ በጽልመት፡
እንዘ፡ ይትወነውኑ፡ ጻድቃን። ወይጸርሑ፡ ወይሬእይዎሙ፡ ኀ ፲፭
ጥኣን፡ እንዘ፡ ይበርሁ፡ ወየሐውሩ፡ እሙንቱሂ፡ በኀበ፡ ተጽሕ
ፈ፡ ሎሙ፡ መዋዕል፡ ወአዝማን።

ANNOTATIONES.

1. Codicum, e quibus textus libri Henochi compositus est, enumeratio.

Quem typis imprimendum curavimus libri Henochi textum Aethiopicum, e quinque codicibus hausimus.

1. Inter eos primo loco posuimus et litera A signavimus codicem Bibliothecae Oxoniensis Bodleianae Aethiopicum IV. Codex est membranaceus, formae quartae magnae, 40 folia continens, quorum singulae paginae in ternas columnas divisae sunt, cura J. Brucii in Abyssinia nitide et satis accurate exaratus, ab eodem in Europam advectus et Bibliothecae Bodleianae dono datus, denique anno Ch. 1838 cura R. Laurentii, Archiepiscopi Cassiliensis, verbotenus typis impressus, sub titulo: መጽሐፈ፡ ሄኖክ፡ ነቢይ። Libri Enoch prophetae versio Aethiopica, edita a R. Laurence. Oxoniae 1838. Ex hac Laurentii editione lectiones nostras sumsimus; permultos quidem haec editio errores continet typographicos, paucos tamen, quos facile corrigere nequeas; nec denuo librum manuscriptum recognoscendi otium nobis erat, in Anglia nuper peregrinantibus.

2. Secundus et litera B a nobis notatus est ejusdem Bibliothecae Bodleianae [1]) codex Aethiopicus V, a Brucio in Angliam advectus, membranaceus, formae quartae magnae, 141 folia continens, quorum singulae paginae in ternas columnas divisae sunt, variis manibus bene et nitide exaratus. Continet 1) librum Henochi fol. 1—32. 2) Jobi fol. 32—49. 3) Isaiae fol. 49—78. 4) XII Prophetarum minorum fol. 78—101. 5) Proverbia Salomonis fol. 101—114. 6) Sapientiam Salomonis fol. 114—123. 7) Ecclesiastem fol. 123—127. 8) Canticum Canticorum fol. 127—130. 9) librum Danielis fol. 130—141. Tituli et capitum numeri, ut quos rubro inscribere proposuerit librarius, magnam in partem omissi sunt. — Ab eo, qui in hoc codice continetur, Henochi libri textu transcriptum est elegantissimum illud et celeberrimum exemplar, quod a J. Brucio Regi Francogalliae dono datus, nunc in Bibliotheca Francogallorum publica Parisiensi asservatur. Quem codicem Parisiensem totum postquam perlustravimus, nullas inde lectiones redundare apparuit, quas in ipso codice Bodleiano invenire non liceat.

3. Litera C signavimus codicem Bibliothecae Francofurtensis publicae, ab Eduardo Rüppellio ex Abyssinia in patriam transportatum. Est membranaceus, formae quartae maximae, ex 181 foliis compositus, quorum singulae paginae in

---

1) De duobus his codicibus Bodleianis videas Catalogi Codicum MSS. Bibliothecae Bodleianae Oxoniensis Partem VII. Codices Aethiopicos. Oxonii. 1848. p. 5.

ternas columnas divisae sunt, nitide et accurate exaratus, et continet 1) librum Henochi pag. 1—52. 2) Jobi pag. 53—80. 3) Pentateuchum pag. 81—298. 4) librum Josuae pag. 298—327. 5) Judicum pag. 328—357. 6) Ruth pag. 357—361.

Codices reliquos, quartum et quintum, debemus eximiae Roberti Curzon Britanni nobilissimi liberalitati, qui hos duos libros, ex Africa ab ipso allatos, nobis perlustrandos et comparandos munificentissime permisit.

4. Eorum prior, litera D a nobis notatus, est codex membranaceus, formae quartae mediae, e foliis 91 compositus; quorum singulae paginae in binas columnas divisae sunt, literis minusculis nitide sed minus accurate exaratus; continet 1) librum Henochi fol. 1—36. 2) Jobi fol. 36—52. 3) Danielis fol. 52—65. 4) Apocalypsim Esrae fol. 65—80. 5) librum Siracidae Cap. I—XXI. 8. fol. 80—91.

5. Alter, quem litera E signavimus, est codex membranaceus, priore vetustior, formae quartae minoris, e 101 foliis compositus, quorum singulae paginae in binas columnas divisae sunt, luculenter et satis accurate scriptus, annotationibus in margine adscriptis a manu alia auctus; continet 1) librum Henochi fol. 1—20. 2) libros Samuelis et Regum fol. 20—72. 3) Fabulam fictam et satis insipidam de Tzirutzaidan tyranno et martyrio Maccabaei cujusdam e tribu Benjamin oriundi cum tribus filiis. fol. 73—101.

Praeterea etiam quasdam nostri libri particulas, scilicet Cap. XLVI. 1—6 et Cap. LXII., in Codice Musei Britannici Aethiopico LV satis antiquo, Preces continente, invenimus citatas; sed cum in illis Precibus non ad literam sint transscriptae, lectiones inde colligere noluimus.

Quos enumeravimus codices, omnes pari modo alius ab alio differunt, nec ulla inter singulos affinitas propior intercedere videtur.

Textus quidem genus praebent idem, nec ulla variarum recognitionum vestigia occurrunt. Etiam in conservando libri textu inde ab eo tempore, quo in Geez linguam translatus est, curam satis magnam esse impensam elucet; pauci tantum occurrunt loci sensum minus liquidum praebentes; et in illis ipsis locis malas exemplaris Graeci, quo interpres usus est, lectiones sive errores interpretis facilius suspiceris quam corruptionem textus Aethiopici. Item majores minoresve libri partes ab Aethiopibus ipsis transpositas et perperam collocatas esse, non est, quod opinemur.

Sed multum inter se differunt nostri codices in rebus levioribus: et formarum grammaticarum, et particularum, et vocum aliarum, quarum hic sermo magna copia gaudet, synonymarum alia pro alia saepenumero posita; voces singulae eaeque minores, quae ad mutandum enunciationum sensum nullam habent vim, haud raro omissae vel additae vel auctae; in scribendis nominibus propriis iis, quae rarius occurrunt, et nominibus numeralibus magna utique varietas; voces plures a librariis male lectae et corruptae, vel transpositae; glossae nonnumquam in textum ipsum receptae; denique creberrime singulae voces nec non vocum series longiores librariorum incuria omissae sunt, et plurimum hac in re peccavit librarius codicis D. Restat lectionum variantium, quarum de fide haesitare potueris, numerus haud ita magnus.

Nihilominus eas quas nostri codices suppeditant lectiones, nisi grammaticae legibus manifesto repugnaverunt, collegimus fere omnes, etiam quae videbantur levissimae; integram enim hominibus harum literarum peritis materiam praebere voluimus, unde textum a nobis receptum dijudicare vel, si libuerit, alium, qui ipsis videbitur melior, componere possint.

Differunt quoque codices in numerandis capitibus et sectionibus libri, quare tabulam eorum synopticam secundum singulos codices infra exhibebimus.

Denique singula capita in versiculos dividere, ex re esse existimavimus; divisimus autem non ex auctoritate codicum, qui in distinguendis singulis enuntiationibus et scribendis punctis distinctivis raro consentiunt, sed utut sensus suadebat, et versiculorum aequalitas postulare videbatur.

---

2. Lectiones variantes.

(Literae alphabeti latini minusculae lineas singulorum versiculorum denotant).

Sectio I.

Cap. 1. *V.* 2. *a.* AE: ወአውሥአ፡ሄኖክ፡ወይቤ፡ - *c.* B: ቅዱስ፡ - D: ወአርአዩኒ፡ - *e.* ADE: ለዘይመጽኡ፡ - *ef.* D: ርኁቃት፡ *V.* 3. *a.* Verba በእንተ፡ኅሩያን፡ in quibusdam codicibus versui 2. adscripta sunt. - D: ይቤ፡ pro እቤ፡ *V.* 5. *b.* D: በፍርሀት፡ - E: ወረዓዱ፡ deest. *V.* 6. *b.* E: ነዋኃን፡ pro ነዋኃት፡ *V.* 7. *a.* A: ወታሠጥም፡ *V.* 9. *a.* E: ይመጽኡ፡ pro መጽአ፡

Cap. 2. *V.* 2. *ab.* AE: እምገባር፡ pro በእንተ፡ምገባር፡ - *b.* AE: በላዕሌሃ፡ - *c.* E: ኵሉ፡ deest. *V.* 3. *a.* AD: ርእዩዋ፡ - *b.* B: ወደመና፡ጠል፡

Cap. 3. *a.* D: ኵሉ፡ deest. - *b.* AC: ይቡሱ፡ - A: ንጉፋ፡ - *c.* A: ዘኢይትነገፋ፡

Cap. 4. *b.* A: በላዕሌሃ፡ - E: አንትሙሰ፡ - *c.* E: ምድርኒ፡ - *e.* A: ወኵኵሐ፡

Cap. 5. *V.* 1. *bc.* A: ከመ፡ pro በከመ፡ - *c.* CD: ለእሎንቱ፡ *V.* 2. *a.* AD: ዘይከውን፡ deest. - *b.* B: ኢይትመየጡ፡ *V.* 3. *a.* D: ርእዩ፡ - *b.* A: ይፈጽሙ፡ *V.* 4. *a.* E: አንትሙሰ፡ - *b.* A: እግዚአብሔር፡ - *c.* D: ርኵስት፡ *V.* 5. *b.* D: ሕይወት፡ *V.* 6. *a.* E: ወበውእቱ፡ - *c.* E: ዘለፈ፡ኃጥኣን፡ *V.* 7. *b.* AD: ወእሙንቱሰ፡ *V.* 8. *a.* B: ወእሞሂ፡ - *c.* E: አብሶ፡ - *d.* CE: ወኢይደገሙ፡ - B: አበሳ፡ *V.* 9. *a.* D: ወኢይትኰነኑ፡ - *b.* D: ወይመውቱ፡ - *d.* A: ይበዝኍ፡ - *e.* A: ዘለዓለም፡ deest.

Sectio II.

Cap. 6. *V.* 1. *a.* A: እምዝ፡ - *b.* BC: ሠናያት፡አዋልዱ፡ *V.* 3. *c.* BCD: ፈዲዮሃ፡ *V.* 4. *c.* D: ለዛ፡ pro ለዛቲ፡ priore. - A: ወንገበር፡ - E: ምክረ፡ pro ምክር፡ገብረ፡ - D: ገብሬ፡ pro ገብረ፡ *V.* 5. *ab.* A: መሐሉ፡ deest. - *b.* AD: ኵሎሙ፡ posterius deest. *V.* 6. *ab.* AE: ዘውእቱ፡ - *c.* AD: ቦቱ፡ deest. *V.* 7. *b.* D: ሲሚአዛዝ፡ E: ስሚአዛ፡ - *c.* A: ኡሬኪበርሚኤል፡ D: ኡሬኪበሬሚኤል፡ - E: ጣሚኤል፡ - *d.* B: አዝቄኤል፡ - AE: ሰሬቍያል፡ - E: አርሞርስ፡ - A: በጥርኤል፡ B: በጥሬኤል፡ - *de.* A: አናንኤ፡ DE: አናንኤል፡ - *e.* CE: ሰምሳፔኤል፡ D: ሰምሳዌኤል፡ - A: ስርተኤል፡ B: ዕርተኤል፡

Cap. 7. *V.* 1. *a.* ABC: አንስቲያ፡ - *b.* A: አሐተ፡ semel tantum positum. - *c.* B: ወሰብዓታተ፡ D: ወስበዐታተ፡ *V.* 2. *b.* A: ፫፻፡ *V.* 3. *b.* A: ሰብእ፡ ሴስዮተ፡ *V.* 5. *c.* DE: ተባልዑ፡ - CDE: ሰትዩ፡ AB: ስትዩ፡ (manifesto errore sive pro ይስትዩ፡, sive pro ይሰትዩ፡, nam indicativus quoque verborum nexui haud absonus est.)

Cap. 8. *V.* 1. *b.* AE: ኦርአዮሙ፡ C: ወአርአዮ፡ - *c.* E: ወምገባሮሙ፡ - *d.* E: ወአሠንዮተ፡ - *e.* AD. ክቡር፡ወኅሩይ፡ *V.* 2. *a.* D: ወብዙኃ፡ deest. - A: ወዘመወ፡ post ወስሕቱ፡ interponitur. - *b.* ADE: ወማሰኑ፡ - E: ፋናቶሙ፡ *V.* 3. *a.* A: አሚዛሬክ፡ - *b.* A: አርምርስ፡ C: አርማኖስ፡ - Omnes codices praebent et ፈትሐ፡ et sequentis substantivi accusativum. - B: ሰብዐታተ፡ - *c.* AB: ወበርቀዓል፡ DE: ወበረቀዓል፡

- A: ወአኪቢኤል፡ pro ወኮክቡኤል፡ - *d.* A: ወጠሚኤል፡ - E: ርእየ፡ - C: ወአስሬዶኤ፡

Cap. 9. *V.* 1. *a.* AE: አሜሃ፡ - Quod in codice B, Oxoniensi, post ወገብርኤል፡ invenitur a manu alia adscriptum ሩፋኤል፡, in codice B Parisiensi librarii errore textui ipsi insertum legitur. - *ab.* AE: ወሱርያል፡ - *b.* A: ወኡርያል፡ - *c.* E: ዱበ፡ pro በዱበ፡ priore. *V.* 2. *a.* E: ጸሬኖሙ፡ *V.* 3. *b.* D: ነፍሱ፡ *V.* 4. *a.* BC: ንጉሥ፡ - *c.* CDE: ስብሐቲሁ፡ - *cd.* E: ለትውልድ፡ pro ውስተ፡ ኵሉ፡ ትውልድ፡ - *de.* D: Verba a ውስተ፡ usque ad ወስቡሕ፡ desunt. - *e.* B: ወአንተ፡ ቡሩክ፡ pro ወቡሩክ፡ - Ultimum hujus versus verbum አንተ፡ in codicibus versui quinto adscriptum est; in codice B deest. *V.* 5. *b.* BC: ወክሡት፡ ኵሉ፡ *V.* 6. *b.* BC: ኵሉ፡ post ወአገሀደ፡ interponitur. *V.* 8. *abc.* D: ወሖረ፡ et ወሰከበ፡ et ወረኵሱ፡ et ወአገሀደ፡ - *b.* E: ኅቡረ፡ deest. - *bc.* B: ለእልኵ፡ pro ምስለ፡ እልኵ፡ *V.* 9. *a.* B: ወአንስት፡ AE: ወአንስትኒ፡ - *ab.* B: ምድር፡ ኵላ፡ - *b.* D: ሀመፀ፡ *V.* 10. *a.* B: ነፍሳት፡ *V.* 11. *a.* A: ኵሉ፡ deest. - *b.* D: ትነግረነ፡ - E: ወምንት፡

Cap. 10. *V.* 1. *b.* A: ለአርሱየላልዩር፡ *V.* 2. *a.* E: በሉ፡ deest. - *c.* A: ኵላ፡ ምድር፡ - *cd.* B: ይምጽእ፡ - *d.* B: ኵሉ፡ pro ኵላ፡ *V.* 4. *b.* E: በእደዊሁ፡ pro በእዴሁ፡ *V.* 5. *c.* D: ወይክድኖ፡ *V.* 6. *a.* BE: ወበዐለት፡ - C: ሀቢይ፡ *V.* 7. *a.* B: አሕይዋ፡ - *b.* AC: አሕይዋ፡ pro አሐይዋ፡ - A: ለምድር፡ posterius deest. - *d.* Omnes quidem codices praebent ዘቀተሉ፡, sed vix dubium, quin lectio sit falsa, antiquitus tradita, e textu Graeco male lecto orta, ex gr. *ανειλον* pro *ειπον*. *V.* 8. *b.* D: በትእምርት፡ *V.* 9. *b.* CE: ለመንዚራን፡ Vocabulum መንዝር፡ per מַמְזֵר hebraicum exponendum videtur, cui conferas amharicum መንዝር፡ (Isenberg lex. amhar. pag. 33.). - *bc.* A: አኃጉሎሙ፡ deest, ወ legitur. - *c.* A: ዘሚ፡ ወለውሉደ፡ deest. - *d.* B: ለእሙንቱ፡ *V.* 10. *c.* BC. ወከሙሂ፡ - Post ይሕየው፡ interponitur ሕይወት፡ in D, ሕይወት፡ ዘለዓለም፡ in BC. *V.* 11. *a.* E: ወለሚካኤልኒ፡ - *b.* AE: post እግዚአብሔር፡ interponitur ሑር፡ *V.* 12. *c.* A: አውግረ፡ deest. - *d.* AE: ዘለዓለም፡ pro ዘለዓለመ፡ ዓለም፡ *V.* 15. *a.* C: ወአኃጉሎሙ፡ - *ab.* E: ለኵሎሙ፡ deest. *V.* 16. *b.* BC: የንልቀ፡ - *c.* E: ገቡር፡ - *d.* E: ይትከሉ፡ *V.* 17. *a.* BC: ጻድቃን፡ ኵሎሙ፡ *V.* 18. *b.* ABD: ትትክል፡ - D: ወትመልዕ፡ በረከተ፡ deest. *V.* 19. *ab.* D:

ወኵሉ፡ዐፀወ፡ deest. - *b.* D: ወይትኽሉ፡ዲቤሃ፡ deest. - *c.* BD: ዘይትኽል፡ - *cd.* D: ዘርእ፡ deest. *V.* 21. *a.* C: ወይነብዎኑ፡ pro ወይኵኑ፡ priore. - A: ኵሉሙ፡ pro ኵሉ፡ - D: ኵሉ፡ deest. *V.* 22. *c.* CD: ኢይፌ፡ pro ኢይፊ፡ - *d.* E: ለዓለመ፡ዓለም፡ pro ለዓለም፡

Cap. 11. *V.* 2. *b.* C: ይኵኑ፡

Sectio III.

Cap. 12. *V.* 3. *b.* C ለእግዚእየ፡ - BC: ወንጉሠ፡ - A: ሰላም፡ pro ዓለም፡ - BC: ናሁ፡ pro ወናሁ፡ - *c.* D: ሊተ፡ deest. - A: ጸሐፊ፡ - D: ወይቤሉ፡ *V.* 4. *c.* E: ወምቅቃሞሙ፡ *V.* 5. Initium hujus versus in codice B ita legitur: ሰላም፡ወዳድግተ፡ንጢአት፡ኢይኀውን፡ሎሙ፡በዲበ፡ምድር፡ - *b.* A: ሰላም፡ ante በዲበ፡ምድር፡ positum est. *V.* 6. *c.* C: Verba quatuor ultima hujus versus desunt.

Cap. 13. *V.* 1. *a.* D: ኣዛዝኤል፡ *V.* 2. *b.* A: ወምሕረት፡ወስእለት፡ *V.* 3. *b.* A: ኍሡረ፡ deest. - A: ኵሎሙ፡ፈርሁ፡ *V.* 4. *a.* BC: ስእለቶሙ፡ pro ስእለት፡ - *ab.* A: ከመ፡እጽሐፍ፡ሎሙ፡ተዝካረ፡ስእለት፡ - *bc.* BC: አዕርግ፡አነ፡ - *c.* A: ቅድመ፡ pro ኀበ፡ *V.* 6. *b.* B: ወበእንተ፡ pro በእንተ፡ - E: ፬፬ pro ፬፡ *V.* 7. *a.* C: ሐዊርየ፡ - *b.* A: ዶንቢዶን፡ *V.* 10. *b.* E: post ዘርኢኩ፡ interpositum est እትናገር፡

Cap. 14. *V.* 1. *a.* B: ቃላተ፡ *V.* 2. *a.* D: ወአነ፡ pro አነ፡ - B: በልሳንየ፡ - *b.* D: በመንፈስ፡ sine copula et suffixo. - B: post ይትናገሩ፡ interpositum est ለሰብእ፡ *V.* 3. *b.* E: post ወሊተኒ፡ interpositum est እለሡ፡ቃለ፡አእምሮ፡ *V.* 4. *a.* BC: ወአነ፡ pro አነ፡ - A: ስእለትክሙ፡ *V.* 6. *bc.* D: ጥርያኒሆሙ፡ E: ጥሬይኒሆሙ፡ *V.* 7. *b.* BC: ወበእንቲአክሙ፡ sine ኒ፡ - *bc.* E: ወአንትሙኒ፡ - *c.* B: ኢትትናገሩ፡ sine ወ፡ - *cd.* D: ወኢምንተ፡ sine ኒ፡ *V.* 8. *ab.* A: ወሊተኒ፡ሬእዩ፡ከመዝ፡ - *b.* D: ወናሁ፡ - *cd.* Quatuor quamvis codices ያጕጕዑኒ፡ praebeant, praestat tamen ያጒጕዑኒ፡ codicis D; cf. Cap. 62, 10. - *d.* D: ወየጸዕቁ፡ - *de.* A: ወየጕጕዑኒ፡ - D: verba hujus versus quatuor ultima desunt.

V. 10. *bc.* A: ወአረፋቱ፡ - *c.* A: ቤተ፡ deest. - AB: ኀሌያ፡ - *d.* C: ወበምድሬ፡ *V.* 11. *b.* BC: ወበማእከሎሙ፡ *V.* 12. *b.* E: ይኔዶዶ፡ pro ይወዒ፡በእሳት፡ *V.* 13. *a.* Codices ወምውቅ፡ exhibent, non

ወምውቅ፡, cui formae, J. Ludolfo quidem non agnitae, conferas Cap. 22, 3. 5. 9. - *b.* BE: ወኢያምንትኒ፡ - *c.* AB: ውስቴቱ፡ *V.* 16. *b.* A: ወክብር፡ - E: ወበዕበይ፡ - *c.* E: በእንተ፡ ዕበዩ፡ ወበእንተ፡ ስብሐቲሁ፡ *V.* 19. *bc.* A: ርእየ፡ *V.* 21. *c.* C: ወኢይክል፡ - BC: መኑሂ፡ sine ወኢ፡ - *bc.* D: Verba ab እመላእክት፡ usque ad ወኢመኑሂ፡ ob homoeoteleuton omissa sunt. *V.* 22. *ab.* Verba ab እሳት፡ usque ad በማውዱ፡ cum quibusdam codicibus versui vicesimo primo adstrui licet. - A: እሳት፡ deest. - *b.* B: ወዐቢይ፡ እሳት፡ - B: post ይቀውም፡ interponitur: ወእሳት፡ - *d.* E: አእላፋት፡ pro ትእልፌት፡ *V.* 23. *ab.* E: መዓልተ፡ ወሌሊተ፡

Cap. 15. *V.* 1. *ab.* AE: ወኢትፈሬህ፡ - *b.* D: በዝየ፡ *V.* 2. *c.* BC: አኮ፡ *V.* 3. *c.* A: አዋልዷ፡ pro አዋልደ፡ ሰብእ፡ - *d.* D: ከመ፡ sine ወ፡ *V.* 4. *b.* A: ሕያዋን፡ - *c.* D: ወበደሙ፡ pro ወበደመ፡ ሥጋ፡ *V.* 5. *c.* B: ዘላዕሌሆን፡ *V.* 6. *b.* B: በኵሉ፡ *V.* 7. *a.* ADE: ወበእንተዝ፡ pro ወበእንተ፡ ዝንቱ፡ - *ab.* BC: አንስትየ፡ *V.* 8. *b.* D: ወበውስተ፡ pro ወውስተ፡ *V.* 9. *a.* D: ወነፍሳተ፡ - *d.* A: ወመንፈስ፡ *V.* 11. *a.* A: ረማይትኒ፡ - *b.* AE: ወይትባዐሱ፡ - B: ወይደቅቁ፡ - *c.* AD: ወኢያምንትኒ፡ - B: ወይጸምዑ፡ *V.* 12. *b.* BE: መጽኡ፡ pro ወፀኡ፡

Cap. 16. *V.* 1. *ab.* E: መናፍስት፡ - *b.* E: እምነፍሳት፡ - *c.* AE: ተፍጸሜት፡ pro ኵነኔ፡ posteriore. - *d.* D: ወረሲማን፡ deest. *V.* 3. *d.* A: ያበዝኁ፡

Sectio IV.

Cap. 17. *V.* 2. *b.* E: እስከ፡ pro ውስተ፡ *V.* 3. *c.* A: post ዕመቁ፡ interpositum est ኀበ፡ - B: ወውስተ፡ ምጕንጸቲሆሙ፡ *V.* 5. *bc.* AE: መንገለ፡ sine ዘ፡ *V.* 6. *a.* B: ፈለገ፡ *V.* 7. *b.* B: ዘውስተ፡ ኵሉ፡ pro ዘኵሉ፡ - C: ኵሉ፡ sine ዘ፡

Cap. 18. *V.* 3. *bc.* D: ወእሙንቱ፡ ይቀውሙ፡ ማእከለ፡ ሰማይ፡ omissum est ob homoeoteleuton. *V.* 4. *b.* BC: ወእለ፡ - E: ኢየዐርጉ፡ pro የዐርጉ፡ *V.* 5. *c.* D: አጽናፈ፡ pro ጽንፈ፡ - *d.* D: መልዕልት፡ *V.* 6. *b.* Incertum quidem e codicibus, num ፯ an ፮ legendum sit, ob similitudinem signorum utriusque numeri, sed collato versu octavo et Cap. 24, 2. lectio ፮ probanda videtur. *V.* 7. *a.* E: ጽባሕ፡ sine ሰ፡ - *ab.* D: ዘእምእብን፡ ኖሮር፡ - *b.* D. ወ፩ sine ኒ፡ - *bc.* A: እምእብኒ፡ sine ዘ፡ *V.* 8. *b.* ADE:

ለመንበረ፡ *V.* 11. *a.* D: አንቅዕተ፡ pro ንቅዐተ፡ - *b.* A: ዕሙቅ፡ - *d.* E: ኢመንገለ፡ pro ወኢመንገለ፡ priore. *V.* 12. *b.* D: ወርኢኩ፡ - *c.* AD: ወኢዓየ፡ *V.* 14. *b.* AE: ወምድር፡ *V.* 16. *a.* E: ተም ዕዖሙ፡

Cap. 19. *V.* 1. *b.* A: መኀፋንቲሆሙ፡ - *cd.* B: ወያስሕትዎሙ፡ ለሰብእ፡ deest. - *d.* BC: እስከ፡ pro እስመ፡ - *e.* B: ዕለት፡ C: ዕለተ፡
V. 3. *a.* C: አርእያ፡ ለባሕቲትየ፡ - *b.* BC: post ዘርእየ፡ interpositum est ዘርኢኩ፡

Cap. 20. *V.* 1. *a.* B: ውእቱ፡ deest. *V.* 3. *ab.* A: እምቅዱሳን፡ መላእክት፡ *V.* 4. *a.* A: ፬ deest. *V.* 5. *b.* BC: ዱበ፡ *V.* 6. *a.* A: ሰረቃኤል፡ - *b.* A: post ቅዱሳን፡ interpositum est: እስመ፡ - *c.* In codicibus omnibus scriptum est የኑጥኡ፡ *V.* 7. *b.* A: ኢኪቢሴት፡

Cap. 21. *V.* 1. *a.* AE: አልቦቱ፡ *V.* 3. *bc.* B: ይኗዱዱ፡ *V.* 5. *c.* D: ምንት፡ pro መኑ፡ priore. *V.* 6. *b.* A: በትእዛዘ፡ *V.* 7. *a.* AD: ኅልእ፡ - *ab.* AC: ዘይገርም፡ - *b.* A: ግሩመ፡ deest. - D: ዐባይ፡ pro ዐቢይ፡ - BC: በሀየ፡ ዘ፡ deest. - *c.* A: ወመምተርተ፡ C: ወመጥተርት፡ D: ወመመተርት፡ E: ወጥተርት፡ - *d.* AE: ወዐቢይት፡ *V.* 9. *a.* C: አንሥአኒ፡ pro አውሥአኒ፡ - *b.* A: አውሥአኒ፡ deest. - *cd.* D: ወድንጋፄከ፡ በእንተዝ፡ ግሩም፡ መካን፡ deest.

Sectio V.

Cap. 22. *V.* 1. *b.* D: ዱብር፡ ዐቢይ፡ ወጽኑዓ፡ - BC: ወጽኑዓ፡ pro ወጽኑን፡ *V.* 2. *a.* D: ዕሙቅ፡ *V.* 3. *b.* B: እሉ፡ CD: እለ፡ - *d.* AE: እላንቱ፡ *V.* 4. *b.* Omnes codices praebent ገብረ፡, non ተገብረ፡ - BC አመ፡ deest. *V.* 6. totus deest in D. - *a.* E: ወይእተ፡ pro ይእተ፡ - *ab.* A: እንዘ፡ ሀሉ፡ pro ዘሀሉ፡ *V.* 7. *a.* A: ወይቤለኒ፡ deest. - *c.* D: ይሰኪ፡ sine ወ፡ *V.* 8. *ab.* ADE: ወበእንተዝ፡ deest. *V.* 9. *ab.* A: ወአውሥአኒ፡ deest. - *c.* A: ተፈልጡ፡ *V.* 10. *c.* A: ላዕሌሆሙ፡
V. 12. *a.* Verba hujus versus quatuor prima in quibusdam codicibus colo proxime antecedenti adscripta sunt. - D: ውእቱ፡ deest. - *b.* A: ተፈልጡ፡ - AE: ወእለ፡ pro ወለእለ፡ *V.* 13. *a.* D: ወከመዝ፡ - *b.* A: ኃጥኣን፡ - *c.* AB: ወጽፋሮሙ፡ *V.* 14. *ab.* D: ለእግዚአብሔር፡ እግዚአ፡ pro ለእግዚአ፡ - *c.* C: ኵሉ፡ ዘይመልክ፡

Cap. 23. *V.* 1. *a.* E: ርኢኩ: pro ሖርኩ: *V.* 2. *b.* A: ወኢያነትግ: *V.* 3. *b.* A: ዘአልቦቱ: *V.* 4. *b.* CD: ቅዱሳን: መላእክት:

Cap. 24. *V.* 1. *a.* A: ካልእ: ምድር: pro ካልአ: መካነ: ምድር: *V.* 2. *d.* D: ወጽኑዓት: - *de.* DE: ወጽኑዓን: deest. - *e.* A: ወጠዋያት: deest. *V.* 3. *ab.* E: ወኑኆሙ: - *b.* D: ኵሉሙ: deest. *V.* 4. *b.* D: ፄነወነ: - D: ወባዕዳንሰሂ: - *d.* B: ወፈረሁ: sine ኒ: *V.* 5. *b.* ABD: ሠናይ: ante ዕፀ: deest. - A: ሠናይ: sine ወ:

Cap. 25. *V.* 1. *a.* A: ትሴአል: *V.* 2. *ab.* E: ውእተ: sine ወ: *V.* 3. *b.* D: ነዊኃ: A: ነዋኃ: - *e.* A: post ሶበ: interpositum est ይመጽእ:ወ: *V.* 4. *ab.* E: ዝንቱኒ: sine ወ: *V.* 5. *a.* C: እምፍሬ:ዚአሁ: ይትወሀብ: ob homoeoteleuton omissum est. - *b.* A: መንገለ: መስዕ: ሕይወት: - B: ይተክል: *V.* 6. *c.* A: ዕፀወ: pro ሎቱ: - *e.* A: ወምንዳቤ: pro ወሕማም:

Cap. 26. *V.* 1. *b.* CD: ጥሉል: sine ወ: - *c.* A: ዘተተክለ: pro ዘተመትረ: *V.* 2. *b.* C: መትሕተ: - A: ጽባሕ: *V.* 3. *bc.* AB: ረኀብ: D: ረኃብ: *V.* 4. *b.* E: ለካልእ: pro ለዝ: ካልእ: - *c.* A: ወማእከሎሙ: ካልእትሂ: ቍላት: - *d.* E: በጽንፈ: pro መንገለ: ጽንፈ: *V.* 5. *b.* ABC: ረኀብ: - E: ዘይተከል: pro ይተከል:

Cap. 27. *V.* 1. *a.* C: ወውእተ: - *b.* D: ዕፀው: - AD: ወዘቍላ: *V.* 2. *a.* E: ኡርኤል: - *b.* A: ወይቤለኒ: deest. - *de.* A: ቃለ: ዘኢይደሉ: ላዕለ: እግዚአብሔር: - *e.* A: ወበስብሐተ: pro ወበእንተ: ስብሐተ: - *f.* ABD: ዝየ: *V.* 3. *c.* D: post ይባርክዎ: interpositum est በምሕረት: - *d.* A: ለእግዚአብሔር: pro ለእግዚአ: ስብሐት: *V.* 5. *b.* D: ለእግዚአብሔር: pro ለእግዚአ: ስብሐት: - DE: ወሎቱ: ነገርኩ:

Cap. 28. *V.* 1. *ab.* A: ማእከለ: ደብረ: *V.* 3. *a.* C: ወያስተርኢ: - *b.* A: ጽባሕ: pro መስዕ: - *bc.* A: ወእምህየኒ: ዕፀው: pro ወእምኵለሄኒ: የዐርግ:

Cap. 29. *V.* 1. *a.* D: እምነ: deest. *V.* 2. *b.* DE: ዘስሒን: - *c.* C: ወዕፀውኒ: D: ወዕፀውሂ:

Cap. 30. *V.* 1. *a.* A: ወበላዕሌሁ: - D: ወላዕለ: pro ላዕለ: priore. - E: እሎንቱ: pro እላንቱ: - *b.* C: ርኢኩ: *V.* 2. *b.* D: ዘሲኪኖን: *V.* 3. *a.* C: መንገለ: - A: ለእሎንቱ: ቍላት:

Cap. 31. *V.* 1. *a.* E: ካልኣኒ፡ ኢድባረ፡ - D: ዘቦ፡ ውስቴቱ፡ E: ዘቦ፡ ውስቴቶሙ፡ pro ዘቦቱ፡ - *ab.* E: ዘይወጽእ፡ - *b.* A: ወይወጽእ፡ deest. - D: ኔቅጥር፡ E: ኔቄጥሬ፡ - *bc.* D: ሳረሬ፡ - *c.* AB: ወኅልሰኔባ፡ C: ወኅልባኔን፡ E: ወኅልሰኔ፡ *V.* 2. *b.* E: ውስቴቱ፡ - A: ዘእልዋ፡ - D: ዘሟልዋ፡ deest. - D: ወእልኩ፡ ዕፀው፡ deest.

Cap. 32. *V.* 1. *c.* D: ቀዶው፡ - A: ወቀናንሞስ፡ Caeteri codices ወቀናንሞን፡ praebent, quamquam et ipsi supra C. 30, 3 ቀናንሞስ፡ praebuerunt. - E: ወኘኘሬ፡ *V.* 2. *e.* A: ዘጥኤል፡ D: ዙጤኤል፡ E: ዙጡኤል፡ *V.* 3. *b.* DE: ኀሐኀሐቲሆሙ፡ - D: ለእልኩ፡ *V.* 4. *a.* D: ኗመሬ፡ E: ሖሞሬ፡ *V.* 5. *a.* A: ሠናይ፡ deest. *V.* 6. *ab.* A: ቀዱስ፡ ሬፋኤል፡ መልአኽ፡ ዘሀሎ፡ ምስሌየ፡ - *b.* A: post ወይቤለኒ፡ interpositum est ዝኩ፡ ዕፁ፡ - *e.* BC: ዕሬቃቲኒሆሙ፡

Cap. 33. *V.* 1. *c.* D: post ይትቄለጥ፡ insertum est ፩ እምኀልኡ፡ *V.* 3. *c.* D: በበኍልቆሙ፡ - *e.* E: ኡርኤል፡መልአኽ፡ *V.* 4. *b.* C: Verba a ወጸሐፈ፡ usque ad ሊተ፡ omissa sunt ob homoeoteleuton.

Cap. 34. *V.* 3. *b.* C: ይኔፋኙ፡ pro ይኔፋኗ፡ - A: ይኔፋኗ፡ pro ይኔፋኙ፡ - *bc.* AE: በፃዕር፡ ወበንይል፡

Cap. 35. *a.* D: ኣዜብ፡ pro ሀሬብ፡ - *b.* D: pro verbis ወርኢኩ፡ በሀየ፡ ፫ ኅዋኃወ፡ ርኃዋተ፡ librarius, qua erat incuria, verba quaedam e Cap. 36, 2. hic inseruit: ወበሀየ፡ ርኢኩ፡ ፫ ኅዋኃወ፡ ሰማይ፡ ርኃዋተ፡ መንገለ፡ ጽባሕ፡ በአጽናፈ፡ ሰማይ፡ ወበሀየ፡ ርኢኩ፡ ፫ ኅዋኃወ፡ ሰማይ፡ ርኃዋተ፡ መንገለ፡ ጽባሕ፡ - *c.* C: በምሥሬቅ፡

Cap. 36. *V.* 1. *e.* ABC: ጠል፡ sine ወ፡ *V.* 3. *a.* DE: በ፩፡ pro በበ፩፡ - *c.* D: እንተ፡ deest. - A: post ሎሙ፡ insertum est ወበኵሉ፡ ጊዜ፡ *V.* 4. *b.* D: ወእባርኮ፡ - BD: ለእግዚአብሔር፡ pro ለእግዚአ፡ - *e.* ABC: ይርአይ፡ - D: ወይሴብሕዎ፡ - AB: ግብሬ፡ sine ለ፡

Sectio VI.

Cap. 37. *V.* 1. *a.* A: ካልእ፡ *V.* 2. *b.* D: እብል፡ sine ወ፡ - *c.* A: ደኃርት፡ *V.* 3. *b.* A: ይኄይሶ፡ - AB: ወደኃርያንሰ፡ *V.* 4. *b.* AE: ቅዶሙ፡ sine እም፡ *V.* 5. *a.* A: ወአንከ፡ pro ወአኒ፡ *b.* E: ዲበ፡ የብስ፡ pro የብሱ፡

Sectio VII.

Cap. 38. *V.* 1. *a.* D: ማኅደረ፡ *V.* 2. *a.* A: ጸድቅ፡ pro ጻድቅ፡ - *e.* AB: ወእምንየሱሙ፡ *V.* 3. *a.* D: ይትከሠት፡ *V.* 4. *bc.* D: እግዚአ፡ sine ለ፡ - *c.* DE: ጻድቃን፡ sine ወ፡ *V.* 5. *a.* A: ኢይትነገሉ፡ *V.* 6. *b.* C: ሎሙ፡ ante ኀበ፡ interpositum est.

Cap. 39. *V.* 2. *a.* D: ወበውእቱ፡ - *b.* D: መጽሐፈ፡ pro መጻሕፍት፡ *V.* 3. *b.* A: እምገጸ፡ምድር፡ *V.* 5. *a.* D: post በህየ፡ interpositum est ርኢኩ፡ - *c.* AB: ወይስተብቍዑ፡ *V.* 6. *b.* A: ኅሬያን፡ - C: ዘጻድቅ፡ *V.* 7. *b.* D: መትሕተ፡እግዚአ፡አክናፈ፡መላእክት፡ወመናፍስት፡ - *c.* A: ይትሐለዩ፡ - *d.* C: ይሴብሑ፡ - *e.* CE: post ኢየንልቅ፡ additum est: ወርትዕ፡ቅድሜሁ፡ኢየንልቅ፡ *V.* 8. *b.* A: ፈተውኩ፡ pro ፈቀድኩ፡ - *d.* D: ቅድመ፡ sine በ፡ *V.* 9. *c.* D: ወበስብሐት፡ *V.* 10. *b.* CE: post ወባረክዎ፡ interpositum est ወሰባሕክዎ፡ *V.* 12. *b.* D: ስብሐቲሁ፡ - DE: ወይባርኩ፡ sine ከ፡ - *c.* A: ቅዱስ፡ nonnisi bis legitur. - A: ይመልክ፡ pro ይመልእ፡ - *d.* A: ኵሉ፡ ante ምድረ፡ interpositum est. - A: መናፍስት፡ C: መንፈሳት፡ *V.* 13. *c.* E: ውእቱ፡ pro አንተ፡ - A: ለእግዚአብሔር፡ *V.* 14. *b.* E: ወስእንኩ፡ pro እስከ፡ስእንኩ፡

Cap. 40. *V.* 1. *b.* AE: አእላፋት፡ pro ትእልፌት፡ - *b.* A: እምድኅረዝ፡ lin. *a* ante ወአልቦሙ፡ positum est. - *c.* AD: ስብሐት፡ deest. *V.* 2. *a.* ርኢኩ፡ in quibusdam codicibus versui primo additum est. - C: ርኢኩ፡ deest. - *b.* D: በ▽ sine ወ፡ - *d.* A: አስማቲሆሙ፡ deest. - E: ኀቤየ፡ pro ምስሌየ፡ *V.* 3. *a.* E: ለእልክቱ፡ - *b.* D: መናፍስት፡ pro ስብሐት፡ *V.* 4. *a.* C: እንዘ፡ interpositum est ante ይባርክ፡ - *b.* E: ስብሐት፡ pro መናፍስት፡ *V.* 6. *ab.* D: እስእል፡ወይጼሊ፡ pro ይስእሉ፡ወይጼልዩ፡ - *b.* AE: ዲበ፡ pro ውስተ፡ *V.* 7. *a.* E: ሬብዓየ፡ pro ሬብዐ፡ *V.* 8. *b.* C: ዘየንድር፡ pro ዘየሐውር፡ - *c.* A: መኑ፡ deest. - E: እለ፡ ante መኑ፡ interpositum est. - A: ለእሉ፡ pro እሉ፡ *V.* 9. *d.* A: ወውእቱ፡ቅዱስ፡ሩፋኤል፡ pro ውእቱ፡ሩፋኤል፡ - *e.* D: ዘዲበ፡ኵሉ፡ንስሓ፡ለተስፋ፡

Cap. 41. *V.* 1. *a.* A: ኵሉ፡ deest. - *b.* A: ከመ፡ pro እፎ፡ - C: ትትካፈል፡ - *c.* D: ይዴለዉ፡ *V.* 2. *c.* A: ማኅደረ፡ ante ኵሎሙ፡ interpositum est. - D: ኀጥኣን፡ - *cd.* D: ክህድዎ፡ - *d.* AD: ለእግዚአ፡

pro ለስመ፡ እግዚአ፡ - A: ስብሐት፡ pro መናፍስት፡ - e. A: በነበ፡ እግዚአ፡ pro እምእግዚአ፡ - D: እግዚአ፡ sine እም፡ *V.* 3. *a.* D: መባርቅተ፡ - *ab.* CD: ወነጐድጓደ፡ - *b.* D: ወኅቡአ፡ ነፋሳተ፡ ወእፌ፡ - C: ይትካፈሉ፡ - *c.* A: ነፋሳት፡ pro ደመናት፡ - A: post ወጠል፡ interpositum est ወደመናት፡ *V.* 4. *b.* C: ይትካፈሉ፡ - *c.* A: ወመዝገበ፡ ደመናት፡ pro ወዘደመናት፡ - D: ወዘደመና፡ pro ወደመና፡ - *d.* D: የንድሩ፡ *V.* 5. *a.* A: ፀሐይ፡ deest. - *de.* A: ምሕዋረ፡ pro እምሕዋረ፡ - *f.* E: ዘንደሩ፡ pro ዘነበሩ፡ *V.* 6. *a.* A: ante ወይወጽእ፡ interpositum ወይገብር፡ ቅዱመ፡ - *ab.* C: ወይገብእ፡ pro ወይገብር፡ *V.* 7. *a.* C: ወእምድኅረ፡ - D: ፋናተ፡ - *c.* CD: ይኔጽሮ፡ - E: ወ፩ምስለ፡ ካልኡ፡ ይትናጸር፡ pro ፩ለካልኡ፡ ይኔጽር፡ - *d.* A: ወይሴብሑ፡ ወየአኰቱ፡ *V.* 8. *a.* DE: ፀሐይ፡ sine ለ፡ - *ab.* A: ሎቱ፡ ante ብዙኃ፡ positum; ምኽንያተ፡ ante ምያጤ፡ interpositum. - *b.* E: ለመርገም፡ ወለበረከት፡ *V.* 9. *c.* A: ወእሎንቱ፡

Cap. 42. *V.* 1. *b.* E: ወሀለወ፡ *V.* 2. *a.* D: መጽአ፡

Cap. 43. *V.* 1. *b.* C: ከመ፡ deest. - *c.* D: ወሰምዕዎ፡ *V.* 2. *a.* C: ለመደልወ፡ - *b.* A: ይደለዉ፡ - C: ብርሃናቲሆሙ፡ sine በ፡ - BC: ሬሕበ፡ sine በ; A: ሬሐበ፡ sine በ፡ - *c.* D: ወመብረቀ፡ pro መብረቀ፡ *V.* 4. *a.* A: ምሳለ፡ - *ab.* A: ዘዘዚአሆሙ፡ - *d.* A: ለስሙ፡ pro በስሙ፡

Cap. 44. *a.* A: ወካልእተ፡ - C: ወካልኣተ፡

Sectio VIII.

Cap. 45. *V.* 1. *a.* A: ዲበ፡ deest. *V.* 2. *b.* A: ወኢምዱር፡ - D: ወይከዉን፡ *V.* 3. *b.* C: መንበረ፡ sine በ፡ - A: ስብሐቲሁ፡ - AE: ምግባሮሙ፡ - *d.* DE: ርእይዎሙ፡ ለኅሬያኒ፡ - A: ወእለ፡ sine ለ፡, B: ለእለ፡ sine ወ፡ *V.* 4. *b.* C: ለኅሬያኒ፡ - *bc.* A: ለሕይወት፡ pro ለበረከት፡ *V.* 5. *b.* A: ውስቴታ፡ deest. - *c.* C: የንድሩ፡ pro ይገብሩ፡ *V.* 6. *c.* DE: ኰነኔየ፡

Cap. 46. *V.* 1. *c.* E: ወገጹ፡ pro ገጹ፡ - *d.* A: ቅዱሳን፡ deest. *V.* 2. *a.* A: ወተስእልክዎ፡ ለ፩ እመላእክት፡ deest. - E: ቅዱሳን፡ post እመላእክት፡ interpositum est. - *b.* A: ኰሉ፡ pro ወኰሉ፡ - A: አርአየኒ፡ sine ዘ፡ *V.* 3. *a.* E: አውሠአኒ፡ sine ወ፡ - *bc.* E: ጽድቅ፡ pro ወጽ

ድቅ፡ - *c.* A: የንድር፡ pro Perfecto. - A: ኅቡሀ፡ pro ዘኅቡህ፡ - *e.* CD: ክፍሉ፡ deest. - E: ኵሉ፡ deest. - *f.* A: ዘለዓለም፡ *V.* 4. *a.* E: ውእቱ፡ insertum est post ወዝንቱ፡ - D: ዚያኒሠኦሙ፡ *V.* 5. *b.* C: ያሌዕልዎ፡ sine ኢ፡ - A: ሎቱ፡ interpositum est post ወኢይገንዩ፡ *V.* 6. *b.* D: ወይገፈትዕ፡ - E: ንፋሬተ፡ - A: ይከውን፡ - *c.* A: ይከውን፡

V. 7. *a.* A: እለ፡ deest. - *c.* C: ዲበ፡ deest. - *d.* DE: ያርእዩ፡ sine ወ፡ - E: ተግባርሙ፡ ሀሙፃ፡ deest. - *e.* E: ይገብሬ፡ - *f.* D: ወይክህድዎ፡ E: ወይክህዴ፡ - A: ስሙ፡ E: ስሞ፡ *V.* 8. *b.* AB: እስትጉቡአ፡ C: ምስትጉቡአን፡ - AB: ወመሃይምናን፡ sine ለ፡

Cap. 47. *V.* 1. *a.* A: ቅዱሳን፡ post ጸሎት፡ interpositum est. *V.* 2. *b.* C: ሰማያት፡ deest. - D: ያስተበቍዑ፡ sine ወ፡ - *c.* D: በስሙ፡ - *d.* A: ዘተክዕወት፡ - AB: ጸሎቶሙ፡ sine ወ፡ - *e.* D: ኢይጸሬዕ፡ E: ኢትጸሬኅ፡ - E: በቅድሜሁ፡ ለእግዚአ፡ - *ef.* E: ኢይትገበር፡ - *f.* A: ኢይከውን፡ *V.* 3. *c.* D: ቅድሜሁ፡ sine በ፡ - *cd.* E: ተከሠቱ፡በቅድሜሁ፡ - *d.* AB: ሀውዱ፡ sine ወ፡ *V.* 4. *a.* A: ወልቦሙሰ፡

Cap. 48. *V.* 1. *b.* CE: የሀውድዎ፡ - AB: ወብዙኅ፡ - *c.* D: እሞኔሁ፡ - *d.* A: ወኅሬያን፡ ወቅዱሳን፡ *V.* 4. *a.* A: ወለቅዱሳን፡ *V.* 5. *b.* BD: ውስተ፡ pro ዲበ፡ *V.* 6. *c.* D: ቅድሜሁ፡ sine በ፡ E: በቅድሜሁ፡ deest. *V.* 7. *a.* A: ወከሠቶሙ፡ - *c.* E: ለዝንቱ፡ pro ለዝ፡ - *e.* A: ሕይወቶሙ፡ *V.* 8. *c.* AB: ይእኅዝዎ፡ - *d.* A: ጸሕቆሙ፡ pro ጸዕቆሙ፡, C: ጸሕቆሙ፡ ዕቆሙ፡ (sic). - C: ያድኅኑ፡ sine ኢ፡ *V.* 9. *a.* D: ዘኅሬያኒ፡ *V.* 10. *ab.* D: ዕለተ፡ deest. - *bc.* D: Verba ወበቅድሜሁ፡ ይወድቁ፡ ወኢይትኒሠኡ፡ desunt.

Cap. 49. *V.* 1. *a.* BC: መንፈሰ፡ ጥበብ፡ pro ጥበብ፡ *V.* 2. *b.* D: ኅቡአ፡ *V.* 3. *b.* A: ወመንፈሰ፡ prius deest. - *c.* A: ዘጸድቅ፡ *V.* 4. *c.* E: ውእቱ፡ posterius deest.

Cap. 50. *V.* 2. *a.* E: እንተ፡ deest; ወበዕለተ፡ pro ወበዕለት፡ - *c.* D: በስሞ፡ እግዚአ፡ *V.* 3. *a.* BC: ወይከውን፡ - *bc.* C: ወበስሙ፡ ይድኅኑ፡ ወእግዚአ፡ መናፍስት፡ omissum est ob homoeoteleuton. - *cd.* BC: ምሕሬት፡

Cap. 51. *V.* 1. *b.* D: ዘመጠወት፡ *V.* 2. *b.* ABE: ይድኅኑ፡ *V.* 5. *bc.* A: የንድሬ፡ ዲቤሃ፡

Cap. 52. *V.* 1. *b.* D: ሬእዮተ ፡ ኵሉ ፡ *V.* 2. *ab.* B: በህየ ፡ sine ወ ፡ *V.* 3. *b.* AE: እመንቱ ፡ እሉ ፡ እለ ፡ - D: ርእኩ ፡ deest. *V.* 4. *ab.* D: Verba prima tria omissa sunt. *V.* 6. *a.* D: እሉንቱ ፡ - *f.* E: በታሕተ ፡ pro በቅድመ ፡ *V.* 7. *b.* B: ኢወርቅ ፡ ወኢብሩር ፡ *V.* 8. *a.* D: ለፀብእ ፡ deest. - ABC: ወኢለብሶ ፡, D: ለብሳ ፡ sine ወኢ ፡ - *b.* C: በትር ፡ pro ብርት ፡ - A: ወኢናኽስ ፡

Cap. 53. *V.* 1. *a.* C: አሀበዎንቱየ ፡ - *cd.* AE: ወዝኵሉ ፡ ህመቅ ፡ ቆላ ፡ *V.* 2. *b.* A: ለኀጋየ ፡ - *d.* D: ይፍወመ ፡ *V.* 3. *a.* D: ርእኽመ ፡ - *ab.* AE: የኀድጐሬ ፡ pro የሐውሬ ፡ - *b.* ABC: ወየስተደለው ፡ D: የስተዳለው ፡ sine ወ ፡ *V.* 4. *c.* D: የስተዳለወመ ፡ *V.* 5. *ab.* AE: የስተዳለውወመ ፡ እሉንተ ፡ *V.* 7. *a.* ADE: ወኢእሉ ፡ - *b.* B: ይኩውኑ ፡ deest. - *bc.* E: ከመ ፡ ኗቅሀ ፡ ማይ ፡ ይከውኑ ፡

Cap. 54. *V.* 2. *ab.* C: ወአውጽእወመ ፡ - *b.* A: ወወዷይወመ ፡ deest. - *c.* AE: ዝኵ ፡ pro ህመቅ ፡ *V.* 3. *b.* C: መዓስርተ ፡ *V.* 4. *a.* D: የሐውር ፡ sine ዘ ፡ - *b.* AE: መዓሠሬተ ፡ - D: ማእሠሬት ፡ ማህበላት ፡ - E: የስተዳለው ፡ *V.* 5. *b.* C: ከመ ፡ deest. - *c.* D: ወወዳይወመ ፡ - *d.* A: መላእክቲሆመ ፡ pro መላትሒሆመ ፡ - C: አዘዝ ፡ *V.* 6. *e.* CDE: ላእክ ፡ *V.* 7. *a.* B: ይመጽእ ፡ - *b.* AE: ኵሉመ ፡ pro ኵሉ ፡ - *bc.* D: ማየት ፡ ዘመልሀለተ ፡ deest. *V.* 8. *b.* ACDE: ዘመስለ ፡ pro ምስለ ፡ - A: ሰማየት ፡ pro ማየት ፡ - E: ወማይሰ ፡ - *c.* E: ሰማየት ፡ pro ሰማይ ፡ - *cd.* E: አንስታዊት ፡ *V.* 9. *a.* AE: ወይደመስሱ ፡ *V.* 10. *ab.* E: ወበእንተ ፡ ዘአእመርዋ ፡

Cap. 55. *V.* 1. *b.* E: የኀድጐሬ ፡ pro ይኗብሬ ፡ - A: ውስተ ፡ pro ዲበ ፡ *V.* 2. *b.* BC: ውስተ ፡ pro ዲበ ፡ - *c.* E: በሰማይ ፡ - *cd.* E: ወማእከሌሆመ ፡ - *d.* A: ወምድር ፡ interpositum est post ሰማይ ፡ - *de.* D: በዲበ ፡ pro ዲበ ፡ *V.* 3. *a.* E: በትእዛዝ ፡ sine የ ፡ - *cd.* D: የኀድር ፡ ላዕሌሆመ ፡ መዓትየ ፡ ወመቅሠፋትየ ፡ deest. - *d.* A: ወመቅሠፋትየ ፡ ወመዓትየ ፡ - BC: እግዚአብሔር ፡ deest. *V.* 4. *b.* C: ሀለውኩመ ፡ - E: ትርእይዎ ፡ ሀለወኩመ ፡ - D: ዘኳሬየ ፡ - *bc.* B: መንበሬ ፡ sine በ ፡ - C: በየማኑ ፡ መንበሬ ፡ pro በመንበሬ ፡

Cap. 56. *V.* 3. *c.* A: መዓመቅት ፡ *V.* 4. D: Verba hujus versus prima quatuor omissa sunt ob homoeoteleuton. - *b.* C: ዚአሆመ ፡ deest. *V.* 5. *d.* D: ወየሐውኰመ ፡ *V.* 6. *b.* E: ዚአሆመ ፡ ወትከውን ፡ ምድ

ሬ ፡ ኅሬ.ያኒ ፡ omissum est ob homoeoteleuton. - *bc.* C: ዘ.አሆሙ ፡ pro ዘ.አ ሁ ፡ - *c.* D: በምኽ.ያዶ ፡ pro በቅዶሜሆሙ ፡ ምኽ.ያደ ፡ *V.* 7. *bc.* AE: ቀትለ ፡ በበ.ይናቲሆሙ ፡ - *d.* A: ወብእሲ. ፡ - *cd.* D: ወኢያእም ር ፡ ብእሲ. ፡ ለካልኡ ፡ ወለእኍሁ ፡ deest. - *ef.* D: ወመቅሠፋቶሙ ፡ deest. *V.* 8. *b.* D: *V*erba ወ.ይሠጠሙ ፡ ውስቴታ ፡ ወሐጕሎሙ ፡ ሲ.ኦ ል ፡ omissa sunt ob homoeoteleuton. - *c.* AE: እምቅዶሙ ፡ ገጸ ፡ pro እ ምገጸ ፡

Cap. 57. *V.* 1. *a.* AE: ወርኢኩ ፡ - *b.* E: ሠረገላተ ፡ *V.* 2. *a.* BC: ቃለ ፡ deest.

Sectio IX.

Cap. 58. *V.* 1. *b.* AD: ወኅሬ.ያን ፡ sine በእንተ ፡ *V.* 2. *ab.* D: Verba prima quatuor ob homoeoteleuton omissa sunt. *V.* 4. *c.* B: መናፍስት ፡ pro ዓለም ፡ *V.* 5. *a.* C: ለቅዱሳን ፡ deest. - *c.* B: ኀበ ፡ deest. - D: ዮብሱ ፡ ጽልመት ፡ pro ዮብስ ፡ ወጽልመት ፡ *V.* 6. *b.* BE: መዋዕል ፡ deest. - *d.* B: በኀበ ፡ pro በቅዶመ ፡

Cap. 59. *V.* 1. *b.* E: ወብርሃናት ፡ - B: ወ.ይበርቁ ፡ deest. *V.* 2. *b.* B: ኅቡኣተ ፡ deest; ነጕዶጓደ ፡ - *cd.* CE: አስተርአያኒ ፡

Sectio X.

Cap. 60. *V.* 1. *a.* E: ኦመ ፡ ፩ ፡ pro እምዐሡረ ፡ - *b.* E: ለሠርቀ ፡ ወርኀ ፡ pro ለወርኀ ፡ - B: ወበውእቱ ፡ - *d.* E: አእላፈ ፡ deest. - *e.* BE: አእላፋት ፡ pro ትእልፊት ፡ *V.* 3. *bc.* D: ኰለንታየ ፡ sine ወ ፡ *V.* 4. *a.* BC: ሊተ ፡ ante ቅዱስ ፡ interpositum est. - *b.* A: መላእክት ፡ deest. - *c.* E: ተንሠእኩ ፡ pro አንሥአኒ ፡ - E: ገብአት ፡ መንፈስየ ፡ - *d.* ADE: እምሬእየ ፡ *V.* 6. *a.* D: መጽአ ፡ - *cd.* DE: ይኽሒዱ ፡ ለኵሉ ፡ ጽ ዶቅ ፡ ወለእለ ፡ deest. *V.* 7. *ab.* ACD: ወ.ይትካፈሉ ፡ - *b.* D: አናብስ ት ፡ - DE: አንስትያዊት ፡ - *c.* D: ሌዋታ ፡ *V.* 8. *b.* E: ዘ.ያስተርኢ ፡ - E: ዱ.ዱ.ይን ፡ - *c.* E: ጻዶቃን ፡ ወኅሬ.ያን ፡ - BC: ወበኀበ ፡ pro በኀ በ ፡ posteriore. - *d.* B: እምሒውካ ፡ *V.* 9. *b.* D: ለዘ ፡ pro ለዘኩ ፡ - *d.* BCE: በዮብስ ፡ *V.* 10. *b.* E: ትሬቅዶ ፡ deest. *V.* 11. *b.* AC: ዘ ምስሌየ ፡ የሐውር ፡ - *de.* E: ምዶር ፡ pro ሰማይ ፡ *V.* 12. *a.* AD: ይ ትካፈሉ ፡ - *b.* BCD: ይትኈለቍ ፡ - *c.* A: ለብርሃናት ፡ - *e.* C: ይትኀ

ፈሉ፡ *V.* 13. *ab.* A: Voces hujus versus quinque primae omissae sunt ob homoeoteleuton. - *a.* D: በሙ.ደቀቲሆሙ፡ - *b.* AE: በመብረቅ፡ ante ከመ፡ positum est. - *c.* D: ይሰምዑ፡ E: ይሰምዑ፡ ለሰብእ፡ pro ይስምዑ፡

V. 14. *a.* B: ከመ፡ pro እስመ፡ - *ab.* A: ምሀረፋት፡ - *c.* D: ወኢ በመብረቅ፡ E: deest ወኢመብረቅ፡ - A: መንፈስ፡ sine በ፡ BE: በ መንፈሰ፡ *V.* 15. *b.* CD: ወመንፈሰ፡ - *d.* E: post በለጊም፡ interpositum est ቃሉ፡ ይሁብ፡ *V.* 16. *b.* E: *V*erba a ወበከመ፡ usque ያገብእ፡ desunt. - *bc.* E: ወበዘከመዘ፡ *V.* 18. *a.* C: ኅደገ፡ deest. - *b.* E: ዚ አሁ፡ deest. - BE: ለባሕቲቱ፡ *V.* 19. *bc.* E: ሶቱ፡ መዝገብ፡ - *c.* AD: ባሕቲቱ፡ sine ለ፡ - *e.* A: ወመልአክ፡ *V.* 20. *a.* BC: መንፈሰ፡ sine ወ፡ - *c.* BC: ወሐጋይ፡ *V.* 21. *b.* E: ይትሀወክ፡ pro ይትሐወ ስ፡ - *c.* C: መዝገቦ፡ - *d.* B: post ዮብስ፡ interpositum est ይትኀበር፡ ምስለ፡ ብሔር፡ ዘደብ፡ ዮብስ፡ - AD: ወሰብ፡ deest. - AD: በኵሉ፡ ጊዜ፡ deest. - *e.* A: ኵሉ፡ post ምስለ፡ interpositum est. *V.* 22. *a.* D: እመሂ፡ pro እስመ፡ ኮነ፡ legitur; item colon ante እመሂ፡ deest. - *c.* AE: ዘእምሰብሔር፡ - *d.* D: መላእክት፡ sine ወ፡ *V.* 23. *ab.* A: ርኢ ኮ፡ ኵሎሙ፡ *V.* 24. *d.* AD: ኢይኮን፡ deest. E: ኢይምጽእ፡ pro ኢይኮን፡ *V.* 25. *a.* AD: ወሰብ፡ - *b.* E: የሀሪፋ፡ - D: ኢይምጽእ፡

Cap. 61. *V.* 1. *ab.* AE: ለእለክቱ፡ - *b.* D: ሎሙ፡ deest. *V.* 2. *c.* E: ወይቤለኒ፡ ሐረ፡ ከመ፡ ይመጥኑ፡ deest. D: ሐረ፡ deest. *V.* 3. *ab.* ADE: ዘየሐውር፡ ምስሌየ፡ - *c.* AE: ደብ፡ ስሙ፡ pro በስሙ፡ *V.* 5. *cd.* A: ወእምአረዌት፡ ምድር፡ *V.* 6. *a.* E: ትእዛዘ፡ - BD: እለ፡ deest. - D: መልዕልተ፡ sine በ፡ - *b.* ADE: ፩ post ወኅይል፡ deest. - C: ወ ቃል፡ ፩ deest. - *c.* ADE: ተውህበ፡ ሎሙ፡ deest. *V.* 7. *b.* AE: ወይ ሴብሑ፡ sine Suffixo. *V.* 8. *c.* E: ሰብዖት፡ *V.* 9. *b.* E: ኅብእት፡ - *cd.* BC: ይትናገሩ፡ sine ወ፡ *V.* 10. *b.* A: ቅዱሳን፡ - E: post ወኅይ ል፡ legitur ሰብዖት፡ ወኵሉ፡ ኅይል፡ - C: pro ወኅይል፡ legitur ወኅየ ላኒ፡ - *c.* Omnes quidem codices et hoc loco et Cap. 71, 7. praebent ኦፋኒን፡, sed vix dubitandum, quin ex ኦፋኒን፡ corruptum sit, cfr. ኦርጋኖን፡ quod scribitur pro ኦርጋኖን፡ - *d.* E: ኅይል፡ ወኵሉ፡ መላእክት፡ deest. *V.* 11. *a.* BC: ይነሥኡ፡ sine ወ፡ - *bc.* AD: ወበትዕግሥት፡ - *c.* B: ምሕረ ት፡ ወበመንፈሰ፡ deest. - *d.* C: ወይቤሉ፡ - *de.* ADE: ውእቱ፡ deest.

V. 12. *ab.* E: እለ፡ ኢይነውሙ፡ በመልዕልት፡ ሰብዔ፡ ይባርክዎ፡

ኵሎሙ ፡ omissum est ob homoeoteleuton. - *b.* B: ቅዱሳን ፡ - *cd.* A: ገነት ፡ ዘሕይወት ፡ - *f.* C: ትባርክ ፡ ወትሴብሕ ፡ B: ትባርክ ፡ ወትሰብሕ ፡ - *g.* BC: ለዓለም ፡ pro ለዓለመ ፡ ዓለም ፡ *V.* 13. *ab.* D: ለእግዚአ ፡ አጋእዝት ፡ ወመናፍስት ፡ - *b.* D: ወኵሉ ፡ ግብር ፡ deest.

Cap. 62. *V.* 1. *b.* E: post ወለአዚዛን ፡ interpositum est ከመ ፡ ይሰብሑ ፡ *V.* 2. *cd.* D: እምገጹ ፡ sine ወ ፡ E: ወእምቅድመ ፡ ገጹ ፡ *V.* 3. *b.* BC: አዚዛን ፡ sine ወ ፡ - AE: ለምድር ፡ pro ለየብስ ፡ *V.* 4. *b.* DE: ሕማም ፡ pro ማሕምም ፡ - *c.* E: ለወሊድ ፡ - E: ወሊድ ፡ pro ወሊደ ፡ *V.* 8. *a.* D: ወለኅሩያን ፡ *V.* 9. *b.* E: ነገሥት ፡ deest. - B: አዚዛን ፡ deest. - D: እለ ፡ sine ወ ፡ - *de.* E: ወይስእልዎ ፡ - *e.* A: በኀቤሁ ፡ *V.* 10. *a.* A: ያጐጕዎሙ ፡ sine ወ ፡ - D: ወያጐጕዎሙ ፡ - C: እስከ ፡ pro እንከ ፡ - *c.* BC: ይቄስክ ፡ *V.* 11. *b.* ABC: post ዚአሁ ፡ additum est ቦሙ ፡፡ *V.* 12. *ab.* E: Voces hujus versus quinque primae omissae sunt. - *d.* C: ትስክር ፡ *V.* 15. *b.* E: pro ወለብሱ ፡ ልብሰ ፡ legitur ልበ ፡ - *bc.* BE: ወአልባሲክሙ ፡ sine ነ ፡

Cap. 63. *V.* 1. *ab.* AE: አዚዛን ፡ deest. - *b.* D: ለምድር ፡ pro ለየብስ ፡ - *d.* AC: ወይሰግዱ ፡ *V.* 2. *c.* E: አጋእዝት ፡ pro ነገሥት ፡ - *e.* A: ኵሉ ፡ *V.* 3. *b.* E: ለትውልደ ፡ ትውልድ ፡ pro ለዓለመ ፡ ዓለም ፡ - *c.* AE: አልቦሙ ፡ pro አልቦ ፡ priore. - B: ወለጽድቅ ፡ - A: ሐሳብ ፡ *V.* 4. *b.* ADE: ንሴብሕ ፡ ወንባርክ ፡ - E: መናፍስት ፡ pro ነገሥት ፡ *V.* 5. *a.* AE: ወይቤሉ ፡ D: ወይቤሎ ፡ - *bc.* D: Verba hujus versus septem ultima desunt. *V.* 6. *a.* D: Verba hujus versus tria prima desunt. - *b.* C: ወኢንርከብ ፡ - C: post ውብርሃን ፡ interpositum est በትረ ፡ - *c.* DE: ምግባሪነ ፡ pro ምንባሪነ ፡ *V.* 7. *bc.* D: ወኢሰባሕነ ፡ በስመ ፡ ለእግዚአ ፡ ነገሥት ፡ deest. - E: መናፍስት ፡ pro ነገሥት ፡ - *d.* BC: በትረ ፡ deest. - D: መንበረ ፡ post በትረ ፡ interpositum est. - C: መንግሥት ፡ sine Suffixo. *V.* 8. *b.* E: ንትአመን ፡ pro ንእመን ፡ - *c.* B: እግዚእነ ፡ ውእቱ ፡ *V.* 10. *a.* B: ይእዜኒ ፡ - E: ትጸገብ ፡ - *b.* B: እምላህብ ፡ *V.* 11. *c.* D: ወይሰፍሬ ፡ ወየኀድር ፡ pro ወሰይፍ ፡ የኀድር ፡ - *cd.* E: ማዕከሌሆሙ ፡ - A: ይሰድዶሙ ፡ pro ማዕከሎሙ ፡

V. 12. *a.* D: እግዚአብሔር ፡ interpositum est ante እግዚአ ፡ - *ab.* B: ውእቱ ፡ deest. - *b.* AD: ወኵነኔሁ ፡ - *d.* D: a fine versus additum est: ዝንቱ ፡ ውእቱ ፡ ሥርዐቶሙ ፡፡

Cap. 64. *V.* 1. *a.* E: ወኅልአት፡ *V.* 2. *bc.* C: ዘኅቡእ፡ sine ወ፡ A: ወዘበኅቡእ፡ - *cd.* E: ወአስሐትዎሙ፡ ለውሉደ፡ ሰብእ፡ deest.

Sectio XI.

Cap. 65. *V.* 1. *b.* D: ኅበሃኔ፡ pro ኀሙ፡ - C: ኀሙ፡ pro ወኀሙ፡ *V.* 2. *b.* D: ሖረ፡ sine ወ፡ - *cd.* D: ስምዑኒ፡ nonnisi bis legitur. *V.* 4. *a.* BC: ወዱኃረ፡ sine በ፡ - *b.* A: በዲበ፡ pro ዲበ፡ *V.* 6. *b.* A: ውእቱ፡ deest. - *de.* A: ኃቡአ፡ ወኵሉ፡ ኃይሎሙ፡ deest; E: ወኵሉ፡ ኃይሎሙ፡ (posterius) deest. - *ef.* B: ለኃብሬት፡ ወኃይሎሙ፡ deest. - *f.* B: ይገብሩ፡ pro ይሠብኵ፡ - B: በኵሉ፡ pro ኵሉ፡ *V.* 9. *a.* C: ወእምዱኃረ፡ - *b.* C: ወአንሥአኒ፡ deest. - *c.* AE: በዲበ፡ pro ዘዲበ፡ *V.* 10. *d.* E: ይነብሩ፡ pro የኀድሩ፡ *V.* 11. *a.* ADE: ወእሉ፡ - *b.* D: ምገባእ፡ - *c.* B: ወእሉ፡ pro ወእለ፡ - B: ለከ፡ deest. - *d.* AE: አንተ፡ ወኄር፡ *V.* 12. *a.* A: ቅዱስ፡ post ለስምከ፡ interpositum est. - *ab.* E: Verba a ቅዱሳን፡ usque ad ወአጽንዖ፡ desunt. - *b.* E: ዘርእከ፡ sine ለ፡

Cap. 66. *V.* 1. *b.* B: እለ፡ ዱልዋን፡ deest. - B: ይመጽኡ፡ ወይፈትሑ፡ - *c.* A: በመትሕት፡ - D: ዘመቀሠፋት፡ pro ዘመትሕት፡ - *d.* B: ወየኀድሩ፡ deest.

Cap. 67. *V.* 1. *c.* A: ወርቱዕ፡ *V.* 2. *d.* E: ወተውላጥ፡ *V.* 3. *a.* AD: ወአጸንዖ፡ E: ወአጸንዖሙ፡ - *b.* AE: post ምስሌከ፡ interpositum est ኢይመክር፡ - AE: ዲበ፡ pro ውስተ፡ - E: ምዱር፡ pro የብስ፡ - C: post የብስ፡ interpositum est: ኢይመክር፡ ዲበ፡ ገጸ፡ የብስ፡ - *c.* B: ወይብዛኃ፡ A: ወይትበዛኃ፡ - AE: ዲበ፡ pro ቅድመ፡ *V.* 4. *b.* BC: ውእቱ፡ pro ይእቲ፡ *V.* 5. *b.* B: ሀጊይ፡ - A: ወተሀውክ፡ ማያት፡ E: ወሀውከ፡ ማያት፡ *V.* 6. *a.* D: ነጠብጣብ፡ - *c.* D: ዚአሁ፡ interpositum est post ቈላ፡ *V.* 7. *c.* D: በየብስ፡ pro ዲበ፡ የብስ፡ *V.* 8. *b.* E: ወለልዑላን፡ deest. - *e.* B: ለፈውሶ፡ - *e.* BC: በሥጋሆሙ፡ - *f.* D: በእንተ፡ pro እንተ፡ *V.* 9. *b.* D: ብዙኃ፡ ዋዕየ፡ - AD: ተውላጠ፡ - *d.* A: ነገረ፡ sine በ፡ *V.* 11. *a.* B: ወማያት፡ sine ኪያሁ፡ C: ወለእልኩቱ፡ pro ወኪያሁ፡ - *b.* A: ተውላጠ፡ - BCD: እልኩቱ፡ - *c.* AE: ለእልኩ፡ *V.* 12. *b.* B: ያውሥእ፡ - *c.* AE: እለ፡ sine

ወለ፡ *V.* 13. *a.* ADE: ሥጋሆሙ፡ pro ዚአሆሙ፡ - *ab.* B: ለመላእ ክት፡ deest.

Cap. 68. *V.* 1. *b.* ADE: ወመሳሊያተ፡ - *c.* AE: ዘተወህበ፡ *V.* 2. *c.* D: ኀብእት፡ - *d.* E: ውእቱ፡ deest. - E: ዐፀቡ፡ - *de.* E: ተወህበት፡ pro ተገብረት፡ - *e.* A: ወይትመሰው፡ B: ወኢይትመሰ ው፡; sed ኢ ab alia manu insertum est. *V.* 3. *ab.* A: ወአውሥአ፡ ቅዱ ስ፡ ሚካኤል፡ ካህበ፡ ወይቤሎ፡ ለቅዱስ፡ ሩፋኤል፡ et caet. *V.* 4. *c.* E: መሕረት፡ interpositum est post ሎሙ፡ *V.* 5. *b.* BC: ኢይትመዓ ጠው፡ - *bc.* B: መክሬልቶሙ፡ - *cd.* D: ኵኔሆሙ፡ pro ኵኔ፡ ዚ አሆሙ፡

Cap. 69. *V.* 1. *a.* D: ወእምድኅሬ፡ sine ዘ፡ - *ab.* C: ያደኔገፀ ሙ፡ ወያመዐዐሙ፡ - A: ወያመዐዐወ፡ - *b.* ADE: ዛተ፡ pro ዘንተ፡ *V.* 2. *ab.* A: ለእለእክቱ፡ መላእክት፡ ወዝንቱ፡ ውእቱ፡ አስማቲሆ ሙ፡ in editione Laurentiana deest. - *a.* E: ውእቱ፡ deest. - *b.* B: ዚአሆ ሙ፡ deest. E: ቀደሚይ፡ pro ቀዳሚየ፡ ዚአሆሙ፡ - *bc.* A: አርስጢ ቃፋ፡ E: አርስጡቂፋ፡ - *c.* E: ኮኩብኤል፡ - *d.* AB: ዶንያል፡ - *e.* C: ብሬቅኤል፡ E: በሬቅያል፡ - *f.* E: በስሳኤል፡ - *fg.* C: ጡርኤል፡ - *g.* A: ሲሚፒሴኤል፡ D: ሰሚፒሴኤል፡ E: ሲምሲፒኤል፡ - E: ይጡር ኤል፡ - *h.* A: ሬምኤል፡ - A: አዘዝኤል፡ B: አዜዜኤል፡ E: ኤዜዜኤ ል፡ D: አዛዝኤል፡ *V.* 3. *b.* E: ወመኳንንቲ፡ pro ለመኳንንቲ፡ *V.* 4. *b.* B: ያቄን፡ D: ይቆን፡ - B: ኵሎ፡ - *c.* AE: ቅዱሳን፡ deest. *V.* 5. *a.* A: ክሰብኤል፡ *V.* 6. *d.* BC: ወወለታ፡ ወዶርሀ፡ *V.* 7. *b.* A: ወ ጸኡ፡ - *c.* AE: ለዓለመ፡ ዓለም፡ *V.* 8. *ab.* C: ቴኔሙሀ፡ - *c.* B: ለ ኵሎሙ፡ pro ኵሎ፡ C: ኵሎሙ፡ pro ኵሎ፡ *V.* 9. *a.* BC: ወው እቱ፡ - *b.* E: ወበክርታስ፡ - *c.* C: ብዙኀ፡ - AE: እለ፡ deest. - BC: ይስሕቱ፡ *V.* 10. *a.* E: ለዘከመዝ፡ pro ለዝ፡ ከመዝ፡ *V.* 11. *d.* E: አእምሮ፡ *V.* 12. *a.* A: ክስያድዎ፡ D: ክሰዱያዎ፡ - *b.* B: ኵ ሎ፡ deest. - ACDE: ዘኔፋስት፡ - *d.* BC: ንስከታተ፡ - AE: ወዝብጠ ታተ፡ *V.* 13. *a.* BC: ወዝ፡ pro ወዝንቱ፡ D: ዝንቱ፡ sine ወ፡ *V.* 14. *b.* E: ስሞ፡ - *c.* A: ወከመዝ፡ pro ወከመ፡ - *e.* AD: ዘበዛቡእ፡ *V.* 15. *a.* E: ለዝንቱ፡ pro ለዝ፡ - *ab.* D: እስመ፡ ኀያል፡ ውእቱ፡ ወጸኑዕ፡ ወአንበር፡ ለዝ፡ መሐላ፡ deest. *V.* 16. *b.* D. ወጸንዑ፡ *V.* 17. *b.* BE: ኅቡኣት፡ - A: ወእምኔ፡ አድባር፡ ዘኅቡኣት፡ et caet.

- ADE: ይመጽኡ ፡ - *c.* AE: ላህያን ፡ D: ላህያ ፡ - AE: ለሕያዋን ፡ deest. *V.* 18. *bc.* D: Verba versus decem ultima inde a ለጊዜ ፡ desunt.

V. 19. *ab.* ADE: ቀላይ ፡ - *b.* ADE: ጸንዐት ፡ B: ጸንዐ ፡ - BC: ለዓለም ፡ pro እምዓለም ፡ *V.* 21. *b.* A: ምሕዋሪሆሙ ፡ *V.* 22. *a.* B: ለማያት ፡ - *b.* B: ነፋሳት ፡ sine ለ ፡ - E: መናፍስት ፡ pro መንፈሳት ፡

V. 23. *bc.* E: ይትዐቀቡ ፡ - *d.* AD: መዛግብተ ፡ sine ወ ፡ *V.* 24. *c.* B: አኰቴተ ፡ post ኃይሎሙ ፡ interpositum est; item C: አኰቴት ፡ - C: ወሴሰዮሙ ፡ - A: ይእቲ ፡ አኰቴት ፡ *V.* 27. *c.* E: ያማስን ፡ sine ወ ፡ - D: ኃጥኣን ፡ - BE: እምገጸ ፡ ምድር ፡ - *cd.* Verba versus tria ultima in quibusdam codicibus colo proxime sequenti adscripta sunt. *V.* 28. *a.* E: ወማኅበርሙ ፡ sine በ ፡ - *b.* E: እም ፡ pro እምቅድሙ ፡ - *bc.* D: ገጸ ፡ ለምድር ፡ *V.* 29. *a.* AD: ወእምይእዜ ፡ sine ዘ ፡ - *b.* A: ዘኀበ እሲ ፡ ወልዱ ፡ - *cd.* Pro ወነገረ ፡ exhibet A ወይነግር ፡ D ወይነገረ ፡ - *d.* B: ወልዶ ፡ deest. - ADE: ወይጸንዕ ፡ - *e.* E: ሠልስ ፡ deest. D: Verba inde a ዘወእቱ ፡ desunt.

Sectio XII.

Cap. 70. *V.* 1. *b.* D: ውእቱ ፡ deest. *V.* 3. *bc.* B: ማእከለ ፡ sine በ ፡ - *c.* C: በማእከለ ፡ deest.

Cap. 71. *V.* 1. *b.* Mirum hic videtur ወትዐርገ ፡; sed omnes hanc lectionem praebent codices. - *c.* AE: ቅዱሳን ፡ post ለመላእክት ፡ interpositum. - D: ይትከየዱ ፡ - *d.* D: ውብርሃን ፡ C: ውብረሃን ፡ *V.* 2. *b.* AE: ውብርሃነ ፡ ዘኰ ፡ እሳት ፡ deest. - *c.* D: በገጽየ ፡ deest. *V.* 3. *a.* A: መልአክ ፡ deest. - *b.* D: ወአውሥአኒ ፡ pro ወአንሥአኒ ፡ *V.* 4. *b.* B: መዝገበ ፡ *V.* 5. *d.* C: ማእከለ ፡ sine ወ ፡ *V.* 6. *a.* A: ወርእየ ፡ - A: ቤተ ፡ - *b.* A: ፬ pro ፰ ፡ - D: ፈለገ ፡ pro አፍላገ ፡ *V.* 7. *a.* B: ወበሀውዱ ፡ E: ወየሀውዱ ፡ - *c.* D: ስብሐቲሁ ፡ pro ስብሐተ ፡ ዚአሁ ፡

V. 8. *c.* BC: ሚካኤል ፡ sine ወ ፡ - *cd.* D: ወገብርኤል ፡ ወሩፋኤል ፡ et caet. E: ወፋኑኤል ፡ ወገብርኤል ፡ ወሩፋኤል ፡ - *d.* E: እለ ፡ deest.

V. 9. *b.* E: ወሩፋኤል ፡ AD: ወሩፋኤል ፡ ወገብርኤል ፡ - A: ወፋኑኤል ፡ deest. *V.* 10. *b.* E: መሐላ ፡ pro መዋዕል ፡ - D: ንጹሕ ፡ sine ወ ፡ *V.* 12. *b.* A: ወጽኡ ፡ *V.* 13. *c.* BDE: ትእልፈተ ፡ sine ወ ፡ - A: መላእክት ፡ deest. *V.* 14. *bc.* DE: በጽድቅ ፡ pro ለጽድቅ ፡ - *c.* D:

ወጸዱቅ፡ deest. *V.* 15. *b.* E: እስመ፡ deest. *V.* 16. *a.* BCDE: ይኩ ውን፡ sine ዘ፡ - *b.* BC: ወምስሌክ፡ - *bc.* ADE: ማኅደሪሆሙ፡ - *d.* D: ወለዓለመ፡ዓለም፡ deest. *V.* 17. *c.* C: ወፋኖቱ፡ርቱዕ፡ለጻ ድቃን፡ deest.

Sectio XIII.

Cap. 72. *V.* 2. *a.* E: ውእቱ፡ deest. - *b.* D: ብርሃን፡ deest. - *c.* E: ዘእምዐረብ፡ *V.* 3. *b.* B: እለ፡ deest. - D: ስሑ፡ pro ወስሑ፡ - *bc.* A: Voces sex ab እለ፡ usque ኀዋኀወ፡ desunt. *V.* 4. *a.* E: ወቀ ዳማዊ፡ *V.* 5. *a.* D: ሰረገላተ፡ deest. - *b.* B: ይሠርቅ፡ pro የዐርግ፡ - D: ይነፍሕ፡ነፋስ፡ - *c.* A: መንገለ፡ምሥራቅ፡ pro ምሥራቂ፡ - *de.* B: በገጸ፡ሰማይ፡ deest. *V.* 6. *b.* E: ኆኅት፡ post ራብዕት፡ interpositum. - *bc.* AE: ፯ ኀዋኀው፡ - *c.* D: መንገለ፡ deest. *V.* 7. *b.* D: እምኔሃ፡እንተ፡ - *c.* BCD: ኀዋኀው፡ pro መሳክው፡ - *d.* B: Verba hujus versus quatuor ultima desunt. *V.* 8. *bc.* B: ራብዒት፡ - *c.* B: ወበራ ብዒት፡ - *cd.* E: እምዐረበ፡ *V.* 9. *a.* E: ይነውኅ፡ *V.* 10. *bc.* AE: ወሌሊት፡ተከውን፡ *V.* 11. *a.* AE: እምይእቲ፡ራብዕት፡ - *b.* AE: ኆኅት፡ post በራብዕት፡ interpositum est. - B: ኅምስቱ፡ *V.* 12. *a.* AE: ወአማኒሃ፡ - AE: ትነውኅ፡ *V.* 13. *b.* E: ኆኅት፡ posterius deest. - *c.* BC: ዚአሁ፡ *V.* 14. *bc.* A: ወትከውን፡ዕለት፡ካዕበተ፡ሌሊት፡ deest in editione Laurentiana. - *c.* E: ዕለት፡ deest. *V.* 15. *c.* BC. ፀሐይ፡ post ወይሠርቅ፡ interpositum est. - *cd.* E: በ ፲ ጽባሕ፡ *V.* 16. *a.* A: ፲ deest; E: በ ፲፡ - C: ጽባሕ፡ *V.* 17. *b.* A: በምሥራቅ፡ pro ም ሥራቅ፡ - A: በኃምስት፡ *V.* 18. *a.* B: ዕለት፡ prius deest. - *b.* B: ዕለት፡ deest. *V.* 19. *d.* AE: ፲ ወ ፩ ጽባሕ፡በእንተ፡ትእምርት፡ ዚአሃ፡ *V.* 20. *a.* B: ትትዔሬይ፡ A: ይትአረይ፡ D: ይትረአይ፡ - *bc.* D: Verba versus tria ultima desunt. *V.* 21. *b.* ACDE: ለጽባሕ፡ *V.* 22. *b.* E: ፲ ጽባሕ፡ pro ፲ ዕለት፡ - *c.* D: መዓልት፡ sine ወ፡ *V.* 23. *d.* E: ኆኅት፡በምሥራቅ፡ *V.* 25. *a.* B: ወይሠርቅ፡ pro ወይወጽእ፡ - B: ፀሐይ፡ deest. - *b.* E: ወየዐርብ፡በምዕራብ፡በካልእ፡ኆኅት፡ deest. - *c.* Quod post ጽባሕ፡ in B legitur በእንተ፡ትእምርት፡ዚአ ሃ፡, glossa est a manu alia adscripta. - *d.* A: በካልእ፡ pro በአሐቲ፡
V. 26. *b.* E: ሌሊት፡ deest. - A: ፩ pro ፪፡ *V.* 28. a. A: ፰ pro ፩፡

- *b*. A: ክፋል፡ pro ክፋል፡; voces ዘወእቱ፡ ክፋል፡ ፩ quamquam in omnibus codicibus leguntur, interpolatae esse videntur. - B: post ወትክወን፡ a manu alia interpositum legitur ሌሊት፡ *V*. 29. *b*. E: አለክቱ፡ pro ዘኮ፡ *V*. 30. D: totus versus deest. - *ab*. B: እምኑኝ፡ ተሐጽር፡ ሌሊት፡ - *b*. AE: ሌሊት፡ deest. - A: ፪ pro ፲፡ *V*. 31. *c*. E: በምሀሬብ፡ ሰዓይ፡ pro በምሀሬብ፡ *V*. 32. *bc*. A: ወሀለት፡ ትክወን፡ ፰ክፋል፡ deest. - E: ወመዓለት፡ pro ወሀለት፡ ትክወን፡ - *c*. AB: ወይትዓረይ፡ D: ወይትረአይ፡ - *d*. E: post ጥንቁቀ፡ interpositum est ፋጽም፡ *V*. 34. *b*. B: ምሕዋሬ፡ pro ምሕዋሬሁ፡ *V*. 35. *b*. B: ዘወእቱ፡ pro ዘወእቱ፡ - *c*. B: ሀቢይ፡ deest. - E: ፀሐይ፡ - B: Verba versus tria ultima desunt. *V*. 36. *a*. B: Verba versus sex prima desunt. - D: ትእዛዙ፡ post ወእቱ፡ interpositum. - E: ወጽአ፡ pro ዘይወጽእ፡ - *b*. B: እግዚእ፡ *V*. 37. *ab*. A: ይበውእ፡ ወይወጽእ፡ - *b*. AE: ኢየሐጽጽ፡ sine ወ፡ - *cd*. E: እምወርኅ፡ - *d*. D: ዘወግ፡ deest.

Sectio XIV.

Cap. 73. *V*. 2. *b*. AE: ፀሐይ፡ pro ሰዓይ፡ - A: በዛኩእ፡ pro በዛሰ፡ - *c*. D: ይትወሀብ፡ *V*. 3. *c*. A: ሀሬየ፡ pro ይኤሬ፡ - *cd*. C: ብርሃኑሰ፡ *V*. 4. *a*. BC: ወንገለ፡ sine ዘ፡ *V*. 5. *a*. CD: ወ ፩ pro ፩፡ *V*. 6. *b*. E: ብርሃን፡ pro ብርሃኑ፡ priore. - D: ወ፪ deest. - *bc*. A: ወየሀርብ፡ *V*. 7. *a*. C: post ጸሐይ፡ legitur: በ ፩ ፲፬ እዴ፡ ይፈጽም፡ ኵሉ፡ ጽልመቶ፡ ወበበ፡ ፲፬ እዴ፡ ይፈጽም፡ ኵሉ፡ ብርሃና፡ በምሥራቅ፡ ወበምሀሬብ፡, quod e capite LXXIV. 3. insertum esse videtur. - *b*. E: ብርሃኑ፡ pro ብርሃን፡ - *d*. D: ወርኅ፡ deest. *V*. 8. *a*. C: ፪ ወ ፪ pro ኍብዓየ፡ - *b*. BC: post እዴ፡ insertum legitur ወንፋቃ፡ ወይሠርቅ፡ ሰይእቲ፡ ሀለት፡ ኍብዓየ፡ እዴ፡

Cap. 74. *V*. 3. *a*. A: post እዴ፡ insertum est እስከ፡ - *bc*. A: ወበበ፡ ፲፬ እዴ፡ ይፈጽም፡ ኵሉ፡ ጽልመቶ፡ deest, et ante በምሀሬብ፡ legitur ወ፡ - *c*. E: post ኵሉ፡ usque ad finem versiculi legitur ጽልመቶ፡ ወበበ፡ ፲፬ እዴ፡ ይፈጽም፡ ኵሉ፡ ብርሃና፡ በምሥራቅ፡ ወበምሀሬብ፡ *V*. 4. *b*. C: ይቄልጥ፡ ምሀሬብተ፡ ወበአውሬኅ፡ እውሬት፡ deest. - D: ምሀሬብተ፡ ወበአውሬኅ፡ እውሬት፡ deest. *V*. 5. *a*. ADE: በ pro ወሰ፡ - *b*. E: ወበሠለስ፡ - AE: ወበሬብሀት፡ *V*.

6. *c*. A: ብርሃና: deest. *V*. 7. *b*. A: ante ሰብዑ: interpositum est ፀሐይ: - *c*. ABE: እምኔ: deest. *V*. 8. *ab*. B: ኅሠበ: deest. *V*. 9. *a*. B: ወኰመዝ: - D: ምንባሬሆሙ: pro ምንባርሙ: *V*. 10. *b*. AC: ወይበጽሐ: E: ይበጽሖ: sine ወ: - *c*. E: ይበጽሕ: pro ይበጽሖሙ: - *d*. E: ተማሊኦሙ: *V*. 12. *b*. ADE: ምንባሬሆሙ: *V*. 13. *a*. E: ዓመት: pro ዓም: - *b*. D: ፳፱ pro ፳: *V*. 14. *a*. E: ባሕቲቱ: sine ለ: - A: ለ ante ፫ deest. - *b*. BCD: ወለዓመት: ፳: - *c*. A: በጸአቱ: deest. - A: post ይትዌሰኽ: interpositum est በ፪: - C: inter ዲበ: et ፳ in margine adscriptum interponitur: ፲፱: *V*. 15. *c*. E: post መዋዕል: additum est ኮሙ: ሕፀፁ: ለ ፳ ዓመት: መዋዕሊሁ: ፳፱ ወ ፳፱ ፰ ወ ፪ መዋዕል: *V*. 16. *b*. E: መዋዕሊሁ: deest. - AD: ኵሎሙ: sine ወ: - *c*. E: መዋዕለ: deest. D: መዋዕል: *V*. 17. *b*. D: ዚአሁ: pro ዚአሆሙ: - *c*. A: እለ: deest.

Cap. 75. *V*. 1. *c*. BC: ወእለ: ኢይትሌለዩ: - *d*. D: post ሐሳበ: addita est ጐልቍ: glossa. - D: ይትፋኔይ: - *de*. B: ይትሐሰቡ: sine ኢ:

V. 2. *bc*. CD: ምንባሬ: sine በ: - *e*. BE: በ pro በበ: *V*. 3. *b*. AE: ወለዓመት: - E: አርአየኒ: deest. - *f*. BC: ወሌሊት: sine ለ: - *g*. A: ወኵሎሙ: ቅኔታት: - E: በኵሉ: pro በኵሎሙ: *V*. 4. *a*. E: መልአክ: post ኡርኤል: interpositum est. - ርኅዋት: in A post ኡርኤል:, in E post መልአክ: collocatum est. - *b*. B: ዘሰማይ: pro በሰማይ:

V. 5. *bc*. B: ርኅዋት: - *c*. AE: በሰማይ: *V*. 6. *b*. ABC: ወአጽናፈ: pro በአጽናፈ: - *c*. A: ወኵሎ: pro ወኵሉ:, E: ወኵሎሙ:

V. 7. *ab*. AE: እምየማኑ: ወእምፀጋሙ: - *b*. E: ዚአሁ: - *d*. A: ቦሙ: deest. *V*. 8. *a*. D: ርኢኩ: sine ወ: - *b*. AE: ወእመትሕቶሙ: deest. - *c*. BC: ይትመየጡ: ቦሙ:

Sectio XV.

Cap. 76. *V*. 1. *c*. E: ወይኔፍሑ: *V*. 3. *b*. Omnes codices cum praebeant በዱጓር:, non በዱጓሬ:, formam mutare noluimus; illustrando loco consulas Ludolfi grammaticam aethiopicam Lib. VI. Cap. 2. Nr. 2, et conferas libri nostri Cap. 89, 5. 95, 7. - D: መንገለ: sine ለ: *V*. 4. *a*. E: ዘ፬ pro በ፬: - D: ወበሰላም: - *c*. A: ኵሏ: deest. - A: ወለሰማይ: pro ወለማይ: - *d*. A: ውስቴታ: pro ዲቤሃ: - A: ወኵሎ: - E: ዲበ: pro ውስቴት:

- D: ሰብዒ፡ pro ብዒ፡ *V.* 5. *b.* E: በቀዳብዒ፡ pro በቀዳብዒት፡ - *bc.* AE: ዘ pro እንተ፡ *V.* 6. *b.* D: ሰላም፡ sine ወ፡ - *c.* AD: ወበ ሠለስ፡ *V.* 7. *a.* E: ዘመንገለ፡ pro በመንገለ፡ - *c.* D: ታጸንን፡ - *cd.* E: ነፋስ፡ ወጥቀ፡ *V.* 9. *a.* BCDE: ወበሠለስ፡ - *b.* B: እምኔሃ፡ deest. *V.* 10. *b.* Verba ዘከመ፡ ባሕር፡ quae interpolata esse suspicamur, uncinis inclusimus; item *c.* numerum ፫, qui significat: „tertio“, cfr. *V.* 5. 6; 7—9; 12. 13. - *c.* C. ምሥራቅ፡ deest. - *d.* E: ወኣናኍዕ፡ *V.* 11. *a.* AE: ወበብእክሌዪት፡ - B: ርትዕት፡ ፍኖት፡ - D: ፍኖት፡ deest. - *a*—*c.* E: Verba a ርትዕት፡ usque ad ፍኖት፡ omissa sunt ob homoeoteleuton. - *b.* BCD: ወበሠለስ፡ V. 12. *a.* D: እሉ፡ deest. - ፰ glossa esse videtur, cfr. *V.* 10. - *b.* BC: ዓራብ፡ pro ምዕራብ፡ - B: መንገለ፡ sine ለ፡ - *cd.* A: Verba hujus versus quatuor ultima desunt. *V.* 13. *ab.* A: Verba hujus versus sex prima desunt. - *b.* B: ጠሉ፡ deest. - *c.* B: እምኔሃ፡ deest.

V. 14. *ab.* A: ነዋኃው፡ ዘሰብዒ፡

Cap. 77. *V.* 1. *a.* A: ለነፋሳት፡ pro ለነፋስ፡ - E: ቀዳማዊ፡ ጸ ባሓዊ፡ - *b.* D: ይጼውዑ፡ pro ወይጼውዑዎ፡ *V.* 2. *a.* A: ዘምዕራ ብ፡ - *ab.* B: ህየ፡ sine በ፡ - *b.* ABCE: ኵሉ፡ *V.* 3. *a.* D: ወለራብ ዕ፡ - *b.* C: ይትኃረለ፡ - E: ወ ፩ pro ፩፡ - *c.* A: ለአብሕርት፡ ዘብ ዖት፡ - *d.* E: ወለአዮም፡ ወለአፋላግ፡ *V.* 4. *a.* DE: ወ ፯ pro ፯፡ - A: ነዋኅት፡ *V.* 5. *a.* AE: ሀበይተ፡ ርኢኩ፡ ዱብ፡ ምድር፡ - B: ዱብ፡ deest. - *ab.* D: እምኵሉ፡ - *b.* AE: ይወጽእ፡ pro ይመጽእ፡ *V.* 6. *b.* D: ለባሕረ፡ pro በባሕረ፡ *V.* 7. *a.* BC: ይወጽኡ፡ ፰፡ - D: ይመጽ ኡ፡ pro ይወጽኡ፡ - E: እምገቦ፡ pro በገቦ፡ *V.* 8. *b.* AE: በምድ ር፡ post ፪ deest.

Cap. 78. *V.* 1. *a.* E: ወአስማቲ፡ - ABDE: አርያሬስ፡ - *b.* B: ቶ ማስስ፡, C: ቶማስስ፡ *V.* 2. *a.* E: ፩ ስሙ፡ deest. - C: አዕንያ፡ - *b.* DE: ወኅለኡ፡ *V.* 3. *b.* B: ፪ deest. - *ab.* D: እሉ፡ እሙንቱ፡ ፪ እ ሙንቱ፡ *V.* 4. *b.* B: post ቦቱ፡ iterum legitur. ክፋለ፡ ብርሃን፡ *V.* 6. *b.* A: post ቦቱ፡ insertum legitur ኵሉ፡ *V.* 7. *b.* E: ወንሙስ፡ - *d.* A: መን ፈቀ፡ sine በ፡ *V.* 8. *a.* D: ወለሕፀፀ፡ - D: ዚአሁ፡ deest. - *e.* A: የሐፀፀ፡ ante ፱ deest. - *f.* BCD: ወበሳምንት፡ - *gh.* CD: ክፋለ፡ deest. - *h.* C: ፫ ክፋለ፡ ወበ፲ ወ፫ የሐፀፀ፡ deest. - *k.* E: ወተርፈ፡ pro ዘተርፈ፡ *V.* 9. *b.* Post ጊዜ፡ in omnibus codicibus አመ፡ legitur, quod errore in textu nostro omissum est. *V.* 10. *ab.* CD: ወኅልፈተ፡ - *bc.* D: Voces a ብርሃን፡ usque ad ይትወደይ፡ ob homoeoteleuton omissae sunt.

V. 12. *a.* D: ቀደሚት፡ sine ወ፡ *V.* 13. *d.* A: ወይትማረይ፡ *V.* 14. *a.* E: ወእምንበ፡ - *b.* B: ኵሉ፡ deest. - D: ብርሃን፡ pro ብርሃኑ፡ - *c.* D: በኽ፡ *V.* 15. *b.* A: ለዘመኒ፡ - *bc.* D: Verba ፴ መዋዕለ፡ በ ዘመኒ፡ ዚአሁ፡ ወ፲ ወርኃ፡ ይገብር፡ omissa sunt ob homoeoteleuton. - *c.* C: ቦሙ፡ deest. *V.* 16. *ab.* C: ፴ መዋዕል፡ ወ፲ ወርኃ፡ የስተርኢ፡ በበ፡ deest. *V.* 17. *c.* CD: ምንትኒ፡

Cap. 79. *V.* 1. *b.* BC: ከዋክብተ፡ ሰማይ፡ *V.* 2. *c*: pro ዘበ ኵሉ፡ legitur in B ወበኵሉ፡, in C ወዘበኵሉ፡ *V.* 3. *b*—*V.* 4. *b.* B: Verba a ብርሃኒ፡ ዚአሁ፡ usque ad እስከ፡ ይትፌጸም፡ omissa sunt ob homoeoteleuton. *V.* 4. *bc.* ADE: በሥርዐት፡ sine ወ፡ *V.* 5. *b.* B: ወሥርዐት፡ sine በ፡ *V.* 6. *c.* E: ዘወእቱ፡

Cap. 80. *V.* 1. *cd.* B: ለእለ፡ ይመርህወሙ፡ deest. *V.* 2. *c.* E: ወበኵሉ፡ - *d.* D: ወየስተርኢ፡ sine ኢ፡ *V.* 6. *c.* E: ፋናዋቲሆሙ፡ - *cd.* E: በዘመኒ፡ - *d.* A: ሎቱ፡ pro ሎሙ፡ *V.* 7. *b.* Omnes codices ይትሀፀዉ፡ praebent. *V.* 8. *ab.* E: ላዕሌሆሙ፡ pro ዲቤሆሙ፡

Cap. 81. *V.* 1. *a.* D: ሄኖክ፡ sine አ፡ *V.* 2. *ab.* A: በጸፋጸፈ፡ ሰማይ ወአንበብኩ፡ ኵሉ፡ deest. - *c.* C: ወኵሉ፡ pro ኵሉ፡ - *d.* A: ዘሥጋ፡ pro ሥጋ፡ *V.* 3. *a.* BC: ንጉሠ፡ sine ለ፡ - *b.* BC: ዘለዓለ ም፡ deest. *V.* 4. *a.* BC: ወወአተ፡ - *c.* E: በላዕሌሁ፡ pro ላዕሌሁ፡

V. 5. *b.* B: ወአንበረኒ፡ deest. - B: በቅዱመ፡ deest. - *c.* BD: ወይ ቤለኒ፡ - D: አይዱዑ፡ *V.* 6. *c.* ACDE: ወታሰምዑ፡ - *d.* E: ወበካል ኡ፡ *V.* 8. *a.* E: ወኅጥኣን፡ ምስለ፡ ኅጥኣን፡ ይመውቱ፡

Cap. 82. *V.* 1. *ab.* AE: እላንተ፡ ኵሎ፡ - D: እንተ፡ pro እላን ተ፡ - *b.* E: ወኵሎ፡ ክሠትኩ፡ ለከ፡ deest. *V.* 2. *b.* B: ውሉደ፡ ለ ከ፡ - *c.* BC: ለትውልደ፡ ትውልዱ፡ pro ለትውልደት፡ - B: ውስተ፡ pro ዲበ፡ *V.* 3. *a.* ADE: ይሌብዉ፡ *V.* 4. *b.* E: ወብፁዓን፡ - D: ፋኖት፡ sine በ፡ - B: ፋኖት፡ deest. - *f.* D: ይትቄሰኽ፡ *V.* 5. *b.* B: ሰብእ፡ pro ዓለም፡ - *bc.* D: Verba hujus versus septem ultima desunt. - *c.* E: ጥዩቀ፡ pro ጥንቁቀ፡ *V.* 6. *a.* D: Verba hujus versus tria prima desunt. *V.* 7. *a.* C: ኔበረ፡ pro ኖገረ፡ - *c.* AE: ኡርኤል፡ ወኔፋሐ፡ ዲቤየ፡ - *cd.* AD: ዘአዘዘ፡ - *d.* D: ፋጥረት፡ deest. - A: ለኔይለ፡ *V.* 8. *c.* A: እ

ለ፡ ይትመየጡ፡ deest. - *cd.* B: በበኽበበሙ፡ *V.* 9. *a.* D: ወዛቲ፡ ሠርዐት፡ ይእቲ፡ ሠርዐተ፡ - A: ሠርዐት፡ ዘከዋክብት፡ *V.* 10. *ab.* B: ወለእለ፡ *V.* 11. *c.* A: ዘሠርዐቶሙ፡ *V.* 12. *b.* D: ወተመራ ኂ፡ deest. - E: ወይትቄሰኽ፡ - *bc.* A: ምቅዋሙ፡ *V.* 13. *a.* E: እ ሉ፡ እሙንቱ፡ pro ወእሉ፡ - *ab.* AE: ለመራሒያኒሆሙ፡ - *c.* E: ወህ ልምምኤሌኽ፡ - E: ወመልኤል፡; A: ወሚልየኤል፡ *V.* 14. *b.* E: አ ድርናኤል፡ - *c.* A: ወኢይሉሚኤል፡ - *cd.* D: Verba a ለመራሒያኒ፡ usque ፲ desunt. - *de.* D: መራሒያን፡ ዘሠርዐታት፡ *V.* 15. *b.* A: ምልኽ ያስ፡ - CD: ስዋ፡ - *bc.* A: ወፀሐይ፡ *V.* 16. *b.* AE: በዱበ፡ pro ዱ በ፡ - *d.* D: ሚእረረ፡ sine ወ፡ *V.* 17. *a.* BD: ለመራሒያኒሆሙ፡ - *b.* BC: ዜልብነኤል፡; A: ዜልነብኤል፡ - D: ወኀባልአ፡ - *c.* A: ሄሉያ ሌፋ፡ *V.* 18. *a.* D: ወኀባልእ፡ *V.* 19. *b.* D: ዘዱበ፡ - *d.* A: ይታል ዋ፡ - D: ወይጸኒስ፡ - E: ኵሉ፡ deest. *V.* 20. *b.* AE: ወሠርዐታቲሆ ሙ፡ - *c.* B: ለእለ፡ pro ለእሉ፡ - AB: ጊዳኤያል፡; E: ጊዳኢያል፡

Sectio XVI.

Cap. 83. *V.* 1. *b.* AE: ዘ pro እለ፡ *V.* 2. *ab.* A: ሬእየ፡ - *b.* D: ዘእንበለ፡ - *c.* D: እለ፡ pro አመ፡ - D: ይትሜሐረ፡ - *d.* D: ለ እምኩ፡ - AE: እንሠአ፡ ለእምኩ፡ - E: እድና፡ ante ርኢኩ፡ insertum est, cfr. Cap. 85, 3. *V.* 3. *ab.* E: ወስኵበ፡ - *b.* D: በሬእየ፡ - *c.* A: ዘሰሚይ፡ - A: ወይትሐየዱ፡ deest. *V.* 4. *ab.* BE: Verba versus quatuor prima desunt. - *d.* E: ኔዊኔን፡ - *ef.* D: ወይትገደፏ፡ ውስተ፡ ቀ ላይ፡ ይሠጠሙ፡ *V.* 5. *a.* ADE: ወእምኔሆሙ፡ *V.* 6. *c.* BC: ለም ንት፡ pro ምንት፡ - D: ለምንት፡ pro ወለምንት፡ *V.* 7. *b.* Omnes codices ጽኑዕ፡ exhibent. - *cd.* BC: ቀላያት፡ *V.* 8. *a.* E: ወልድየ፡ deest. - *b.* E: መናፋስት፡ pro ስብሐት፡ - *c.* AE: ወኢይደመስሳ፡, D: ወ ይደመስሳ፡ - E: ለኵሉ፡ pro ለኵላ፡ *V.* 9. *a.* BCE: ኵሉዝ፡

V. 10. *a.* D: እምኔሁ፡ sine ወ፡ - *c.* C: አርአየኩ፡ *V.* 11. *c.* D: ወርኀ፡ sine ወ፡ - *d.* CD: post ወኵሉ፡ insertum est: ምድር፡ ወኵሉ፡ - B: አእመረ፡ sine ዘ፡ - *g.* ABCE: ወአንሠአ፡

Cap. 84. *V.* 1. *c.* ABC: Inter ለውሉድ፡ et ሰብእ፡ interpositum est ሠጋ፡ - *d.* AE: ወአፈ፡ ወልሳኒ፡ *V.* 2. *d.* D: ለዓለም፡ ወ deest. - *ef.* BCD: ምንባሬኩ፡ *V.* 3. *a.* E: ገበርኩ፡ ኵሉ፡ ወአንተ፡ - *b.* D:

ቶመልእ ፡ pro ቶመልክ ፡ - D: ወኢየጸንሀከ ፡ - d. E: ተአምር ፡ ኵሉ ፡ *V.* 5. *b.* E: ሀቢየ ፡ deest. *V.* 6. *bc.* A: ጽዱቀ ፡ ወ deest.

Sectio XVII.

Cap. 85. *V.* 3. *d.* CE: አንስትየዊት ፡, item aliis in locis hujus capitis codices modo አንስቲየዊት ፡, modo አንስትየዊት ፡ praebent. - E: ወምስሌሁ ፡ *V.* 5. *b.* pro እንትኩ ፡ exhibet A ዝኩ ፡, E: ዛቲ ፡ - D: አንስቲየዊት ፡ ጣዕዋ ፡ *V.* 6. *b.* A: ገጸ ፡ deest. - A: ቀይሐዊ ፡ - *d.* ABD: ሀቢየት ፡ E: ሀቢየ ፡ *V.* 7. *b.* A: ላህም ፡ deest. - C: ሶቤሃ ፡ pro ኀቤሃ ፡ - AD: እምይእቲ ፡ sine ወ ፡ *V.* 9. *a.* C: ሶረ ፡ - B: ከመዝ ፡ sine ወ ፡ - *b.* AE: ሶር ፡ *V.* 10. *b.* D: ወተለወ ፡

Cap. 86. *V.* 1. *b.* E: ወዱቀ ፡ ፩ ኮከብ ፡ - *c.* A: ይትረአይ ፡ sine ወ ፡ *V.* 2. *ab.* A: አለህምት ፡ ሀቢየን ፡ ወጸሊማን ፡ - *c.* AE: የሀውይው ፡ *V.* 4. *c.* D: ፈረስ ፡ - ABC: እጓላተ ፡ - E: እጉላት ፡ ዘአለህምት ፡ *V.* 5. *b.* C: ይፈርህዎሙ ፡ *V.* 6. *b.* A: ይርዕዱ ፡ - *bc.* D: ወየዱለቀለቁ ፡

Cap. 87. *V.* 1. *a.* BC: ወአንዘ ፡ *V.* 2. *b.* A: እምሰማይ ፡ deest. *V.* 4. *a.* CE: ወይቤለኒ ፡ - *b.* E: ዲበ ፡ ምድር ፡ በእሉ ፡ pro ዲበ ፡ እሉ ፡ - *c.* E: አለህምት ፡

Cap. 88. *V.* 1. *a.* C: ወርኢኩ ፡ deest. - *b.* ACDE: ወአንዘ ፡ - A: ቀዳማይ ፡, E: ቀዳሚ ፡ - *c.* E: ወወደዮሙ ፡ - *d.* D: ወዕፀበ ፡ *V.* 2. *c.* D: ወኵሉ ፡ *V.* 3. *b.* A: እምእለኩ ፡ - BCD: እለ ፡ ወጽኡ ፡ ፯ ፡ - *c.* B: ወነሥአ ፡ ወአስተጋብአ ፡ - D: ኵሎ ፡ deest. - *d.* A: ሀቢየት ፡, E: ሀቢይት ፡ - AE: ኀፍረተ ፡ deest. - *e.* A: እደዊሆሙ ፡ ወእገረሆሙ ፡

Cap. 89. *V.* 1. *a.* AE: እምእለክቱ ፡ - AE: እለክቱ ፡ - *b.* BD: ወመሀሮሙ ፡ *V.* 2. *a.* B: ኅዕበ ፡ deest. *V.* 3. *d.* D: ante እስከ ፡ insertum est ወይክሉ ፡ መልዕልቶ ፡, cfr. V. 4. *V.* 4. *c.* D: ማይ ፡ መልዕልቶ ፡ ለውእቱ ፡ deest. *V.* 6. *d.* AE: ወእሙንቱሂ ፡ - *e.* E: ወተሠጥሙ ፡ deest. *V.* 7. *c.* B: ወማዕምቃት ፡ *V.* 8. *ab.* E: ተከሥቱ ፡ - *b.* E: ምድር ፡ prius deest. - BCD: ውስተ ፡ pro ዲበ ፡ *V.* 9. *d.* E: ከመ ፡ ደም ፡ deest. *V.* 10. *a.* Omnes codices exhibent ወአዕዋፍ ፡ - *b.* E: ዘእምኵሉ ፡ - E: አናብርት ፡ pro አናምርት ፡ - *bc.* AE: ወአክልብት ፡, idque post ወአዝእብት ፡ positum exhibent - *c.* ወአጽሁብት ፡ hoc loco nonnisi in C legitur; B post ገደዮም ፡ praebet አፀሁብት ፡; sed quia in versu capitis nonagesimo omnes illam vocem exhibent codices, hic quoque eam in textum recipiendam esse existimavimus. - *d.* A: ወሲሴት ፡ *V.* 11. *a.* D: ለ pro ምስል ፡ - *c.* ABD: አእዱገ ፡ pro አዱገ ፡ *V.* 12. *b.* D: ጸሊም ፡ deest.

V. 13. *a.* B: እልክቱ ፡ deest. - *b.* AD: ወእልኩ ፡, E: ወእልክቱ ፡ pro ወእሉ ፡ *V.* 14. *b.* D: ወይትረሀዩ ፡ ምስሌሁ ፡ deest. - C: ምስሌሁ ፡ posterius deest. *V.* 15. *b.* CDE: ያፈርህዎሙ ፡ - C: ወአጠቅዎሙ ፡, AB: ወአጠወቅዎሙ ፡, D: ወአጠየቅዎሙ ፡ - *d.* D: ይጸርሑ ፡ - *de.* Omnes codices ወይሰኽዩ ፡ exhibent. *V.* 16. *b.* C: ለበገዐ ፡ pro ለአባገዐ ፡ - *e.* B: እምጽርሐ ፡ *V.* 18. *c.* D: በገዐ ፡ deest. *V.* 20. *b.* D: እልኩ ፡ deest, ለ legitur. E: ለእልክቱ ፡ - E: አንዙ ፡ deest. - CDE: የሀወይው ፡ *V.* 21. *bc.* D: ተጸለለ ፡ *V.* 22. *c.* A: ወገጹ ፡ ገረም ፡ ወስቡሕ ፡ ወሬእዩ ፡ ክቡር ፡ *V.* 24. *b.* E: ተሰጠቀ ፡ - *c.* AC: ወቆሙ ፡ pro ወቆመ ፡ *V.* 25. *ab.* D: አዝእብት ፡ deest. - *d.* AD: በዝኩ ፡ pro በውእቱ ፡ *V.* 26. *b.* B: ለእግዚአ ፡ አባገዐ ፡ - *c.* E: ወኮኑ ፡ deest. *V.* 27. *ab.* D: አዝእብት ፡ deest. - E: Verba versus quinque prima omissa sunt ob homoeoteleuton. - *b.* AE: እልኩ ፡ deest, ለ legitur. *V.* 28. *ab.* BC: አባገዐሰ ፡ sine ወ ፡ - *d.* A: ይርአዩሙ ፡ pro ይርእዩሙ ፡ *V.* 29. *a.* E: ኰኵሕ ፡ deest. - C: ነዋኅ ፡ - *b.* B: ፈነወ ፡ *V.* 30. *a.* E: ወእምዝ ፡ pro ወእምኔሁ ፡ - *ab.* D: ርኢኩ ፡ - *c.* D: ወፈርህዎ ፡ - *cd.* E: ወፈርሁ ፡ እምገጹ ፡ deest. *V.* 31. *a.* E: Verba versus tria prima desunt. - E: ይርዕዩ ፡ sine ወ ፡ - *c.* E: በገዐ ፡ deest. - B: post ኢንኽል ፡ a manu alia adscriptum est ቀዊም ፡ *V.* 32. *a.* D: ዘምርሖሙ ፡ - *b.* A: ይጸልሉ ፡ - *c.* ADE: ወይስሕቱ ፡ - C: ዝኩ ፡ sine ወ ፡ *V.* 33. *a.* AB: ተምዐሀ ፡ - *c.* E: ለዝኩ ፡ ኰኵሕ ፡ pro ለኰኵሕ ፡ - *cd.* A: ዘሙብዝሕቶሙ ፡ - *d.* C: ወእለሰ ፡ pro ወእለ ፡ *V.* 35. *d.* AE: ለእልክቱ ፡ pro ለእልኩ ፡ - *e.* B: አዕጸዳቲሆሙ ፡ *V.* 36. *c.* D: ወኵሎሙ ፡ sine ለ ፡

V. 37. *d.* D: ሐይወት ፡ ወዓይ ፡ pro ዓይ ፡ *V.* 38. *b.* D: ዘምርሖሙ ፡ - D: ወተሌለየ ፡ - *c.* D: ኀቤሁ ፡ pro ዲቤሁ ፡ *V.* 39. *a.* A: ጽሬሑ ፡ sine እም ፡ - *b.* D: ወኀለፍዎሙ ፡ - E: ወቆመ ፡ - *bc.* AE: ኵሎሙ ፡ አባገዐ ፡ *V.* 40. *ab.* BC: ሠናይ ፡ መካን ፡ - *b.* Omnes codices exhibent ወስብሐት ; - *c.* A: እስከነ ፡ pro እስከ ፡ *V.* 41. *ab.* A: ይ

ጼለል ፡ D: ይጼልሉ ፡ *V.* 42. *b.* D: ገዳም ፡ ወሐቅል ፡ pro ሐቅል ፡ - *c.* BD: እግዚአ ፡ አባግዕ ፡ deest; interpolatum esse videtur, nam እግዚአ ፡ አባግዕ ፡ ubique Deum significat, rex humanus autem aliis appellatur nominibus, cf. V. 46. 48. al. - *V.* 43. *a.* D: እኅዘ ፡ pro አኅዘ ፡ - *ab.* E: ይወግዕ ፡ - *b.* E: ወዝየ ፡ pro ወእምዝየ ፡ - *c.* E: ገዳም ፡ deest. - A: ለኵሉ ፡ *V.* 44. *b.* A: ዝኩ ፡ - *c.* A: ይጕድጕዶሙ ፡ *V.* 45. *c.* C: ይኩን ፡ deest. - D: ሐርጌ ፡ በግዕ ፡ pro በግዕ ፡ - *d.* D: ስብሐቶ ፡ *V.* 46. *c.* D: ያጸሕብዎሙ ፡ pro ያጸዕቅዎሙ ፡ *V.* 48. *ab.* AE: ወዝኩ ፡ ሐርጌ ፡ ደንሬዊ ፡ ተንሥአ ፡ - *c.* BC: ወዝ ፡ pro ወዝኩ ፡ - *de.* B: ወኮነ ፡ መሪሔ ፡ ወመኰንነ ፡ ወመርሖሙ ፡ ለእልኩ ፡ አባግዕ ፡ - *d.* D: መኰንነ ፡ ወ deest. *V.* 49. *a.* BC: post ወኵሎሙ ፡ interpositum est: እልኩ ፡ - *de.* E: ወምንትኒ ፡ *V.* 50. *b.* B: ንዊኅ ፡ - *d.* A: አባግዕሁ ፡ *V.* 51. *a.* E: ኀልአ ፡ pro ኀዐበ ፡ priore; ኀዐበ ፡ alterum deest. *V.* 52. *c.* D: ለበግዕ ፡ *V.* 53. *a.* A: አባግወ ፡ deest. *V.* 54. *a.* AE: ወእምኔሆሙ ፡ - *b.* D: ወእምኵሉ ፡ - *d.* ABD: በመሬዕይሆሙ ፡ *V.* 55. *c.* A: አንዙ ፡ sine ወ ፡ - C: ያምስጥዎሙ ፡ D: ይመስጥዎሙ ፡ *V.* 56. *a.* E: ኀደገወ ፡ - A: አቡሆሙ ፡ pro ዚአሆሙ ፡ - *c.* D: ይመስጥዎሙ ፡ *V.* 57. *c.* D: እለ ፡ pro እስመ ፡ *V.* 58. *a.* E: ወአርመመ ፡ sine ውእቱ ፡ *V.* 59. *c.* D: ለለ፸፸ pro ፸፸ ፡ *V.* 60. *c.* B: አሕጕሉ ፡ *V.* 61. *a.* D: ዘገብሬ ፡ - *b.* A: እልኩ ፡ pro እሉ ፡ - E: እመ ፡ pro እስመ ፡ *V.* 62. *bc.* D: ያንጕልዎሙ ፡ በትእዛዝየ ፡ ወሰመጠኒ ፡ deest. *V.* 63. *b.* AD: በርእሶሙ ፡ deest. *V.* 64. *c.* ADE: በጊዜሁ ፡ *V.* 65. *b.* A: ይርኢዩ ፡ pro ይርዕዩ ፡ *V.* 66. *d.* E: ለውእቱ ፡ pro ለዝኩ ፡ posteriore. *V.* 67. *b.* E: ቤተ ፡ deest. - *cd.* Verba quinque ab አባግዕ ፡ usque ad ዝኩ ፡ desunt. *V.* 68. *b.* AD: ወመጠውዎሙ ፡ - *c.* AE: በጊዜሁ ፡ deest; D: በበጊዜሁ ፡ - *d.* B: ይትሰጠዉ ፡; E: ይትሰጠውዎሙ ፡ - *e.* A: ያሕጕል ፡ - *ef.* Verba uncinis inclusa in omnibus codicibus leguntur, sed spuria esse videntur. *V.* 70. *e.* D: ዘአዐተቱ ፡ *V.* 72: *b.* A: ኖሎት ፡ እንዘ ፡ ይርዕዩ ፡ pro እንዘ ፡ ይርዕዩ ፡ ኖሎት ፡ *V.* 73. *cd.* ABD: ወኵሉ ፡ ኅብስተ ፡ - *d.* C: ኅብስተ ፡ *V.* 74. *c.* B: ወኀበሰሁ ፡ ይሰጥውዎሙ ፡ D: ይሰጥውዎሙ ፡ sine ወ ፡ - AD: ለኖሎቶሙኒ ፡ - E: ኀበሰሁ ፡ ante ለሐጕል ፡ interpositum est. *V.* 75. *c.* B: post ምስሌሆሙ ፡ in margine additum est ኵሉ ፡ ኖላዊ ፡ ወአባግዕ ፡; in codice B Parisiensi haec verba textui ipsi inserta sunt. - E: post ምስሌሆሙ፡ supra lineam a manu alia inscriptum legitur ኵሎሙ፡ ኖላውያን፡ - D: ወኢያዱኖሙ፡ *V.* 76. *b.* E: ወአስተብቍዖ፡ - *c.* A: ወያርእዮ፡ pro እንዘ፡ ያርእዮ፡ - *d.* E: በቅድሜሆሙ፡

Cap. 90. *V.* 1. *b.* Incertum, utrum ፭ an ፯ legendum sit. - D: ኵሉ፡ pro ኵሎሙ፡ - *c.* B: ቀደሚውያን፡ *V.* 2. *b.* D: ኵሉ፡ - *e.* AE: ወይክርዩ፡ - C: ወይበልዕዎ፡ - E: ወይብልዕዎሙ፡ - E: ሥጋሆሙ፡ sine ለ፡ *V.* 4. *b.* D: ወኢኀደገ፡ - *c.* A: ቀሙ፡ - *cd.* E: ባሕቲቱ፡ - *d.* AE: ወአዕጽምቲሆሙኒ፡ *V.* 6. *a.* AE: ወንኡሳት፡ pro ወንኡሳንስ፡ - D: ወንኡሳን፡ sine ስ፡ - *b.* AE: ይክሥቱ፡ አዕይንቲሆሙ፡ *V.* 7. *a.* A: ወአባግዕስ፡ - E: ወኢየፀምእዎሙ፡ - *c.* B: ወኒያላኒ፡ *V.* 8. *a.* A: ርኢኩ፡ sine ወ፡ - E: ይሠርሩ፡ *V.* 9. *b.* B: ወቈማት፡ - *c.* A: ፩ deest. - *cd.* A: ሀቢይ፡ ቀርን፡ *V.* 10. *a.* E: ልቦሙ፡ pro ቦሙ፡ - *b.* ADE: ኀቤሁ፡ ኵሎሙ፡ *V.* 12. *b.* E: ምስሌሆን፡ - A: post ወረቀዱ፡ interpositum est ኀቤሆሙ፡ *V.* 13. *c.* D: ቋማት፡ sine ለ፡ - *cd.* AE: ለቀርኒ፡ ዝኩ፡ - *ef.* C: ለረድኤቱ፡ *V.* 16. Verba hujus versus prima etiam versui proxime antecedenti conjungere licet. - *c.* BD: አዕዱገ፡ pro አባግዐ፡ - *d.* AD: ይቀጥቅጥዎሙ፡ *V.* 17. *c.* AC: ፈትሐ፡ - E: መጽሐፋ፡ ዘሐጕለ፡ - *d.* B: እለክቱ፡ *V.* 18. *c.* BCD: መሀቱ፡ - A: ወፀበጣ፡ pro ወዘበጣ፡ - *d.* A: ወአዕዋፋ፡ ዘሰማይ፡ - E: ወወድቁ፡ - *de.* D: Voces novem a ወኵሎሙ፡ usque በምድር፡ omissae sunt. - *e.* D: ወኀደጓት፡ *V.* 19. *c.* AE: ኵሉ፡ pro እሉ፡ - *d.* A: ወአዕዋፋ፡ ዘሰማይ፡ *V.* 21. *a.* Dubium utrum ፭ an ፯ legendum sit; item V. 22. - *b.* D: ቅድሜሁ፡ deest. *V.* 22. *c.* A: ወኗሢአ፡ pro ወኗሢኦሙ፡ *V.* 23. *ab.* D: እሡሬኒ፡ ወርኢኩ፡ *V.* 24. *cd.* C: እሳት፡, B: ሀምደ፡ እሳት፡ pro እሳተ፡ *V.* 25. *e.* C: መዓምቅ፡ *V.* 26. *b.* BC: እማዕምቅ፡ - *cd.* AE: ወተኰነኑ፡ ወኮኑ፡ ኃጥኣኒ፡ ኵሎሙ፡ - *d.* D: ዕሙቅ፡ pro ዕሙቀ፡ - *de.* A: ዕሙቀ፡ ምድር፡ ዘእሳት፡ pro ዕሙቀ፡ እሳት፡ - *e.* A: ወዝኩ፡ pro ወዝንቱ፡ - E: ወርኢኩ፡ ዝኩ፡ pro ወዝንቱ፡ *V.* 28. *c.* D: ወተጠወመ፡ *V.* 29. Ab initio versus AE: ወርኢኩ፡ እስከ፡ አምጽአ፡ እግዚአ፡ አባግዕ፡ ቤተ፡ caet. - *cd.* ABE: መካኖ፡ - *e.* B: post ሐዲሳን፡ a manu alia insertum legitur ወተኀብለ፡ ሐዲስ፡ - D: ወሀባይ፡ - *f.* BE: ወእግዚአ፡ pro ወኵሎሙ፡ *V.* 30. *c.* E: ወኵሎሙ፡ አ

ዕዋፈ፡ ሰማይ፡ deest. *V.* 31. *c.* AC: ይቤላ፡ pro ዴቤላ፡ - D: ወአንበረ፡ *V.* 33. *b.* B: ውስተ፡ ውእቱ፡ pro በውእቱ፡ *V.* 36. *b.* Omnes codices exhibent ወየምሎእ፡ *V.* 37. *a.* E: Ō deest. - *b.* E: ወኵሉ፡ pro ወኵሎሙ፡ - BC: ወኵሎሙ፡ pro ወኵሉ፡ *V.* 38. *c.* C: ወቀዳሚ፡ - A: ኮነ፡ ante በማእክሎሙ፡ positum; E: ኮነ፡ ነገረ፡ ante በማእክሎሙ፡ positum. - *d.* E: ወበውስተ፡ pro ወበ፡ ውስተ፡ - *f.* A: ኵሉ፡ pro ኵሎሙ፡ *V.* 41. *a.* D: እምኔሁ፡ sine ወ፡ - *de.* E: ምገባረ፡ ለሰብእ፡ *V.* 42. *a.* AD: በይእቲ፡ sine ወ፡ - C: ተዘከርክዋ፡ - *b.* E: ወበእንቲአሆሙ፡ - AE: ወተሀውኩ፡

Sectio XVIII.

Cap. 91. *V.* 3. *b.* E: ለውሉዱ፡ pro ውሉዱ፡ *V.* 4. *a.* E: ወኢቅረቡ፡ - C: ልቡ፡ - *b.* C: ልቡ፡ *V.* 6. *a.* E: ወኢትደገም፡ - *b.* AD: ኵላ፡ pro ኵሉ፡ *V.* 7. *b.* D: ወተሀልቀ፡ pro ወትልህቀ፡ - *c.* D: ወመቅሠፋት፡ - *d.* A: inter ኵሎሙ፡ et ወይወጽእ፡ haec verba errore scribae interposita sunt: ወይወጽእ፡ እግዚእ፡ ቅዱስ፡ በመዐት፡ ወመቅሠፋት፡ ሀቢይ፡ ይከውን፡ እምሰማይ፡ ዲበ፡ እሉ፡ ኵሎሙ፡ - *de.* AE: ወመቅሠፋት፡ sine በ፡ *V.* 8. *b.* AE: እምሠረዊሃ፡ - *c.* BC: ይትሐጐሉ፡ sine ወ፡ *V.* 9. *d.* A: ወኵነኔ፡ sine በ፡ *V.* 11. *c.* E: ወእለሂ፡ pro ወእለ፡ priore. - *d.* E: ይትቀተሉ፡ pro ይትሐጐሉ፡ *V.* 12. *c.* D: ትገብር፡ pro ይትገብር፡ - D: ጽድቅ፡ sine ወ፡ *V.* 13. *ab.* AD: በተፋጻሚቱ፡ sine ወ፡ - *b.* E: እምጽድቅ፡ ዚአሆሙ፡ ante አብያተ፡ positum. *V.* 14. *c.* E: ኵሉ፡ ante ምድር፡ deest. - *d.* D: ይኔጽሮ፡ *V.* 15. *b.* AD: እደ፡ pro እዱ፡ - *c.* BE: ይበቍል፡ sine ዘ፡ *V.* 16. *a.* E: ቀዳማይ፡ - B: ይመጽእ፡ pro ይወጽእ፡ - C: ወይመጽእ፡ - *bc.* AE: ሰማይ፡ pro ሰማያት፡ - *c.* A: ለዓለም፡ deest. *V.* 17. *b.* BCD: አልቦሙ፡ pro አልቦን፡ *V.* 18. *a.* BC: ደቂቅየ፡ ante እብለክሙ፡ positum. *V.* 19. *b.* BC: በፍኖት፡ pro በፍኖዋተ፡ bis. - *c.* E: ኵሎሙ፡ deest.

Sectio XIX.

Cap. 92. *V.* 1. *a.* A: ጸሐፈ፡ pro ጸሓፌ፡ - *cd.* E: ዲበ፡ ምድር፡ deest. - *d.* AE: ደኃርያን፡ *V.* 2. *a.* A: በአዝማን፡ deest. - *b.* E:

ወሀቢዩ፡ *V.* 4. *a.* Verba ይሠሀሉ፡ et caet. etiam versui antecedenti conjungere licet. - *b.* C: ወሎቱ፡ deest. - *c.* Omnes quidem codices exhibent ብርሃን፡ sine በ, sed dubitavi, an lectio sit bona.

Cap. 93. *V.* 3. *a.* Ab initio versus A: ወአንዘ፡ ሄኖክ፡ ይትናገር፡ እንከ፡ *V.* 4. *b.* E: በቍለት፡ - *cd.* C: ወእምድኅረ፡ deest. *V.* 6. *c.* E: ትውልድ፡ deest, ለ legitur. *V.* 7. *b.* D: ለዓለመ፡ ዓለም፡ pro ለዓለም፡ *V.* 8. *b.* A: በሰንበት፡ ኅድስ፡ - BC: በኅድሷ፡ - *bc.* E: ጽሉላኒ፡ - *c.* D: ወኵሎሙ፡ ይትረሣእ፡ pro ኵሎሙ፡ ወይትረሣእ፡ - *d.* B: ወበተፋጸመቱ፡ - *de.* E: መቅደስ፡ pro መንግሥት፡ - *e.* BE: ይዘረው፡ *V.* 9. *b.* E: ወኵሉ፡ ምግባሬቲሃ፡ deest. - *bc.* C: ዐልወት፡ *V.* 10. *a.* AE(C): ይትኀረዩ፡ pro ይትሀሠዩ፡ - D: ይትሀሠይ፡ - D: ኅረያኒ፡ ጽድቅ፡ pro ኅሩያን፡ ጻድቃን፡ - E: ወጻድቃን፡ pro ጻድቃን፡ - *b.* CD: ምክዕቢታተ፡ *V.* 11. *b.* A: ለኵሉ፡ pro ኵሉ፡ - E: ቃሉ፡ - *cd.* D: ከመ፡ የሐሊ፡ ሐሊናሁ፡ ወመኑ፡ ዘይክል፡ deest. - *d.* D: ሠናየ፡ pro ሰማየ፡, C: ሠናየ፡ ሰማየ፡ pro ሰማየ፡

V. 12. *b.* B: ነፋሰ፡ - *c.* B: መንፈሰ፡ - D: ወእመ፡ አኮ፡ መንፈሰ፡ ወይክል፡ ነጊረ፡ deest. - *de.* D: ይገበር፡ *V.* 13. *ab.* BC: አእምሮ፡

V. 14. *a.* A: verba versus quatuor prima desunt.

Cap. 94. *V.* 1. *b.* E: ለፍኖዋተ፡ *V.* 3. *a.* B: በፍኖዋት፡ pro በፍኖት፡ - *c.* DE: ኢትሕጐሉ፡ *V.* 5. *a.* A: ወእኅዙ፡ - *ab.* D: ወኢ ይደመሰስ፡ - *b.* D: እብለክሙ፡ pro እምልብክሙ፡ - *c.* D: ይገበር፡

V. 7. *c.* BC: ያጠርይዋ፡ *V.* 8. *bc.* Verba hujus versus octo ultima in codice A bis leguntur. *V.* 9. *ab.* BCDE: ገበርክምዎ፡ - *c.* A: ወዕለተ፡ pro ወለዕለተ፡ posteriore. *V.* 10. *b.* C: ይገፍትሀክሙ፡ *V.* 11. *b.* D: ዘይከውኑ፡ pro ይከውኑ፡

Cap. 95. *V.* 1. *a.* A: ከመ፡ ይኩና፡ ante አዕይንትየ፡ positum est.

V. 2. *b.* D: ወእኩየ፡ - *bc.* A: ኵነኔ፡ ante ለኃጥኣን፡ positum est.

V. 5. *b.* E: ከመ፡ pro እስመ፡ *V.* 6. *a.* D: post ለክሙ፡ insertum est ለኃጥኣን፡ *V.* 7. *c.* A: ወትሲዶዱ፡ - *cd.* A: ላዕሌክሙ፡ sine በ፡

Cap. 96. *V.* 1. *c.* E: ዘከመ፡ *V.* 2. *cd.* ABCD: ምጽላሌክሙ፡ - *f.* E: ጼዴኒታት፡ *V.* 4. *b.* BD: ይዛለፈክሙ፡ *V.* 6. *b.* B: ወትዌዶኡ፡ - *bc.* BC: ወትኤብሱ፡ pro ወትየብሱ፡ *V.* 8. *a.* A: ኃያል፡ pro ኃያላን፡ - *b.* A: ትኩርሕዎ፡; C: ትኩርህዕዎ፡ - *c.* A: ይመጽኡ፡

Cap. 97. *V.* 2. *b.* A: ሐጕለኪሙ ፡ *V.* 3. *a.* A: ትገብሩ ፡ *V.* 5. *b.* A: ለፋዲሳን ፡ pro ለጻድቃን ፡ - E: እግዚአብሔር ፡ pro እግዚእ ፡ - *c.* C: ይበጽሕ ፡ deest. *V.* 6. *a.* A: ወይትነገር ፡ pro ወይትነበብ ፡ - *b.* A: ነገርክሙ ፡ ዘሀሞፀ ፡ pro ነገረ ፡ ሀሞፀክሙ ፡ *V.* 10. *a.* D: ከሙ ፡ pro እስሙ ፡ - *b.* D: ከሙ ፡ pro እስሙ ፡

Cap. 98. *V.* 1. *b.* A: ወአብደን ፡ - BC: በዲበ ፡ pro ዲበ ፡ *V.* 2. *ab.* C: ወእስሙ ፡ pro እስሙ ፡ - *b.* A: አነ ፡ pro ሠነ ፡ - *bc.* C: ፈድፋደ ፡ እምአንስት ፡ ወሣብረ ፡ deest. - *c.* Post እምድንግል ፡ in omnibus codicibus legitur በሙንግል ፡, sed vox ሙንግል ፡ nulla est, nec dubito equidem, quin sit lectio falsa, orta e vocibus በሙንግሥት ፡ et እምድንግል ፡ - *d.* B: በሠልጣን ፡ sine ወ ፡ - *e.* D: ዚይትከሀው ፡ *V.* 3. *a.* D: ወበ እንተዘ ፡ - *d.* BC: ይትወደይ ፡ *V.* 4. *c.* A: ኀጢአትኒ ፡ deest. *V.* 5. *b.* A: እዴሃ ፡ *V.* 7. *d.* E: post ዕለት ፡ interpositum est እስከ ፡ ዕለት ፡ *V.* 9. *b.* A: ኢትስምዕወሙ ፡ *V.* 10. *a.* E: ሙዶልዋን ፡ pro ዶልዋን ፡ - *b.* CDE: በዕለተ ፡ pro ለዕለተ ፡ - ADE: ትሕየው ፡, B: ትሕይው ፡ (sic!). *V.* 11. *d.* D: ዲበ ፡ deest. *V.* 12. *a.* BC: ታሬቅርዎ ፡ - *b.* BCD: ለሠናይ ፡ *V.* 15. *bc.* D: ይሰምዕዋ ፡ ወኢይረስዕዋ ፡

Cap. 99. *V.* 1. *a.* D: ለክሙ ፡ pro ሎሙ ፡ - *c.* A: ሕይወተ ፡ ሠናይተ ፡ - E: ሕይወት ፡ ወሠናይት ፡ *V.* 2. *a.* E: ትዌልጥዋ ፡ - *b.* B: ወሠርዐት ፡ - *cd.* D: ይትኀየዱ ፡ *V.* 3. *b.* D: ወአንበርክዎሙ ፡ - *c.* In omnibus quidem codicibus legitur ያነብርዎ ፡, sed sensus melior efficitur, si ከሙ ፡ voci subjunctivum subjicias. - BC: ለኀጢአት ፡, A: ለኀጢአተ ፡ ዓለም ፡ pro ለኀጢአተ ፡ *V.* 4. *b.* D: ወይትነሠኡ ፡ አዝማደ ፡ አሕዛብ ፡ deest. *V.* 5. *b.* D: እምኒሆሙ ፡ sine ወ ፡ *V.* 6. *b.* D: ዕለተ ፡ sine ለ ፡ - E: ክዕወተ ፡ ante ደም ፡ interpositum est. *V.* 7. *a.* B: ወእለ ፡ deest, C: ወለእለ ፡ - *b.* E: ወርቀ ፡ ወብሩር ፡ ወዕፀ ፡ ወልሕኵት ፡ sine ዘ ፡ - *bc.* B: ወዘልሕኵት ፡ ወእለ ፡ deest. - E: ወለእለ ፡ pro ወእለ ፡ - *c.* BD: ርኩሳን ፡ - D: ወለአጋንንት ፡ *V.* 8. *a.* A: ይትረሠኡ ፡ sine ወ ፡ - A: እበዶ ፡ - AD: ወይጼልላ ፡ *V.* 9. *bc.* D: ይገብሩ ፡ *V.* 10. *c.* AD: ወየአምርዋ ፡ - A: ወይገብርዋ ፡

Cap. 100. *V.* 2. *a.* D: ከሙ ፡ pro ንስሙ ፡ - *c.* E: የሀርብ ፡ *V.* 4. *b.* D: ለእለ ፡ pro እለ ፡ *V.* 5. *ab.* D: ይኩን ፡ ወ ante ይሁብ ፡ interpositum est. - *c.* D: ወየሀቅብዎሙ ፡ *V.* 8. *b.* D: ለገፋቱዓኒ ፡ - *c.* E:

ይረክበክሙ፡ *V.* 10. *a.* AE: እስመ፡ pro ከመ፡ - *bc.* A: እምወር
ኃ፡ sine ወ፡; E: ወወርኃ፡ sine እም፡ - *d.* C: ትገበሬ፡ - D. post ኀበ፡
interponitur መካኒ፡ *V.* 11. *b.* AE: ወጠል፡ ወዝናም፡ - *c.* E: ኵሎ
ሙ፡ deest. - *d.* C: ኀቤክሙ፡ pro ዲቤክሙ፡ - B: ወኢይሔልዉ፡

V. 12. *b.* D: ኢይትከላእ፡ - E: ante ወሬዶ፡ interpositum est ዝናም፡
- *c.* D: verba versus sex ultima desunt. - C: እመ፡ bis positum. - B: post
ውብሬሬ፡ insertum est ከመ፡ ይሬዱ፡ *V.* 13. *ab.* D: verba versus duo
prima desunt. - *bc.* D: ወቍረ፡ ዚአሆሙ፡ ወኵሉ፡ ኒፋሳት፡ ሐሚዩ፡
deest. - *c.* A: ኵሉ፡ posterius deest, ወ legitur. - *cd.* A: ወበእማንቱ፡

Cap. 101. *V.* 1. *b.* E: post እምኔሁ፡ insertum legitur ኵልክሙ፡

V. 2. *a.* E: እስመ፡ pro እመ፡ - *c.* D: ማህለውክሙ፡ *V.* 3. *b.* E:
አኮኑ፡ pro አኮ፡ - *bc.* E: ታስተበቍዑ፡ - *c.* C: እስመ፡ deest. *V.* 4.
a. E: ወኢትሬእይዎሙ፡ sine ኑ፡ - *b.* D: ወኢያንቀለቅሉ፡ *V.* 5. *b.*
A: ሠናይ፡ deest. *V.* 6. *a.* E: ኵላ፡ pro ኵሉ፡ - *c.* E: አቀመ፡ pro
ሐተመ፡ *V.* 7. *bc.* C: ማሣቲሃ፡ ይመውቱ፡ ወኵሉ፡ deest. - *c.* D:
ወአንትሙሰ፡ *V.* 8. *b.* BC: ሀሎ፡ deest, ዘ legitur. - *bc.* B: ጥበበ፡
ወትምህርተ፡ - *c.* A: ይትሐወሱ፡ deest. - *cd.* A: ለእለ፡ deest, ወ
legitur. *V.* 9. *ab.* A: ይፈርህዋ፡; D: ኢይፈርህዎ፡ - *b.* AE: ወኃጥኣ
ን፡ sine ሰ፡

Cap. 102. *V.* 1. *b.* E: ዕፀበ፡ - *bc.* D: ሶበ፡ sine ወ፡ *V.* 3. *d.*
D: ወአንትሙሰ፡ *V.* 4. *b.* C: እለ፡ pro ዕለተ፡ *V.* 5. *d.* C: በእን
ተ፡ pro በከመ፡ - *e.* A: ኃጥኣን፡ pro ኃጥኣኒ፡ *V.* 6. *b.* BCD: ወም
ንተ፡ pro ወምንት፡ *V.* 8. *b.* D: ወሞቱ፡ pro ሞቱ፡ *V.* 9. *ab.* A:
አንትሙ፡ deest. - *c.* A: ወርእዮተ፡, E: ወርእየ፡ *V.* 10. *a.* ADE: ር
ኢክምዎሙ፡ sine ኑ፡ *V.* 11. *b.* E: ወወሬዶ፡

Cap. 103. *V.* 1. *a.* AE: አምህል፡ - *ab.* E: ጸዱቃን፡ sine ለ፡ - *b.*
D: ወክቡር፡ pro ወክቡሬ፡ *V.* 2. *c.* AE: ውስቴቱ፡ ante ጽሑፈ፡
positum. *V.* 4. *d.* B: በኵሉ፡ pro ለኵሉ፡ - A: ኢትፈርህዎሙ፡

V. 5. *b.* A: ዲቤክሙ፡ deest. *V.* 6. *b.* A: ምንዳቤ፡ sine ወ፡ - D:
ወቀትል፡ - *bc.* C: Verba octo a በሠናይ፡ usque ad ሞቱ፡ omissa sunt ob
homoeoteleuton. *V.* 7. *a.* BC: ተአምርዎሙኑ፡ - B: እስመ፡ deest; C:
ከመ፡ pro እስመ፡ - *ab.* ACE: ያወርድዎሙ፡ - *b.* ABDE: ምንዳቤሆ
ሙ፡ sine ወ፡ *V.* 8. *b.* C: ዐቢይ፡ pro ዐባይ፡ priore. - A: ዐቢይ፡

pro ዐቢይ : posteriore. - D: ትበውእ : መንፈስክሙ : ወኵነኔ : ዐቢይ : deest. *V.* 9. *c.* E: ወእኩያት : - *d.* ACD: ወንዐስት : *V.* 10. *b.* D: ዘይሬእዩኒ : - *c.* E: ወተጸዐርነ : - *cd.* D: Verba versus quinque ultima desunt. *V.* 11. *a.* D: Verbum primum versus deest. *V.* 12. *a.* DE: ትሰለጡ : sine ወ : - *b.* AC: ወእለ : ይዮጉጹኒ : ወለእለ : ይጸልዑኒ : deest - *c.* E: ወኢየምሕረነ : *V.* 14. *b.* E: ይበልዑ : sine suffixo. *V.* 15. *b.* E: የኀብኡ : sine ወ :

Cap. 104. *V.* 1. *c.* E: post ለዐቢይ : insertum est እስመ :, pro አስማቲክሙ : scriptum አስማቲሆሙ :, post ይጸሐፉ : interpositum በሰማይ : - *cd.* A: verba versus quinque prima desunt. *V.* 2. *a.* A: ቀዲሚ : sine በ : - *b.* BC: ወስሬሕ : sine በ : - *c.* Dubium, num ይትረኀዉ : an ይትረኀው : legendum sit. *V.* 3. *c.* CD: ይትኀሠሡ : - *cd.* D: እምኵሎሙ : sine ወ : *V.* 5. *ab.* Verba versus tria prima versui antecedenti conjungi licet. - *a.* E: ምንተ : pro እንተ : - *b.* D: ዘትትኀብኡ : *V.* 6. *de.* D: ሀለውክሙ : - *e.* ACD: ትኩኑ : deest. *V.* 7. *c.* D: ኀጢአትክሙ : *V.* 8. *c.* D: ኀጢአትክሙ : *V.* 9. *a.* E: ወኢተሐስቡ : pro ወኢተሐስዉ : - *b.* ABCE: ወኢታሐስዉዋ : - *d.* BC: ኀጢአትክሙ : pro ሐሰትክሙ : - AD: ወኵላ : pro ወኵሉ : - E: ርስዕናክሙ : - *e.* BC: ዐቢይ : *V.* 10. *b.* C: ወይመይጡ : pro ይመይጡ : - E: ኀጥአን : deest. *V.* 12. *bc.* A: ይትወሀቡ : deest. - *c.* BE: መጻሕፍት : - A: ወለጠቢብ : ante ወለርትዕ : positum est. *V.* 13. *b.* DE: ወይትሐሠዩ : pro ወይትሀሠዩ :

Cap. 105. *V.* 1. *b.* C: ይጼውዑ : - *c.* BD: ወዕሤት :

Sectio XX.

Cap. 106. *V.* 1. *b.* A: ላሜህ : et hic et omnibus aliis in locis, ubi hoc nomen legitur. *V.* 2. *ab.* B: ወቀይሕ : - *d.* B: ከመ : ፀሐይ : deest. *V.* 5. *bc.* AE: አላ : deest. *V.* 8. *bc.* BC: ሀሎኩ : ante ህየ : positum est. *V.* 10. *f.* AD: ኵሎ : pro ኵላ : - D: ሌሊተ : pro ቤተ : *V.* 11. *a.* AD: ውስተ : pro እምውስተ : *V.* 12. *a.* AD: ላሜክ : ante አቡሁ : positum est. *V.* 13. *b.* D: ሐደሳት : pro ሐዲሳት : - *c.* ABC: ትወልዱ : sine በ : - *d.* E: ለእግዚአየ : መልዕልተ : pro ለእግዚእ : እመልዕልተ : *V.* 14. *b.* D: ምስለ : sine ወ : - *c.* D: ምስሌሆን :

sine ወ፡ - *d.* D: ወእምኒሆን፡ deest. - A: እምኒሆን፡ deest, ወ legitur

V. 15. *b.* E: ኵሉ፡ deest. - C: Voces ዲበ፡ ኵሉ፡ ምድር፡ ወማየ፡ አይኅ፡ ይከውን፡ omissae sunt ob homoeoteleuton. *V.* 16. *d.* A: ውእቱሂ፡ pro ውእቱ፡ - ወደቂቁ፡ in codicibus colo proxime sequenti adscriptum est.

V. 18. *e.* A: ወእምኵሉ፡ pro እምኵሉ፡ - *ef.* A: ወሙስና፡ pro ወእምኵሉ፡ ሀመፃ፡ - *f.* E: ትትፈጸም፡ - A: post ምድር፡ interpositum est በሀመፃ፡ *V.* 19. *a.* A: ፈድፋደ፡ deest.

Cap. 107. *V.* 1. *c.* D: ኀጢአት፡ sine ወ፡ - *d.* A: ወይመጽእ፡ ኵሉ፡ ሠናይ፡ pro ወኵሉ፡ ሠ"፡ ይ"፡ - E: ሠናይ፡ deest. - C: ኢይመጽእ፡ *V.* 2. *b.* E: ለላሜኽ፡ ወልድከ፡ - A: እስመ፡ ከመዝ፡ ውእቱ፡ ወወልድ፡ pro እስመዝ፡ ወልድ፡ - *c.* A: በአማን፡ *V.* 3. *a.* D: ከመ፡ pro እስመ፡ - *b.* E: ወርእዮ፡ ገብአ፡ pro ወገብአ፡ ርኢዮ፡ - *bc.* CD: ለዝኩ፡ pro ለውእቱ፡; E: ለዝ፡

Cap. 108. *V.* 3. *b.* A: ይደምሰሱ፡, idque ante ስሞሙ፡ positum. - *bc.* E: እመጻሕፍት፡ - *e.* DE: ነዱ፡ pro ይነድዱ፡ *V.* 4. *a.* A: ወበህየ፡ ርኢኩ፡ ከመ፡ caet. - *ab.* A: ወ pro እስመ፡ - *b.* E: ነጸር፡ ላዕለ፡ *V.* 5. *c.* D: አላ፡ deest. - *cd.* E: ዘይነድድ፡ ante ባሕቲቱ፡ positum est. *V.* 6 *cd* E: ነቢያቲሁ፡ *V.* 7. *c.* C: ይበጽሖሙ፡ - *cd.* E: ወለመናፍስት፡ - *de.* D: ዲበ፡ pro እምነበ፡, C: እምዲበ፡ *V.* 8. *ab.* C: ያፈቅርዎ፡ - *b.* CD: ኢያፈቅሩ፡ pro ኢያፍቀሩ፡ - *c.* D: እለ፡ pro አላ፡ *V.* 9. *cd.* AD: መናፍስቲሆሙ፡ *V.* 10. *b.* AD: በመጽሐፍ፡ - *c.* E: ያፍቅርዎ፡ *V.* 12. *a.* ABDE: ወአውጽኦሙ፡ *V.* 14. *b.* D: ወይትወደዩ፡ - C: ይትወደዩ፡ በጽልመት፡ deest. *V.* 15. *b.* E: በከመ፡ pro በነበ፡

---

3. Tabula capitum secundum singulos codices comparativa.

Sectiones in codice C omnes, in codice B praeter VII et XX omnes, in codicibus DE perraro significatae; in codice A nonnisi sectio octava notata est, eaque numero VII.

Codicis A caput	convenit	textus nostri capiti
1.	=	1, 1—8.
2.	=	1, 9.
3—6.	=	2—5.
7.	=	6. 7.
8. 9.	=	8. 9.
10.	=	10. 11.
11 deest.		
12—23.	=	12—23.
24.	=	24. 25.
25—27.	=	26—28.
28.	=	29. 30, 1 (usque ርኍቅ :).
29.	=	30, 1 (a ወርኢኩ :) — 3.
30—35.	=	31—36.
36 deest.		
37—48.	=	37—48.
48 bis.	=	49.
49—53.	=	50—54.
54.	=	55. 56.
55—57.	=	57—59.
58 deest.		
59—95.	=	60—96.
96.	=	97. 98.
97.	=	99.
98.	=	100, 1—3.
99.	=	100, 4—13.
100.	=	101.
101 deest.		
102—104.	=	102—104.
104 bis.	=	105.
105.	=	106—108.

Codicis B caput	convenit	textus nostri capiti
1—18.	=	1—18.
19 errore librarii numeratur 9, itaque 9—18.	=	19—28.
19.	=	29. 30, 1 (usque ርኍቅ :).
20.	=	30, 1—3.
21—98.	=	31—108.

Codicis C caput	convenit	textus nostri capiti
1—18.	=	1—18.
19 errore librarii numeratur 9, itaque 9—80.	=	19—90.
Iterum errore librarii numeratur 21. 22.	=	91. 92.
Deinde 83—98.	=	93—108.

Codicis D caput	convenit	textus nostri capiti
1—7.	=	1—7.
8.	=	8, 1. 2 (usque ad ሀቢዩ ፡).
9.	=	8, 2—4.
10.	=	9.
11 deest.		
12—15.	=	10—13.
16.	=	14. 15.
17—29.	=	16—28.
30.	=	29. 30, 1 (usque ad ርኁቀ ፡).
31.	=	30, 1—3.
32—42.	=	31—41.
42 bis.	=	42.
43.	=	43.
44.	=	44. 45.
45—75.	=	46—76.
75 bis.	=	77.
76.	=	78.
76 bis.	=	79.
77. 78.	=	80. 81.
79.	=	82, 1—4 (usque ad ኵሉ ፡ መቅዐሊሆሙ ፡ incl., lin. 3.).
80.	=	82, 4—20.
81—91.	=	83—93.
92.	=	94—97.
93. 94.	=	98. 99.
95.	=	100. 101.
96—102.	=	102—108.

Codicis E caput	convenit	textus nostri capiti
1.	=	1.
2.	=	2. 3.
3. 4.	=	4. 5.
5.	=	6. 7, 1—5.
6.	=	7, 6—8, 4.

Inde ab hoc capite librarius solum ክፍል ፡ ante singula capita inscripsit, numerum omisit.

Textus nostri capita 10 et 11 in unum coegit; item 14 et 15.

Textus nostri caput 24 versu quinto conclusit, versum sextum capiti sequenti adnumeravit.

Textus nostri capita 28. 29. 30 in unum coegit; item 33. 34. 35.

Textus nostri caput 36 in duo divisit, scilicet 36, 1; 36, 2—4.

Textus nostri caput 43 in duo divisit, scilicet 43, 1—3; 43, 4.

Textus nostri capita 48. 49 in unum coegit.

Textus nostri caput 69 in duo divisit, scilicet 69, 1. 2 (usque ad ዳንኤል ፡); 69, 2 (*a* ወኅምን ፡)—29.

Textus nostri capita 97 et 98 in unum coegit; item 101 et 102; item 104 et 105.

Menda typographica.

Pag. 1. Cap. 1, 8. *c.* legas ወይበርህ፡ pro ወይሀርህ፡
- 4. - 7, 5. *c.* - ይስተዩ፡ pro ይስቶዩ፡
- 9. - 14, 8. *cd.* - ያጌጉሁኒ፡ pro ያጕጉሁኒ፡
- 11. - 16, 3. *a.* - ወይእዜኒ፡ pro ወእእዜኒ፡
- 16. - 24, 5. *bc.* - ወፋሬሁኒ፡ pro ወፋሬሆኒ፡
- 19. - 33, 3. *c.* - ፬፬ pro ፬፡
- 36. - 62, 4. *b.* - ዓሕምም፡ pro ዓሕሞም፡
- 44. - 69, 27. *b.* - እሞሒየው፡ pro እምሒየው፡
- 53. - 76, 12. *b.* - እንተ፡ pro እንቶ፡
- 54. - 78, 9. *b.* interponas ኦሞ፡ inter ጊዜ፡ et ፳ወ፳፡
- 56. - 81, 2. *a.* legas ቢጸፋጸሬ፡ pro ዘጸፋጸሬ፡
- 67. - 89, 49. *e.* - ግሙሬ፡ pro ግሙረ፡
- 69. - 89, 65. *b.* - ይርሆዩ፡ pro ይርሀዩ፡
- 84. - 102, 1. *a.* - ወበእዓንቱ፡ pro ቢንዓንቱ፡